U0482122

- 国家社会科学青年基金项目"明治时期日本人的中国调查与对华傲慢端倪研究"（14CSS003）

- 东北师范大学哲学社会科学优秀学术著作出版资助项目（2022年度）

- 教育部人文社会科学重点研究基地重大项目（20JJD770003）

- 教育部人文社会科学重点研究基地重大项目（22JJD770014）

- 中国历史研究院"韩东育工作室"研究项目（2021年度）

东亚史学论丛

游记所见

近代日本的双重中国认知

胡天舒　著

中国社会科学出版社

图书在版编目(CIP)数据

游记所见:近代日本的双重中国认知/胡天舒著. -- 北京:中国社会科学
出版社,2024.9

(东亚史学论丛)

ISBN 978 - 7 - 5227 - 3444 - 6

Ⅰ.①游… Ⅱ.①胡… Ⅲ.①汉学—研究—日本—近代 Ⅳ.①K207.8

中国国家版本馆 CIP 数据核字(2024)第 079488 号

出 版 人	赵剑英
责任编辑	张 湉
责任校对	姜志菊
责任印制	李寡寡

出 版	中国社会科学出版社
社 址	北京鼓楼西大街甲 158 号
邮 编	100720
网 址	http://www.csspw.cn
发 行 部	010 - 84083685
门 市 部	010 - 84029450
经 销	新华书店及其他书店

印刷装订	北京君升印刷有限公司
版 次	2024 年 9 月第 1 版
印 次	2024 年 9 月第 1 次印刷

开 本	710×1000 1/16
印 张	16.25
字 数	275 千字
定 价	98.00 元

凡购买中国社会科学出版社图书,如有质量问题请与本社营销中心联系调换

电话:010 - 84083683

版权所有 侵权必究

目　录

代　序 ……………………………………………………………（1）

序　章 ……………………………………………………………（1）

第一章　荣衰一体：幕末日本"千岁丸"的近代中国体验 ……（11）
　　第一节　"千岁丸"中国之行的背景 ……………………（12）
　　第二节　"千岁丸"旅行记中的中国 ……………………（20）

第二章　病体待治：中日建交至甲午战争日本人的中国认知 ………（35）
　　第一节　身患三毒：《观光纪游》与冈千仞的中国印象 ………（36）
　　第二节　病态之躯：《栈云峡雨日记》与竹添进一郎的中国认识 ……（49）

第三章　日本中心：甲午战争至日俄战争日本人的中国认知 ………（58）
　　第一节　日本天职论：《燕山楚水》与内藤湖南的中国观察 ………（59）
　　第二节　日本中心论：《燕山楚水纪游》与山本宪的中国认知 ………（73）

第四章　文明反思：日俄战争至大正初期日本人的中国认知 ………（85）
　　第一节　文明的停滞与进步：《中国印象记》与小林爱雄的
　　　　　　中国体验 ………………………………………（86）
　　第二节　殖民与道德的碰撞：《满韩漫游》与夏目漱石的
　　　　　　中国认识 ………………………………………（99）

第五章　幽玄浪漫：大正中期至昭和初期日本人的中国体验 ………（115）
　　第一节　幽玄自然：《江南春》与青木正儿的中国感受 …………（116）

第二节　浪漫女性:《我的留学记》与吉川幸次郎的中国认知 ……（126）

结语　近代日本游华知识人的中国体验与"双重中国认知"………（137）

第一节　近代日本游华知识人的身份与出行动机 …………（138）

第二节　近代日本游华知识人的中国观谱系 …………（148）

第三节　近代日本知识人的"双重中国认知" …………（158）

散论一　内藤湖南中国观的变与不变 ……………………（167）

散论二　交流史上的"脱亚入欧"

　　　　——以明治时期日本人来华游记为中心 ……………（178）

主要参考文献 ………………………………………………（188）

附录 1　东亚同文书院中国调查表 …………………………（199）

附录 2　近代日本人的中国游记汇总表 ……………………（203）

后　记 ………………………………………………………（218）

代　序

甲午战争已"花甲"两度。无论人们怎样去评价那场战争，1894—1895 年后中日国际地位的乾坤逆转，都是不争的事实。为此，中方曾作出过深刻的自我反省，外国人也提出了不少中肯的意见。当我们去梳理新中国成立以来中国大陆学界浩繁的研究成果和相关见解时发现，研究者的基本叙事框架和思考脉络，大多限于以下几个方面，即战败原因、转折意义和相关启示。

落后的封建制度和清政府的腐败，在学者们的笔下鲜有异议地被确认为中方战败的根本原因。于是，"洋务运动"便失去了曾经有过的意义，而作为该运动标志性成就的"北洋水师"在海战中的全军覆没，也就没有什么悬念可言。在这一大的前提下，具体的战败责任追究，开始变得简易：在人事上，有朝廷内部的"战和之争"问题，有李鸿章的北洋本位和投降主义问题，有丁汝昌的指挥不力、刘步蟾的临机变阵、方伯谦的临阵脱逃和南洋舰队的见死不救问题；在心理上，有华夷观念问题，有上下虚骄问题，有军卒怯战问题；在战略上，有制海权忽视问题，有国际法暗昧问题，有敌情不甚了然问题，等等。于是，有关政治制度、人物评价和国际关系，也就成为学术界恒久讨论的话题。然而，战败似乎并不全是坏事。学界普遍认为，甲午战争对中国所急需的变化而言，实具有重大的转折意义。第一，没有战败，便不会彻底暴露中国封建制度的落后和清政府的腐败；第二，没有战败，就不会敲响中华民族觉醒的警钟；第三，没有战败，就没有后来的制度变法、政治革命和思想解放，也就没有强国梦的实现和中华民族日后的复兴。这意味着，这场战争不但是中国近代史上划时代的大事，也是中华民族走向觉醒的转折点。唯此，"勿忘国耻，振兴中华"，也就成为每一次小型讨论会和每十年大型讨论会上用以激励国人斗志、提振民族精神的思想武器。重要的还有战败所带来的启示。它至少告诉国人这样的道理："落后就要挨打"。痛定思痛的悲情，促使中国学界对战败后掀起于晚清的"实业救国"和"变法图存"运动进行了比以往更加客观细密的研究。学者们发现，甲午战争后洋务运动不是"彻底破产"了，而是走向了纵深发展的新阶段。这就使康有为的时代变革意识、世界竞争意识和民族学习意识，被赋予重要意义。而这些不甘人后的思想和行动，也为如实揭示中日实际落差的学术行为赋予了正视自我的勇气，即无论从中国高层决策，还是到统帅的指挥与军队的素质，当时中国都处于中世纪的水平。而当时的日本则是"练兵全用西法，西式枪械亦能运用自如"。反差如此之大，完全可以想见甲午战争的结局。不过也有学者指出，战败并不意味着中国"以和为贵"的战略文化传统便不再具有价值，中华民族善良与爱好和平的民族特性也不应因此而被埋没。它不但可以用来体现当下"和平崛起"的意义，也能引导世界的共同安全。唯此即使是反思北洋海军在甲午战争中覆没的命运时，也不应该以偏概全。①

承认失败，并且在国家富强的今天亦毫不讳言，这是一个民族富于前程和未来的重要标志。同时，在国势陵夷的低谷时期，善于用积极的态度去直面消极的现实，也深刻地反映了文明古国所特有的自信与豁达。对此，史有定评，毋须赘言。然而，有这样一个现象似乎长期以来被熟视无睹：当我们把战争失败的原因一股脑地判给"落后的封建制度和清政府的腐败"时，其实已在潜意识中为评判者赋予了某种超然物外的属性，以为往事的过程和结果都与"我"无关。这容易导致两种倾向：一是只有给否定旧事物的新事物赋予自明的正当性与合理性，才能证明"我"的既有判断的正确性；二是一旦所谓新事物再度招致史上曾经的不堪局面时，"我"则仍可以通过超然的站位，将原因的追究目标依次投向这一新的"责任

---

① 参见戚其章《建国以来中日甲午战争研究述评》，《近代史研究》1984 年第 4 期；沫兰《甲午战争九十周年学术讨论会简述》，《东岳论丛》1985 年第 1 期；戚其章《甲午战争研究一百年的回顾》，《历史教学》1993 年第 7 期；戚俊杰等《甲午战争一百周年国际学术讨论会综述》，《清史研究》1994 年第 4 期；戚其章《中日甲午战争史研究的世纪回顾》，《历史研究》2000 年第 1 期；刘玉明《勿忘甲午鉴古知今：甲午战争 110 周年学术讨论会综述》，《东岳论丛》2005 年第 1 期；周雪莉《近十年来甲午战败原因研究综述》，《南京政治学院学报》2004 年第 20 卷；王建朗《近代中外关系研究史的新视野：读〈国际法视角下的甲午战争〉》，《抗日战争研究》2002 年第 2 期；蔡秉顺《从甲午战败看清廷的腐朽》，《历史教学》1995 年第 12 期；关捷《清朝政体与甲午战败之教训》，《日本研究》1995 年第 1 期；戚其章《论甲午战争后期的帝后党争》，《山东社会科学》1990 年第 6 期；郑守正《甲午丰岛海战失败责任在李鸿章》，《天津社会科学》1994 年第 5 期；任鸿章《中日甲午之战与李鸿章的误国外交》，《日本研究》1985 年第 2 期；戚其章《甲午战争时期的爱国主义》，《东岳论丛》1984 年第 1 期；施亚英《中国的觉醒与甲午战争》，《世界历史》1994 年第 5 期。

者"，进而给下一个即将或已经发生的新事物重新赋予自明的正当性与合理性。在这样的构图下，当 20 世纪"抗日战争"中国家的半壁江山亦惨遭沦陷时，曾经用"腐朽"和"腐败"抨击过清政府的中华民国政府，其自身的腐朽和腐败，也毫厘不爽地被再度问责，成为后人追究抗战失利原因的主要对象。然而，蒋家王朝能与清王朝犯下同一类错误，是否意味着后来者并没有真正汲取那些曾经有过的教训呢？如果不是这样，更多类似的现象就无从得到解释；可如果是这样，那么，曾经和不断的厚今薄古行为，也就失去了超然物外的理由和根据。由于对历史教训大而化之的自明式原因交代，有可能真正妨碍了人们在寻找真实因果关系时所必需的结构性反思，也由于反思者忽略了自己与历史文化之间无法切离的血缘关系，因此，在"甲午战争 120 年祭"的今天，把"我"重新带回到曾经的母体中去审视那场并非与己无关的战争，或许才会产生某种切实的警示意义。

一　"人心"的话题与"甲午"战前内治环节的缺失

中国近代的大门，是被大炮轰开的。可是，下面的统计显示，在第一次鸦片战争发生前约 20 年左右，清朝的 GDP 状况非但不差，甚至还高居全球第一。[①] 这一与鸦片战争的失败几成反讽的数据，或许只堪证明一个事实，即财富的数量与国家的力量之间不但未能构成正比，反而有相互抵消之虞。当我们去求证该问题所由以发生的本末经纬时发现，除了前述的各种原因外，还有一个超越了任何原因却又始终制约那些原因的"终极因"客观地存在着，即"人心"的状态及其所反映的各类事态。实际上，很早就有人预见到这一庞大经济体中所潜伏的危险，并对清朝体制下的财富积聚方式，提出过严重的警告。常年担任内阁中书和礼部主事的龚自珍注意到，当时，人的心理状态、风俗取向和国家政治，都出了大问题。作为传统的士大夫，龚自珍在思考不公平的财富流向可能会导致的高危结局时，征用了"千万载治乱兴亡之数"的旧有规律，即"人心→世俗→王运"这一因果链。他直言，在这一链条中，"人心"之向背，才是决定"王运"存亡的根本力量。"人心"问题，首在安稳。但人心是否安稳，则首先取决于物质财富的获取方式是否公平；如果不公的分配现象屡现不止甚至大家还麻木地顺应了这一不公，那么接踵而至的便是弱肉强食的公行

---

① Angus Maddison, "Shares of the Rich and Rest, in the World Economy: Income Divergence Between Nations, 1820 – 2030", *Asian Economic Policy Review*, No. 3, 2008.

和寡廉鲜耻的蔓延，"风俗"的败坏也就如期而至。这意味着，当普通百姓的穷困潦倒已被视为活该如此时，"贫者日愈倾，富者日愈壅"的情形就会愈演愈烈，结果当然不言而喻："至极不祥之气郁于天地之间。郁之久乃必发为兵燧，为疫疠，生民噍类，靡有孑遗，人畜悲痛，鬼神思变置，其始不过贫富不相齐为之尔。小不相齐，渐至大不相齐，大不相齐，即至丧天下！"[①] 龚自珍曾不止一次地对朝廷疾呼两极分化可能会引发的民变危险，他甚至把唯知掊克而不知亡国将至的"金钱"聚敛行为直露地譬喻为自速"刀兵"："子亦知物极将返乎？天生物，命官理之，有所溃，有所郁，郁之也久，发之也必暴……今百姓日不足以累圣天子怒然之忧，非金乎？币之金与刃之金同，不十年其惧或烦兵事。"[②] 如果当局不想看到即将发生的结局，就应该时刻铭记"浮、不足之数相去愈远，则亡愈速，去稍近，治亦稍速"的道理，懂得"人心者，世俗之本也；世俗者，王运之本也。人心亡，则世俗坏；世俗坏，则王运易"的规律。[③] 问题是，倘国家最高层没有铁的纲纪并通过"诛心"之法使人去利慕义，那么，指望那支业已朽坏的官僚队伍去自我操刀、自断其腕，显然是不现实的。因为在他们浸淫久矣的"潜规则"中，"廉耻"其实早已缺位："士皆知有耻，则国家永无耻矣；士不知耻，为国之大耻。历览近代之士，自其敷奏之日，始进之年，而耻已存者寡矣！官益久，则气愈媮；望愈崇，则诌愈固；地益近，则媚亦益工。至身为三公，为六卿，非不崇高也，而其于古者大臣巍然岸然师傅自处之风，匪但目未睹，耳未闻，梦寐亦未之及。臣节之盛，扫地尽矣。非由他，由于无以作朝廷气故也。"那么，"何以作之气？曰：以教之耻为先"，[④] 曰："操其本原，与随其时而剂调之（指'浮与不足'）"[⑤]。龚自珍所在的嘉庆、道光年间，南北各地会党活动频繁，白莲教和天理教等小股民变亦此起彼伏，这足以使他的提案变得格外重要。遗憾的是，这些建议不但没有被采纳，还被斥为耸人听闻，龚氏于是乎感慨："嗟乎哉！如是而封疆万万之一有缓急，则纷纷鸠燕逝而已，伏栋下求俱压焉者鲜矣！"[⑥] 也于是乎预言："日有三时：一曰蚤时，二曰午时，三曰

---

① 龚自珍：《平均篇》，载《龚自珍全集》第 1 辑，上海人民出版社 1975 年版，第 78 页。
② 龚自珍：《乙丙之际箸议第一》，载《龚自珍全集》第 1 辑，上海人民出版社 1975 年版，第 1 页。
③ 龚自珍：《平均篇》，载《龚自珍全集》第 1 辑，上海人民出版社 1975 年版，第 78 页。
④ 龚自珍：《明良论》二，载《龚自珍全集》第 1 辑，上海人民出版社 1975 年版，第 31 页。
⑤ 龚自珍：《平均篇》，载《龚自珍全集》第 1 辑，上海人民出版社 1975 年版，第 78 页。
⑥ 龚自珍：《明良论》二，载《龚自珍全集》第 1 辑，上海人民出版社 1975 年版，第 32 页。

昏时……日之将夕，悲风骤至，人思灯烛，惨惨目光。俄焉寂然，灯烛无光，不闻余言，但闻鼾声，夜之漫漫，鹍旦不鸣，则山中之民，有大音声起，天地为之钟鼓，神人为之波涛矣。"① 及两次鸦片战争的"外患"和太平天国的"内乱"纷至沓来后，人们才重新想起龚自珍当年的话。梁启超说："当嘉、道间，举国醉梦于承平，而定庵忧之，儳然若不可终日，其察微之识，举世莫能及也。"②

太平天国被武力镇压后，"人心"的问题不但没有得到解决，反而越发凸显，社会底层的不平呐喊也日渐激切。王韬在担任《循环日报》主编的1874—1884年间，"人心"不稳及其潜在危险，在他的文章中被提到了前所未有的高度，他还明确地将以往不分阶层的"人心"改换为专指基层动态的"民心"："天下何以治？得民心而已。天下何以乱？失民心而已。民心之得失，在为上者使之耳。民心既得，虽危而亦安；民心既失，虽盛而亦蹶。欲得民心，是在有以维持而联络之。"③ 道理虽然如此，可官府的做法却每每适相反对。王韬所在的光绪年间，灾歉频仍，可当"赈施诏下，或蠲免租税，或拨帑抚恤"时，"官府徒视为具文，吏胥又从而侵蚀，其得以实惠均沾者，十不逮一"。严重的是，这些官吏"惟知耗民财，殚民力，敲骨吸髓，无所不至，囊橐既饱，飞而飏去，其能实心为民者无有也"。他于是感慨："夫设官本以治民，今则徒以殃民；不知立官以卫民，徒知剥民以奉官。其能心乎为民，而使之各得其所，各顺其情者，千百中或一二而已！"④ 然而，更可怕的是由此而引发的"官民对立"和"君民离德"等情绪的蔓延。当社会上"轻官"、"仇官"和"怨君"、"非君"的思潮趋于普遍时，一旦国家有难，指望百姓还会去勤王报国，已不啻痴人说梦："今朝廷赈恤之恩，蠲免之惠，半侵蚀于胥吏之手，有名而鲜实。誊黄遍贴，圣训煌煌，民间率以具文视之而已。平时皆有轻视官长之心，

---

① 龚自珍：《尊隐》，载《龚自珍全集》第 1 辑，上海人民出版社 1975 年版，第 87—88 页。

② 梁启超：《论中国学术思想变迁之大势》，载《饮冰室合集》第 1 册，中华书局 1989 年版，第 96—97 页。

③ 王韬：《重民》中，载《弢园文录外编》卷 1，辽宁人民出版社 1994 年版，第 31 页。

④ 王韬：《重民》下，载《弢园文录外编》卷 1，辽宁人民出版社 1994 年版，第 35 页。连赈灾善款官吏都敢贪污，就不要说对平素工程款的层层刨扣了。（徐珂：《度支类·同光度支琐闻》，载《清稗类钞》第 2 册，中华书局 1981 年版，第 516—517 页）值得注意的是，贪腐诸端，即便在洋务新政中，亦不可免，有时还更容易作案："外洋工料尤易浮冒，报价每至四五倍之多。粤东仿制三火小洋枪，民间购买每杆洋银二圆半，而官中报价则每杆六两……故人谓机器局管事一年，终身享用不尽，虽言之太过，实属有因。此等制造既经刨扣工本，则工粗料薄，无当实用，可不问而知。"参见刘锡鸿《读郭廉使论时事书偶笔》，载中国史学会主编《洋务运动》第 1 册，上海人民出版社 1961 年版，第 289 页。

临事亦安得收指臂之效？"[1] 王韬认为，百姓在关键时刻的表现，往往取决于平素的上下关系。倘上方素来待民如犬马土芥，急时纵祈伏央告，亦全无用处："治民之大者，在上下之交不至于隔阂……呜呼！勿以民为弱，民盖至弱而不可犯也；勿以民为贱，民盖至贱而不可虐也；勿以民为愚，民盖至愚而不可欺也。夫能与民同利者，民必与上同其害；与民共其乐者，民必与上共其忧。"[2] 与龚自珍时的社会状况相仿佛，王韬似乎又一次预感到了某种不期而至的新忧患正在逼近，这无疑使"民心"之凝聚，显得比以往任何时候都更加重要。他以英国君民关系为例，力陈民心团结的道理："即如英国，屹然三岛耳，其地不足当中国数省，其民不足当中国二大省，而民心团结，有若长城，遂足恃之以无恐。我中国诚能收民心为己助，其何向而不利！可使制梃以挞坚甲利兵而有余矣。如是而强邻尚敢行其窥伺，敌国尚敢肆其凭凌，逞其非分之干请，而要以无礼之诛求者，吾弗信也。"[3] 为此他鼓励上方："苟得君主于上，而民主于下，则上下之交固，君民之分亲矣，内可以无乱，外可以无侮，而国本有若苞桑磐石焉。由此而扩充之，富强之效亦无不基于此矣。"[4] 而这点，其实已引出了一个重大的政治问题，即国家诚欲在内忧外患尤其是外患面前有效应对，不陷危笃，就必须切实地整顿内政，凝心聚力，而不是无所作为或言行不一："以上宜力求整顿，勿作具文。民心既固，兵力既强，而后所有西法，乃可次第举行。"[5] 那么，该如何展开这种"内部治理"呢？王韬开出了四道"处方"："其一曰：取士之法宜变也"；"其一曰：练兵之法宜变也"，使军队"能聚而不能散"，"而他处海防均须整顿"；"其一曰：学校之虚文宜变也"；"其一曰：律例之繁文宜变也"。他强调："凡是四者，皆宜亟变者也。四者既变，然后以西法参用乎其间。而其最要者，移风易俗之权，

---

① 王韬：《重民》中，载《弢园文录外编》卷1，辽宁人民出版社1994年版，第32—33页。何启和胡礼垣在作于甲午战争期间的《新政论议》中亦谓："官民不能相维，则有万民嗟怨之事，而主上实在不知矣；官民不能一体，则有六军不发之忧，而主上逼于无奈者矣。此其显然者耳。若夫隐匿于无形，怀意而不露者，则固官民俱抱不平之气，几同水火之不相能；官民各怀忌嫉之心，俨若敌国之相为难……若是者，国家无事犹可隐忍相安，一旦有变，其不瓦解者几何矣。"参见何启、胡礼垣《新政论议》，载《新政真诠——何启胡礼垣集》二编，辽宁人民出版社1994年版，第116—117页。

② 王韬：《重民》中，载《弢园文录外编》卷1，辽宁人民出版社1994年版，第33—34页。

③ 王韬：《重民》中，载《弢园文录外编》卷1，辽宁人民出版社1994年版，第34页。对此，冯桂芬讲得尤其直白："君民不隔不如夷"。参见冯桂芬《制洋器议》，载《校邠庐抗议》下，辽宁人民出版社1994年版，第75页。

④ 王韬：《重民》下，载《弢园文录外编》卷1，辽宁人民出版社1994年版，第36页。

⑤ 王韬：《变法》下，载《弢园文录外编》卷1，辽宁人民出版社1994年版，第27页。

操之自上。而与民渐溃于无形，转移于不觉。盖其变也，由本以及末，由内以及外，由大以及小，而非徒恃乎西法也。"① 在以上四道"处方"中，他曾两处提及"西法"。就当时的世论而言，"西法"俨然已成为疗救中国疾患的最佳丹药，故朝野上下疾呼尽效"西法"者，大有人在。作为早期开眼看世界的中国人之一，王韬无疑深谙"西法"的优长和可仿效处。然而值得注意的是，王韬认为只有在凝聚"民心"并切实、有效地整顿好"内政"的前提下，"西法"的导入才是有意义的。而且即便如此，对中国来说，"西法"也不可能包治百病。其"非徒恃乎西法"的观点，体现了他明确的国情意识和务实风格。他了解自己的国家，唯此才懂得怎样去做是最有效果的："治天下者，当立其本而不徒整顿乎末，当根乎内而不徒恢张乎外，当规于大而不徒驰骛乎小。"② 惜乎，即便是这样一种略显保守的建言，也没有获得应有的采纳。甲午战争完败后，王韬一度痛心疾首，他在为《中东战纪本末》所作的序文中写道："当思以堂堂绝大中国反厄于藐焉日本一小邦，可耻孰甚焉！"可痛定思痛，王韬又再度把目光转向中国战败的真实原因上："日本处心积虑于二十年前，而发之于一旦，我中国欲以靡然积弱之势、宴然无备之形御之，其能得乎？"他诅咒日本"满盈召患，不知小国之胜大国，祸也，非福也"，可谁又能保证清廷从此就一定会"内修政教"然后"外语戎兵"并不致再蹈覆辙呢，"若谓难已息矣，事已平矣，仍复虚憍之气中之自足自满，漫然无所动于其心，因循苟且如故也，蒙蔽粉饰如故也，勿论报复无期，亦且振兴无日，不有负林君乐知先生作此书之本意乎哉！"③

甲午海战中日舰一艘未沉和北洋全军覆没的结局，让日方欣喜若狂。而在中国，由于朝廷把中日争端的全部赌注都押在了海军身上，因此，当北洋水师非败即降的消息传来后，朝野上下，顿时骂作一片。面对保守派的乘势反击，洋务派也头一次在"铁的事实"面前沉默失语。可是，如此对军事问题的穷追不舍和百般纠缠，却再次把人们的眼球从真正的失败原因上移开；而帝、后之争和随后引致的百日维新，还使如何扑灭"康党"等新的政治威胁，成了比战败反省更为重要的政治任务。这样才能理解，王韬在激赏林乐知（美国）、蔡尔康所撰《中东战纪本末》的同时何以会发出以下感慨："呜呼！近地之人不言而远方之人言之，东方之人不言而

① 王韬：《变法》中，载《弢园文录外编》卷1，辽宁人民出版社1994年版，第24—25页。
② 王韬：《变法》下，载《弢园文录外编》卷1，辽宁人民出版社1994年版，第25页。
③ 王韬：《〈中东战纪本末〉序》，载《台湾文献汇刊》第6辑第8册，九州出版社、厦门大学出版社2006年版，第14—15页。

西洲之人言之，中国何幸而得之哉！"① 那么，"西洲之人"都说了些什么呢？林乐知在《治安新策》一文中提出了五个方面的建议：第一是"意兴宜发越也"，主要涉及中外关系问题；第二是"权力宜充足也"，主要谈教育问题；第三是"道德宜纯备也"，主要谈基督教对中国的意义问题；第四是"政令宜划一也"，主要涉及政治方面的改革；第五是"体统宜整饬也"，主要讲内政和风俗问题。有学者指出了《中东战纪本末》在近代中国的积极影响，但同时认为，它把中国人不信基督教作为战败落后的最根本原因，其目的就是引导中国人由羡慕西学、西政，进而改信西教。这正是广学会和林乐知编辑《万国公报》与《中东战纪本末》的宗旨。② 然而，若暂时撇开意识形态渗透等现象不谈，人们会更多发现，林氏的著述不但具有相当的写实性，还不乏对清王朝的中肯建议：一是军队整顿的绝对必要性；二是军事整顿要在政治整顿；三是国风民风的改造和人员素质的提升。值得注意的是，这三点似乎都在谈一个问题，即只有"内部治理"，才有"外事应对"；也只有"内部治理"，才是从根本上汲取战争教训的不二法门。这就决定了在谈到军队整顿时，《中东战纪本末》为什么会首先注意到"军心"、"军政"问题。林氏发现，清朝的军队既不是人民的军队，也不是国家的军队。唯此，它对人民没有爱心，对国家亦缺乏忠心。"吃粮当兵"和"升官发财"的单纯利害目的，决定了兵弁的来源不是无业游民，就是乞丐无赖，这意味着，军队不应有的全部恶习，都将在这类队伍中恶性爆发，诸如军纪松弛、军心涣散、贪生畏死和临阵脱逃等不一："新募之兵，但可填扎隙地、弹压骚动之匪类，并勤加训练以为后应。若误听投效之废员，谓招募若干人，具领若干饷便可制敌云云，微特使无辜赤子枉遭锋镝，且若辈皆无籍游民，未及成军已多肇祸。及至败溃，又谬称敌军之勇猛，以怯练兵之胆。中国偾事实由于此。"③ 无独有偶，曾任广西按察使并最早主持小站练兵的胡燏棻，在分析甲午战败原因时亦大声疾呼整军之切要，认为清军"应行痛改者，厥有四端"，而其"第一端"即直戳要害："昔年淮楚诸将，起自田间，志在杀贼，人皆朴诚，弊端尚少。承平以后，统兵大将，骄奢淫逸，濡染已深，军需日增，勇额日缺，上浮开，下克扣。百弊丛生。兵之口粮尚未能养赡一身，谁肯

---

① 王韬：《〈中东战纪本末〉序》，载《台湾文献汇刊》第 6 辑第 8 册，九州出版社、厦门大学出版社 2006 年版，第 15 页。

② 参见王林《〈中东战纪本末〉与甲午中日战争》，《福建论坛》2009 年第 4 期。

③ 蔡尔康：《中东之战关系地球全局说》，载《台湾文献汇刊》第 6 辑第 8 册，九州出版社、厦门大学出版社 2006 年版，第 28—29 页。

效死疆场。以致万众离心，遇战纷纷溃散。此一病也。"[1] 不仅如此，军队一旦丧失了效命国家的宗旨而变成各谋其利、各打算盘的道具时，战事发生后的各自为政甚至见死不救现象，也就在所难免。林乐知甚至认为，清军的临战状态竟然连中国的古代亦不如："中国十八行省，固皆群奉一尊者也。古者列国分封，当王室多事之秋，犹有勤王之义旅。今旅顺失矣，盛京危矣，辇毂之下，烽烟渐近，而各省大吏，唯知自顾封疆，甚至南洋各铁甲船，不曰万难抽调，即曰船械小损，其名为管带之武职，不特逍遥河上，步武清人，更有斗酒征歌，以欢场为战垒者。"[2] 当林氏拿日人做比照时，清军的表现，就更加令人赧颜："日民……皆视国事如家事，而休戚与共，祸福与同。忠义之气，有不觉其油然而生者。"[3] 然而，民政决定军政。军队内部的腐败，究其实，不过是民政腐败的投影而已。为此，林乐知在提出"减冗员加薪俸"等高薪养廉方案的同时，尤其强调了"上下同隶于法律之下"的绝对意义。甲午战争的失败，让他深深领教了一个没有规矩和缺少铁律的国家在大敌当前时会呈现出怎样的不堪面貌。在《治安新策》中，他将"政令宜划一也"置于极重要的地位，高度强调"法律为一国之主，上自帝后，下及庶司百职，同隶于法律之下，分毫不敢荡佚"这一立国前提。认为只有"上既不能悖律以行私，下自不敢干律以犯分"，人们才会各司其职，各尽其责。唯此，他主张要认真关注民间的声音，做到"民有隐衷，必期上达"，给民众以一定的自主权利，且严禁官吏擅权弄法，只有这样，才会官民一体，上下同心，而不致遇事推诿，分崩离析。[4] 何启、胡礼垣成文于甲午战争期间的《新政论议》，与林乐知的许多观点颇有共鸣。重要的是，其首次明确地提出的"军政以民政为体"和"战败乃国家之败"等重要命题，显然比国内在胜败上只纠缠于军事层面的浅表之见，更接近于问题的本质："军政以民政为体，未有民政不善而军政独能善者。自今新政既行，是法令俱由民议，而政不患其不善，夫然后可以筹军。"[5]

① 胡燏棻：《变法自强疏》，载《台湾文献汇刊》第 6 辑第 8 册，九州出版社、厦门大学出版社 2006 年版，第 182—183 页。

② 参见林乐知《满招损谦受益时乃天道论》，载《台湾文献汇刊》第 6 辑第 9 册，九州出版社、厦门大学出版社 2006 年版，第 34 页。

③ 参见林乐知《中日两国进止互歧论》，载《台湾文献汇刊》第 6 辑第 9 册，九州出版社、厦门大学出版社 2006 年版，第 15 页。

④ 参见林乐知《治安新策》下之上，载《台湾文献汇刊》第 6 辑第 9 册，九州出版社、厦门大学出版社 2006 年版，第 311—312 页。

⑤ 何启、胡礼垣：《新政论议》，载《新政真诠——何启胡礼垣集》二编，辽宁人民出版社 1994 年版，第 139 页。

他认为,"夫国家之败,其端不一,莫不由于官府之邪。官府之邪,其端不一,莫不由于贿赂之弊,始而害民,终而误国,迨至事发其复补救已迟,虽倾受贿者之家,不足以偿其失,食受贿者之肉,不足以挽其灾,是非有以清之,其弊不能止也。中国于受贿一节,办法为天下之至严,而终无以清其源绝其流者,则非意之不美,而实法之未良。今中国大小衙门,上下官署,于贿赂一事,既已视为理之所当然,分之所应有,一人如此,人人亦如此,无复敢以受贿相讥,盖事当未败,固不嫌以受贿之名自污,直以受之为是也。其中岂无廉介之士,力矫颓风,而徒手无援,孤立无助,势必至反为同僚所鄙,怪其不近人情,国势岌岌之形,实基于此"①。他未尝讳言自己在这方面的先见之明:"中国政令非大变改,则不可以作陆军,而尤不可以作水军。前之《书后》(指《曾论书后》)一篇,谓铁甲战舰苟无其人,万不宜用其资敌也;犹赠车者兼为之御,送剑者授人以柄。当时夸张自是之人,或以吾言为过,观于威海之战,中国战舰尽降,乃知吾言非过矣。"② 重要的是,"欲使其军为真军,兵为真兵,则须革除旧弊,改换新章矣。夫兵非以人多为贵也,以心同为贵;非以力多为贵也,以力齐为贵。权条成束,其坚不可折也,分之,则其坚削矣……惟兵亦然。力同,心同,则以多胜少(应为'以少胜多');力异,心异,则少可胜多……《周书》曰:'受(商纣)有臣亿万,惟亿万心。予有臣三千,惟一心。'细味斯言,亦可恍然于其故矣"③。为此,他十分强调士兵的素质提升问题,认为只有"新政行,则不好人必不能当兵。何则?不识文字者不可以为兵,无人担保者不可以为兵,不遵约束者不可以为兵,不勤习练者不可以为兵,烟嫖赌饮者不可以为兵,乡党不齿者不可以为兵,是其为兵虽无战事亦已先声夺人矣"④。于是,一个更大和更根本的问题,也同时在这种剥茧抽丝的反省中逐渐显露出来:既然"军心"根于"民心"、"军政"系于"民政"、"失国"缘于"失民"、"兴国"始于"兴民",那么,"民"便应该是决定是非善恶和社稷兴衰的价值标准和意义化身。可假设"什么样的制度塑造什么样的国民"这一命题是成立的,那么,"什

---

① 何启、胡礼垣:《新政论议》,载《新政真诠——何启胡礼垣集》二编,辽宁人民出版社1994年版,第106—107页。

② 何启、胡礼垣:《新政论议》,载《新政真诠——何启胡礼垣集》二编,辽宁人民出版社1994年版,第140—141页。

③ 何启、胡礼垣:《曾论书后》,载《新政真诠——何启胡礼垣集》初编,辽宁人民出版社1994年版,第83页。

④ 何启、胡礼垣:《新政论议》,载《新政真诠——何启胡礼垣集》二编,辽宁人民出版社1994年版,第150页。

么样的国民决定什么样的制度"这一反命题，似乎也应该成立。这却意味着，当我们出于同情下层的良心去责难官府的百般罪恶时，普通人步入仕途之前的德行操守状况，似乎也应该得到观察者的必要关注。"新政行，则不好人必不能当兵"等说法，其实已隐约触及了中国国民的"素颜"或"国民性"问题。从这个意义上讲，我们固不可全部承认外国人特别是敌国人的对华描述，但某些写实性的记录，又无法不让人去认真对待，并引以为戒。人们注意到，林乐知几乎在《治安新策》的开宗明义处，就毫不客气地指出了"华人"的八大"积习"，即骄傲、愚蠢、诓怯、欺诳、暴虐、贪私、因循、游惰——"以上八者，其祸延于国是，其病先中于人心，故有相引而递生者：心骄傲，斯入于愚蠢矣；心愚蠢，斯流于怯懦矣；心怯懦，斯工于欺诳矣。有由渐而递深者：心暴虐斯忘仁爱矣；心贪私，斯昧公廉矣；心因循，斯难振作矣；心游惰，斯亡忠敬矣。不知心术既坏，如本实之先拨。"唯此他认为："朝鲜之役，非日本之能败中国也，中国自败之也，岂不大可痛哉！"① 这里面固然有他"只有基督教才能救中国"的隐形目的在，但"教化未周，风俗得而囿之，遂致品行学术，亦复有郁而不舒之势。是以华人如此其众也，华地如此其美也，华教如此之久也，而与他国相比较，举不免出入之下，可惜孰甚焉"等说法，显然又不尽是虚妄不实之词。至少，"华教如此之久"云者，是符合实际的，当然也是令后人汗颜的。② 至于敌国即日本对中国人的描述，虽有蔑视夸大之处，但由于这关乎他们返给日方军部的情报是否准确的问题，所以，某些记录还不好被视为谎言。甲午战前，日方高级谍报人员宗方小太郎曾将自己的中国见闻整理如下："盖国家者，人民之集合体也。换言之，即人民则为组织一国之必要分子也。若分子腐败，欲国家独强，其可得乎？故中国之腐败，即此必须之分子之腐败也。国家之大患，无有甚于元气之消亡者。若政略上之措置失其宜，无非招致国家一时之衰颓，尚能设法挽回。反之，至于元气之腐败，则不易返回中道也。中国本以德教为建国之基础，而德教之腐败亦无有甚于今日者。虽然尊崇孔孟之学，而今日只不过作为科举之材料而已……为官果何所为乎？盖得其位不行其道，而谋营私者也。中国人脑中无天下国家，无公义之心。上自庙堂大臣，下至地方小吏，皆以利己营私为事，朝野滔滔，相习成风，其势不知所底。孟子曰：

---

① 林乐知：《治安新策》上之上，载《台湾文献汇刊》第6辑第9册，九州出版社、厦门大学出版社2006年版，第252—257页。

② 林乐知：《治安新策》上之上，载《台湾文献汇刊》第6辑第9册，九州出版社、厦门大学出版社2006年版，第287—288页。

'上下交争利,则国危。'殆即今日之谓也。甚至人之性命,罪之轻重亦为金钱所左右。昔人曰:'刑罚不当,民无所措手足。'彼愚蠢之黎民为地方污吏所鱼肉,亦无所诉其冤屈。清国之大害在于上情不能下达,下情不解(能)上达,中间壅塞不通。并非朝廷有时不施仁政,盖为地方官吏所壅塞也……回顾康熙、乾隆二代所斟酌规定之制度文物,今则成为徒法具文,无足观者。顾今日之中国,有治法而无治人。治国之法虽备,但无治理之人。国势陵夷至此,决非偶然之数也。"① 这段话中无疑有亡我而后快之心,可是,有关在"公私"面前的"人民"表现描述,却也不是空穴来风。最强调"民心"不可违的王韬,曾对此有过反省。而且,他之所言,与前述林乐知语几乎如出一辙:"今观中国之所长者无他,曰:因循也,苟且也,蒙蔽也,粉饰也,贪罔也,虚骄也;喜贡谀而恶直言,好货财而彼此交征利。其有深思远虑矫然出众者,则必摈不见用……凡此皆其蔽也。故至今日而言治,非一变不为功。"② 至于何启和胡礼垣的"公私观",还进一步提出了"公私不分"可能会导致的更大危险——"公信力"缺失和国家危殆等问题。其反省方向无疑是全方位的:其于君——"果朝廷之心有公而无私,何不使亿兆之人共见?果朝廷之意有平而无偏,何不使亿兆之人共闻也"③;其于民——"今中国之民心非向上也。中国之民力未尝生也。何也?以其不信也。而进言者辄曰:民心向上矣。民力可恃矣。中国既已治已安矣。此贾生所谓非愚则谀者也。吾心最愿有是言,而吾今最鄙闻是言,以其不实故也"④。后来,梁启超还从中国文化的根源处对公私不分的国民性进行过深度挖掘:"我国民所最缺者,公德其一端也。公德者何?人群之所以为群,国家之所以为国,赖此德焉以成立者也……试观《论语》、《孟子》诸书,吾国民之木铎,而道德所从出者也。其中所教,私德居十之九,而公德不及其一焉……若中国之五伦,则惟于家族伦理稍为完整,至社会、国家伦理,不备滋多。此缺憾之必当补者也,皆由重私德轻公德所生之结果也"⑤;又,"是故吾国民之大患,在于不知国家为何

① 《中国大势之倾向》,载戚其章主编《中国近代史资料丛刊续编·中日战争》第6册,中华书局1993年版,第128页。

② 王韬:《变法》中,载《弢园文录外编》卷1,辽宁人民出版社1994年版,第23页。

③ 何启、胡礼垣:《新政论议》,载《新政真诠——何启胡礼垣集》二编,辽宁人民出版社1994年版,第116—117页。

④ 何启、胡礼垣:《曾论书后》,载《新政真诠——何启胡礼垣集》初编,辽宁人民出版社1994年版,第93页。

⑤ 梁启超:《论公德》,载《梁启超选集》,上海人民出版社1984年版,第213—214页。

物"①。由于这种感觉发生于中国近代以后，所以梁漱溟说："公德恰为中国人所缺乏，往昔不大觉得，自与西洋人遭遇，乃深切感觉到。"② 甲午战争，是中日两国的"元气"大比拼。然而，在战争前后，清朝内部以"人心"或"民心"的解体和堕落方式次第暴露出来的民政问题、军政问题、贪腐问题、世风问题和体制问题，并没有获得朝廷高层的应有重视，自然亦遑论有所解决了。而日本，几乎从明治维新开始即全面展开的对华调查和情报收集工作，不但使它对清朝内部的一切情况了若指掌，还极具针对性地促进了其本国内部与敌国正好相反的内政外交改革。③ 由此而导致的日中间加速度的升降变化，意味着甲午战争后中日地位的乾坤逆转，其实在若干年前就已经初具雏形；而海上对阵，不过是日本为了证明自己远胜清朝而需要的一个标志而已。康有为在甲午之战数月前曾有过准确的预言："光绪二十年甲午，先师年三十七。二月十二，入都会试，寓盛昱家。昱，肃邸从弟也。时有贵人问先师曰：'国祚能几何年？'先师答曰：'祸在眉睫。'某贵人大骇，而心以为非。时拟以三千万举行万寿，已而朝鲜变起，日本乘之，与我构兵，有甲午之败。"④ 然而，"外征的根本在内治"。这一在日本有过经典实践的规律，并没有因为甲午战败而促成清朝上下的根本性警醒。⑤ 从这个意义上说，嗣后掀起于清朝内部的"戊戌变法"，也只能以"百日维新"的形式瞬间终结；而继之者的"辛亥革命"，似乎也难以摆脱旧制的影响。康有为在《中华救国论》中，虽理性上认可了共和告成"扫中国数千年专制之弊，不止革一朝之命，五族合轨，人心趋同，必无复于帝政之理"的现实，但深以为忧者也仍然是老旧问题："今共和数月矣，所闻于耳、触于目者，悍将骄兵之日变也，都督分府之日争也，士农工商之失业也，小民之流离饿毙也"，"故窃谓今者补救中国之亟图，在整纲纪，行法令，复秩序，守边疆"，"讲乎外势而先弭内乱"

---

① 梁启超：《中国积弱溯源论》，载《梁启超选集》，上海人民出版社 1984 年版，第 15 页。

② 《梁漱溟学术精华录》，北京师范学院出版社 1988 年版，第 251 页。

③ 日人悉晓清"当治而不治"的诸多弊端："政府之措施日益陷于因循支绌，对民心之向背甚不留意，恬然粉饰太平……而负有言责之官吏，竟无一言一辞谏争此一弊政。诪诿百出，丑状实不忍见。"参见《中国大势之倾向》，载戚其章主编《中国近代史资料丛刊续编·中日战争》第 6 册，中华书局 1993 年版，第 128—129 页。

④ 张伯桢：《南海康先生传》，载《康有为全集》第 12 集，中国人民大学出版社 2007 年版，第 478 页。

⑤ 清朝官衙有万事均需"打通关节"、收取"例费"之恶习。这种潜规则，竟未因国罹大难而稍减："光绪甲午、乙未之中日战费，粮台报销费八万两。"参见徐珂《度支类·同光度支琐闻》，载《清稗类钞》第 2 册，中华书局 1981 年版，第 516 页。

云云。①

二　军事失败的延续：对日本价值的过度倾倒

甲午海战完胜后，日本军近乎失态的狂欢反衬出他们对自己所获战绩的大喜过望。② 可是，如果仅就军事数据而言，曾让"四万万人齐下泪"的战败往事，即便在今天看来似乎也不应该发生。金一南将军指出："中日甲午战争，是近代史以至现代史上，中国军队与入侵之外敌交战时武器装备差距最小的一次战争。它又是近代以至现代史上，中国军队败得最惨的一次战争"，而且，"甲午海战中最令人铭心刻骨的结局，莫过于庞大的北洋海军舰队整体覆灭的同时，对方舰队竟然一艘未沉"。于是，"120 年前的中日甲午战争"就成了"压在中国人心中的一块大石头"，成了"横亘在中国命运之途的一道大坎儿"，成了"留在中华民族记忆中的一个噩梦"。③

如此充满悲情的描述，无疑凸显了中方在历史上首次败给日本后断难平复的心理创痛，也隐约地表达了即便在水师覆灭 120 年后的今天，"汉唐气象"下中国人固有的骄傲和自信仍有待于恢复的焦虑与纠结。然而，有这样一个事实显然被我们忽略了，即甲午战争后，清朝不仅在军事和外交上全面倒伏，国人的价值体系和精神世界也随着割地赔款和丧权辱国事件的纷至沓来而走向虚无。一个"前不如古人、今不如洋人"的厚古薄今情结与崇外自贬心态，开始逐渐弥漫并习染成俗。何启、胡礼垣说道："日本自维新立政以来，其君每一得间则亲临学校，或身至戎行，观诸生之学业，必勉之曰：'日本贫国也，贫则见凌于上国，尔其志于富，毋使我国羞。'观武士之操演，必勖之曰：'日本弱国也，弱则受制于雄邦，尔其志于强，毋为我国辱。'又曰：'事无难易，人无尊卑，有志者成，无志者败，我之所望厥为尔曹，厥为尔曹之志。'呜呼，其君如此，焉得不兴？故仅十余年而国内机器之厂林立，出口之货充盈，而工作之成有非泰西所能及，枪炮各事尤能独出乎心裁。然则其兴也，岂得曰天意而非人事哉？

① 康有为：《中华救国论》，载《康有为全集》第 9 集，中国人民大学出版社 2007 年版，第 309、313、328 页。

② 《日清战争实记》，载戚其章主编《中国近代史资料丛刊续编·中日战争》第 8 册，中华书局 1994 年版，第 250—251 页。

③ 参见金一南《从一场战争看一支军队：北洋海军甲午惨败实属必然》，《参考消息》2014 年 3 月 3 日；《军事名家的甲午殇思》栏目编者按，《参考消息》2014 年 3 月 3 日。

今其入寇中国也，其国君口授韬略，耳听羽书，而夙兴夜寐，有越王尝蓼之志。其国后手制医巾，亲调药饵，而爱怜忠义，有平原丝绣之心。其太子身历行间，躬亲召募，而往来巡抚，有楚子挟纩之风。其公主率诸命妇，装如服役，而料理伤兵，有吴起吮疽之度。凡此作为，虽其好名之故，而实足使路旁观感者涕泗滂沱。至于歌曲唱英雄，使士卒奋扬其功，直比于秦王破阵乐。非是，则旅顺之战虽胜，而先登未必如是之速而不缓须臾也。旌旗标壮士而杯酒以饯，其效竟同于易水送荆卿，非是，则鸭绿之战虽败，而兵士未必但求乎死而并不求生也。"① 他试图阐明这样的道理：当下中国不及日本。日本之所以强于中国，是因为日人所为酷肖中国古人。唯因当今圣上不如中国先贤，于是中国天子亦不及日本天皇。类似说法在甲午战败后长时间流行，以致 20 世纪 20 年代辜鸿铭造访日本时竟亦放言："唐代的中国人就是现在的日本人，现在的日本人才是真正的中国人！"② 然而，用历史光辉去掩饰现实窘迫的做法，更多反映的是郁结于内心深处的"自卑"。这除了能证明当时中国人自信泯然却又不甘泯然的心态外，事实上还反向强化了日本所代表的标准意义。于是，一个符合逻辑的另一极走向遂同时出现，即如果我们不把所谓战胜清朝使日历来潜在的对中国的恐惧，转变为对中国的蔑视这一日方说法视为谎言，那么，中国民众如坠深渊的心理反应，其实已不自觉地验证了日本人的良好感觉。重要的是，当这种反应逐渐从感性距离沉积为理性落差、由一时不敌演变成理所当然时，某种自我矮化的心理和对日神化情结，还逐渐演变成下意识的价值取向和行为归趋。"康梁变法"所引发的全面仿日运动，遂由此展开。甲午战争，是伤及清朝乃至整个中华民族命脉的重大历史事件。唯此，败战之初，康有为曾为此痛不欲生，所撰《日本书目志》，亦视此为奇耻大辱："日本蕞尔岛国，其地十八万方里，当中国之一蜀，而敢灭我琉球，剪我朝鲜，破我辽东，跞我威海，虏我兵船，割我台湾。"③《日本书目志》一书，光绪二十三年（1897）冬由上海大同译书局出版。汪晖认为，该书当作于光绪二十三年十月二十一日（1897 年 11 月 15 日）之前，证据是梁启超在这一天以《读日本书目志后》为题在《时务报》上

---

　　① 参见何启、胡礼垣《新政论议》，载《新政真诠——何启胡礼垣集》二编，辽宁人民出版社 1994 年版，第 170 页。

　　② 辜鴻銘：「日本の将来」名家講演叢書第 1 編『辜鴻銘講演集』所収、東京：大東文化協会、1925 年、第 51 頁。

　　③ 康有为：《日本书目志》，载《康有为全集》第 3 集，中国人民大学出版社 2007 年版，第 280 页。

发表了文章。① 有学者考证，该书的编撰时间应该是光绪二十二年（1896）。②
然而，到了光绪二十四年三月二十日（1898 年 4 月 10 日），日本对他国的
蚕食鲸吞行为，不但在康有为的笔下转而为日人"改良进步"之"治效"，
而且，这时的日本为中国树立了比泰西诸国更具实用性的标准和榜样：
"惟泰西国数极多，情势各异，文字政俗，与我迥殊，虽欲采法之，译书
既难，事势不合，且其富强精巧，皆逾我百倍，骤欲致之，下手实难。惟
日本文字政俗皆与我同，取泰西五百年之新法，以三十年追摹之，始则亦
步亦趋，继则出新振奇，一切新法，惟妙惟肖，遂以南灭琉球，北开北
海，左抚高丽，右取台湾，治效之速，盖地球诸国所未有也。吾地大人
众，皆十倍日本，若能采鉴变法，三年之内，治具毕张，十年之内，治化
大成矣。"而且，倘"大誓群臣，伊雪国耻，取日本更新之法，斟酌草定，
从容行之，章程毕具，流弊绝无，一举而规模成，数年而治功著，其治效
之速，非徒远过日本，真有令人不可测度者……皇上但稍留意人才，拔至
左右，日以讨论，立即施行，拱手垂裳，而土地可保，中国可安矣。以我
之地大人众倍于欧洲，十年之后，虽为政地球不难矣"。③ 学习日本竟能带
来如此绚烂的远景，光绪帝亦为之倾倒，可谓良有以也。不过，参与变法
维新者显然都受到过某种思想的共同影响。林乐知在总结甲午战争中方败
战原因时曾谓："日人之崇尚新法，如水乳之交融，如骨肉之互易。其形
则短小羸弱，不如西人及华人之俊伟魁梧，而其气质性情则迥非昔日之东
人，而竟成今日之西人矣。况重以君若臣之振兴鼓励，不遗余力，泰西良
法美意，无不略见端倪。又踵西法而立议院，许其民公举议员，以通上下
之情，日民乃益复兴起。"清朝则不然，"同文方言诸馆既立，亦曾别选幼
童出洋肄业，而一二次后，遽尔中止。夫此一二百之学童，即皆学业有
成，而杂诸四百兆人中，不啻沧海之一粟耳，而况乎未必尽成，成者亦未
尝一用也"。④ 林乐知著述中的价值取向，特别是甲午战争后的发言，在当
时中国人当中极具移人耳目之力量。据载，甲午战争后和戊戌变法期间，
康有为、梁启超乃至光绪帝，均受到过广学会和《中东战纪本末》的主要

---

① 参见汪晖《现代中国思想的兴起》上《帝国与国家》，生活·读书·新知三联书店 2004
年版，第 751 页。
② 参见张晓丽《康有为〈日本书目志〉的目录学成就》，《学术界》2009 年第 3 期。
③ 康有为：《进呈〈日本变政考〉等书乞采鉴变法以御侮图存折》，载《康有为全集》第 4
集，中国人民大学出版社 2007 年版，第 48 页。
④ 林乐知：《中日两国进止互歧论》，载《台湾文献汇刊》第 6 辑第 9 册，九州出版社、厦
门大学出版社 2006 年版，第 14—16 页。

来源——《万国公报》的深刻影响。如康有为在光绪二十四年（1898）曾对香港《中国邮报》的一名记者说，他之所以主张变法，"主要归功于两位传教士，李提摩太牧师与林乐知牧师的著作"①。又，梁启超在《南海康先生传》中称，康有为"乃悉购江南制造局及西教会所译出各书尽读之……自是于其学力中，别开一境界"②。这证明了康有为"购《万国公报》，大攻西学书"③、"凡上海广学会出版之书，莫不尽量购取"④ 等记录的属实。而在梁启超《西学书目表》中所列的 42 种西方著作中，传教士编译出版的有 30 种，其中即包括林乐知的《中东战纪本末》、李提摩太的《泰西新史揽要》和丁韪良的《万国公法》等。后来，连光绪皇帝也购阅了全套《万国公报》及 89 种广学会出版的书籍，并"在精神上接受了它的影响"。⑤

在戊戌变法的筹备与实施过程中，康有为进呈于光绪皇帝者，除了《日本变政考》外，还有《俄彼得变政记》、《波兰分灭记》、《法国变政考》、《德国变政考》和《英国变政考》等。然而，其所以对日本情有独钟，除了林乐知等西方传教士的影响外，也有来自他自身的特别判断。首先他认为，日本过去不入中国人法眼的原因，是因为没有人真正研究过它。一旦认真关注之，就会发现其能量不仅不在欧美之下，在全世界也是绝无仅有的："自小而大者，俄罗斯是也；自弱而强者，日本是也。是皆变法开新，君主能与民同之国也。其效最速，其文最备，与我最近者，莫如日本"⑥，"泰西以五百年讲求之者，日本以二十余年成之，治效之速，盖地球所未有也，然后北遣使以开虾夷，南驰使以灭琉球，东出师以抚高丽，西耀兵以取台湾，于是日本遂为盛国，与欧洲德法大国颉颃焉。然论其地，不过区区三岛；论其民，不过三千余万，皆当吾十之一。然遂以威震亚东，名施大地。迹其致此之由，岂非尽革旧俗，大政维新之故哉？恨旧日言日本事者，不详其次第变革之理，无以窥其先后更化之宜。乙未和议成，大搜日本群书，臣女同薇，粗通东文，译而集成。阅之三年，乃得

---

① ［美］杰西·卢茨：《中国教会大学史：1850—1950》，曾钜生译，浙江教育出版社 1987 年版，第 39 页。

② 梁启超：《南海康先生传》，载《康有为全集》第 12 集，中国人民大学出版社 2007 年版，第 424 页。

③ 中国史学会编：《戊戌变法》第 4 册，上海人民出版社 1957 年版，第 115—116 页。

④ 冯自由：《革命逸史》，载中国史学会编《戊戌变法》第 4 册，上海人民出版社 1957 年版，第 240 页。

⑤ 方汉奇：《中国近代报刊史》上，山西人民出版社 1981 年版，第 30 页。

⑥ 康有为：《〈日本变政考〉序》，载《康有为全集》第 4 集，中国人民大学出版社 2007 年版，第 103 页。

见日本变法曲折次第"①。其次,向日本学习,可以少走许多弯路;而改革中的许多风险和不测,都已由日本经历过的教训得到了规避,其经验可拿来即用:"夫凡有兴作,必有失弊,几经前车之覆,乃得后轨之遵。今我有日本为向导之卒,为测水之竿,为探险之队,为尝药之神农,为识途之老马,我尽收其利而去其害,何乐如之?"②"吾因其成功而用之,是吾以泰西为牛,日本为农夫,而吾坐而食之。"③再次,日本之勇猛强悍,令人骇惧。因此,只有效仿日本,才不致丧师辱国,割地赔款:"昔在圣明御极之时,琉球被灭之际,臣有乡人,商于日本,携示书目,臣托购求,且读且骇,知其变政之勇猛,而成效之已著也","及东事将兴,举国上下,咸昧日事,若视他星。臣曾上书言日本变法已强,将窥辽东,先谋高丽,大臣不信","及东事之兴,举国人皆轻日本之小国,贸然兴戎,遂致败辱,则太不察邻国,误轻小邦之所由也"。④又次,日本从泰西不光学到了"术",更学得了"道":"夫日本所以盛强者,为其兵之练欤?为其炮械之精欤?昧昧我思之,其有不然欤?其有本原者存焉。"他的解释是:"尝考欧洲所以强者,为其开智学而穷物理也,穷物理而知化也……昔吾中人之至德国也,必问甲兵炮械,日人之至德国也,必问格致……呜呼,吾其宜为日弱哉!"⑤最后,人事斗争的需要使然。拟协助光绪帝罢黜慈禧派与亲俄派的李鸿章,以为这样方可为制定联日国策搬去一块绊脚石。⑥

　　康有为无疑深爱着自己的国家,甲午战败给他带来的心理伤害显然亦十分巨大。正因如此,作为那个时代的"知日派",如何迅速地扭转大清的颓势并早日转败为胜,自然成为他昼夜焦思的头等大事。他早年对日本的了解和战败前对清朝命运的预见,仿佛已让他反向找到了延续国祚的丹药,当然,这服丹药的服用过程充满了对日本的骇惧和转生于骇惧的艳羡。这从他以上的言说中已不难窥见。但是,这一长期形成的愿望能否得

①　康有为:《〈日本变政考〉序》,载《康有为全集》第4集,中国人民大学出版社2007年版,第103—104页。

②　康有为:《〈日本变政考〉序》,载《康有为全集》第4集,中国人民大学出版社2007年版,第104页。

③　康有为:《日本书目志》,载《康有为全集》第3集,中国人民大学出版社2007年版,第264页。

④　康有为:《〈日本变政考〉序》,载《康有为全集》第4集,中国人民大学出版社2007年版,第104页。

⑤　康有为:《日本书目志》,载《康有为全集》第3集,中国人民大学出版社2007年版,第280页。

⑥　1898年9月7日,光绪皇帝果然颁布谕旨,免去李鸿章的总理衙门大臣一职。

到实现，端赖其能否做到"得君行道"，而这一点在中国传统政治环境下似乎更加重要。他是幸运的，因为在最需要"得君"的时候他遇到了光绪皇帝；他也是不幸的，因为这个弱君其实未必能真的如其所愿。在他还没有能力铲除后党的前提下，通过光绪拼将一场，对他而言已成为改造国家的不二选择。好在他超长的热情与光绪帝急切的心情在一个特定的历史瞬间确曾激荡出绚烂的光焰，而且这团光焰还似乎给"举目何处是神州"的中国带去了一线光明。可以想象，光绪帝平生以来大概没有像读康有为《日本变政考》那般如饥似渴，而康有为也从未像编撰这部书时那般福至心灵，才思泉涌。于是，光绪二十四年四月十三日（1898 年 6 月 1 日），御史杨深秀上《请定国是而明赏罚折》；二十日侍读学士徐致靖上《请明定国是疏》（均为康有为代拟）；康有为本人亦上《请告天祖誓群臣以变法定国是折》。终于，10 天后，光绪帝根据他们的奏章，召集军机处的亲王大臣，颁布了《明定国是诏》，"戊戌变法"由此正式拉开帷幕。也从这一天起，以康梁为代表的维新派，开始了有步骤地推进其想法的全过程，这其中包括仿日、联日甚至径与日本合邦等思想和行动等不一。先是，山东道监察御史杨深秀上奏称："顷闻日人患俄人铁路之逼，重念唇齿辅车之依，颇悔割台相煎之急，大开东方协助之会，愿智吾人士，助吾自立，招我游学，供我经费，以著亲好之实，以弭夙昔之嫌，经其驻使矢野文雄函告译署。我与日人隔一衣带水，若吾能自强复仇，无施不可。今我既弱未能立，亟宜因其悔心，受其情意……既于两国可联情好，且令吾人士得通彼学。"[1] 而洪汝冲的奏折，似最能代表康有为的一贯政见："中国论治，主闭主分；欧西论治，主通主合……论地形则同洲者先通先合，论种族则同种者宜通宜合，论文教则同文者可通可合。今欧美各国与我洲异种异文，天之所限，势难联成一气，易启杀机。惟日本则不然，虽以岛夷，国势骤盛，进步之速，欧美惮之，顾急于自见，发难于我，受制俄人，致有唇亡齿寒之惧……为日本者，所亲宜无过中国，以我幅员之广，人民之众，物产之饶，诚得与之联合，借彼新法，资我贤才，交换智识，互相援系，不难约束俄人……而祖宗缔造之业，亦巩如磐石矣。此事若在欧西，即合为一国，亦不为怪。"[2] 康有为于是乎敦请光绪皇帝实行与日本的"合

---

[1]　杨深秀：《山东道监察御史杨深秀折》，载国家档案局明清档案馆编《戊戌变法档案史料》，中华书局 1958 年版，第 248 页。

[2]　洪汝冲：《呈请代奏变法自强当求本原大计条陈三策疏》，载中国史学会编《戊戌变法》第 2 册，上海人民出版社 1957 年版，第 365 页；孔祥吉、村田雄二郎：《罕为人知的中日结盟及其他：晚清中日关系史新探》，巴蜀书社 2004 年版，第 94—95 页。

邦"计划,并为此采取了行动:"时与日本使矢野文雄约两国合邦大会议,定稿极详,请矢野君行知总署答允,然后可以大会于各省。而俄人知之,矢野君未敢。"① 有学者指出,康有为的"合邦"思想,很可能受到了日本人森本藤吉(樽井藤吉)的影响。为了影响中朝两国之人,光绪十九年(1893),森本曾用汉文出版了《大东合邦论》一书。从梁启超为该书之上海大同译书局版所撰《序言》和时任翰林院编修的蔡元培所书日记中不难看出,"合邦"论似乎并非康有为一人之所思所想,梁与蔡都是赞同森本的意见的。② 中日"联合"甚至"合邦"意见的出台,显然也与日本军方和"亚细亚协会"的怂恿、鼓动有关。参谋大佐神尾光臣曾对中国各方人士称:"贵国亡,必及我,我不联贵国,将谁联?今大地师舰,麋集鳞萃,吮血磨牙,眈眈相向;不于此时薪胆为雄,练兵兴学,更优游卒岁安乎?时乎时乎不再来!愿君熟思,同往我国,谋定后动……如联盟计成,吾当为介于英,而铁轨资焉,国债资焉,兵轮资焉,一切政学资焉。"有学者指出,神尾这些慷慨激昂的言论,不仅引发张之洞的联日冲动,也对维新派产生了很大的影响。因此,无论是在南方的唐才常、谭嗣同,还是在北京的康有为、梁启超,都异口同声地主张中日结盟,以为是千载一遇的大好机会。③ 与此相偕动,光绪皇帝的对日倾倒之意,也愈加表面化。光绪二十四年七月二十六日(1898 年 9 月 11 日),光绪拟派黄遵宪以"头等全权大使"的名义出使日本。驻清国临时代理公使林权助在上外务大臣大隈重信函中这样写道:"此次黄遵宪携带的国书,其词句与以前同样奉呈者,有所不同。此次国书上大改字句,以示亲交相依之御意。其文句已由皇帝亲自拟定。新国书以'大清国大皇帝,敬问我同洲至亲至近友邦,诞膺天佑,践万世一系帝祚之大日本大皇帝好'之字句开头。现敬请电询贵国政府,以此清国大皇帝之御意,转达于贵国皇帝陛下。"林权助致大隈重信的信件与报告,其实讲了三件事。其一,光绪皇帝要送天皇头等第一勋章;其二,希望将黄遵宪的规格从原先的公使,升格为头等全权大使派往日本;其三,此次所奉国书,不同以往,字句格外亲密。研究者指出,这三条内容充分反映了光绪皇帝急切联合日本的真诚愿望。不仅如此,据张

---

① 康有为:《我史》,载《康有为全集》第 5 集,中国人民大学出版社 2007 年版,第 92 页。

② 茅海建:《从甲午到戊戌:康有为〈我史〉鉴注》,生活·读书·新知三联书店 2009 年版,第 386—388 页。

③ 参见唐才常《论中国宜与英日联盟》,载《唐才常集》,中华书局 1980 年版,第 152 页;孔祥吉、村田雄二郎《罕为人知的中日结盟及其他:晚清中日关系史新探》,巴蜀社 2004 年版,第 84 页。

荫桓回忆称："七月间，皇上有硃笔谕条，令我向日使言，中国拟派头等钦差驻日本。又拟派康有为赴日，坐探变法事宜。我恐日廷不允接待，即至总署与廖仲山言论。正谈叙间，又奉皇上墨谕，内言告知日本，此后往来公牍，可将日皇徽号，全行书写。我即往拜日本使臣，将先奉朱谕隐起，仅将墨笔谕宣示。因向该使臣谈及，中朝欲遣头等钦差之意。日使喜甚，允电日廷政府。念余日并未见有回电，竟作罢论。"有研究者由此认为，以前人们在"衣带诏"问题上对康的批评，或许过于苛刻。① 然而，那一阶段的中日关系，显然不是与日本少有实际接触的隔空"知日派"所能够真正了解和把握的。《大东合邦论》初版于明治二十六年（1893）。所谓"大东合邦"，指的是日韩结成联邦之国，再与满清合纵结盟，以对抗欧美列强。如果不考虑该书出版后的第二年即爆发中日甲午战争，以及 17 年后日韩合并等事实，单纯就此书的主张和道理而言，弱国之人初读之，很难不为所动。这种有时亦被唤作"大亚洲主义"的想法和实践，缘起于"西力东渐"之初清、日、韩三国的相似遭遇和日本与清、韩间所谓"东亚一体"的虚实关联。前者，展开于"鸦片战争"后的中英《南京条约》（1842）、"佩里来航"后的日美《神奈川条约》（1854）和"异样船"引发的朝法"丙寅洋扰"与朝美"辛未洋扰"（1866—1871）；而后者，则催生于厄运与共者的地缘亲缘感受。亦即，西人的来犯，不但使发生同类遭遇的三个国家在视觉上产生了空间上的连带感，也易于在情感上触发共命运的亲近感。历史上曾经有过的"中华文化圈"，无疑还通过某种回忆的方式在不时提示着上述感觉。这或许能帮助人们理解，为什么清朝第一位驻日公使何如璋会与日本兴亚会的主将曾根俊虎有过"同文同种"、"唇齿相依"② 的倾情深谈，胜海舟又何以称"朝鲜乃昔日的老师"③ 以及明治期史论家山路爱山为什么会说出"朝鲜才是把支那和印度的学术技能与道德宗教传播给日本的最古大恩人"④ 等话来。这大概也是所谓"古典亚细亚主义最初是作为民间的一种理想主义而被提倡的"⑤ 一类感受之所自出。但是，以日本人为核心组建而成的相关组织，以汉语、韩语学习为形式，以加深了解为标榜，以"睦邻"、"提携"为号召，开始了对清朝、朝鲜等

① 参见孔祥吉、村田雄二郎《罕为人知的中日结盟及其他：晚清中日关系史新探》，巴蜀书社 2004 年版，第 69—73 页。

② 『興亜会報告』第二集、東京：興亞會報告局、1880 年。

③ 勝海舟：「朝鮮は昔お師匠様」、『氷川清話』、東京：講談社、1973 年。

④ 山路愛山：「敬愛なる朝鮮」、『平民新聞』（週刊）第 32 期、1904 年 6 月 19 日。

⑤ 王屏：《近代日本的亚细亚主义》，商务印书馆 2004 年版，第 25 页。

国远不止于了解层面的实地踏查和信息采集工作。继兴亚会之后陆续成立的东洋学馆和日清贸易研究所，特别是后者，所培养的"人才"，是东亚联盟理想、东亚领袖意识和东亚征服理念的混合体（如以日本为主导实现东亚文武联手的"第一天职"和拯救朝鲜、膺惩清国、改造清国的"第二天职"等），而且在日后的日清战争中，他们还被军队所征用且最大限度地被利用。① 因所作所为有些过分，并且言行不一现象越积越多，② 所以，时任《循环日报》主编的王韬，曾对兴亚会的复杂构造及其名实乖离行为做过如下评论："日人创立兴亚会，其志则大，其名则美，而势事之难处，意见之各殊，则非特等于无补空言，且将类于阴谋诡计也。今日本无端而构衅台湾，蓄谋歼灭琉球，则其所谓睦邻者，盖可知矣。即繁称博引，援古引今，欲维时局，其谁信之？"③ 这意味着，"构衅台湾"④ 与"歼灭琉球"⑤ 等系列行动，与日方口头上的说法，是南辕北辙的。王韬的话，其实只说出了日人言行矛盾的一点苗头。日本策动的朝鲜甲申政变以及由这一政变所引发的清日摩擦乃至战争，才使上述苗头日益显在化。这一点，清驻日公使黎庶昌看得真切。他曾对日人宫岛诚一郎说："此次朝鲜之事似易了结，所关要者在以后之措置耳。贵国本拟朝鲜以独立而又越海驻兵，非朝人所心服。仆之私意，以为贵国以后应不干涉朝事。"⑥ 而甲申政变的直接发起人金玉均（1851—1894）的上海遇刺事件，也无法不让人怀疑日方冷遇甚至软禁金氏的真实意图。⑦ 金玉均在日本的叙事中被指称为朝鲜的开化派政治家和思想家。金曾与福泽谕吉过从甚密，并在福泽的援助下，筹谋朝鲜的国政改革。1884 年末，乘中法战争混乱之机，金玉均发起了推翻"事大党"的内部政变，以期排除清国的对朝影响。失败后逃往日本，不料竟长期遭受明治政府的冷落，度过了近十年的软禁生活。朝鲜知此，遂遣洪鐘宇将金氏诱至上海杀害。金氏遇害后，日本国内反而频繁

① 参见伊东昭雄『アジアと近代日本』、東京：社会評論社、1990 年、第 291—293 頁。

② 参见戚其章《近代日本的兴亚主义思潮与兴亚会》，《抗日战争研究》2008 年第 2 期。

③ 王韜：「興亜会宜杜其弊論」、興亜会編『興亜会報告』第 12 卷、1880 年 11 月 15 日。

④ 「臺灣生蕃討撫一件」、日本外務省外交史料館編『日本外交文書』第 7 卷、東京：日本外交文書頒布会、1955 年、第 1—338 頁。

⑤ 「琉球所属二関シ日清両国紛議一件」、日本外務省外交史料館編『日本外交文書』第 12 卷、東京：日本外交文書頒布会、1949 年、第 176—200 頁。

⑥ 伊原泽周：《从"笔谈外交"到"以史为鉴"：中日近代关系史探析》，中华书局 2003 年版，第 36—37 頁。

⑦ 参见「金玉均暗殺一件」、日本外務省外交史料館編『日本外交文書』第 27 卷第 1 期、東京：日本外交文書頒布会、1953 年、第 482—492 頁。

举行追悼活动，借以弹劾清朝政府，并演变为日清战争的导火线。① 在这些历史镜鉴面前，戊戌变法的许多对日倾倒行为，其实也在或隐或显地重蹈韩国"改革家"们的覆辙。当光绪帝拟派黄遵宪赴日亲善时，林权助高兴之余的实际心态是："本官窃希望利用此次机会，使得彼我帝室的交际大增亲密。盖我相信如此有利于改良清国诸政，这又是增进我方利益，增大我方权利，以巩固我方地位的一大良剂。故但愿即速给清国皇帝赠送勋章，以作回礼。"② 而百日维新失败后，逃到日本的康有为被日本当局始乱终弃甚至驱离的遭遇，也与金玉均的在日命运十分相似。然而，问题显然不止于此。戊戌变法后，日本其实储备了维新派和革命派这两股对清廷持不同政见甚至敌对态度的势力，同时维持着与清廷及其要员的政治联络通道。其中，无论是哪股力量，几乎均无一例外地要取法日本和利用日本，以为自身壮大之需。吊诡的是，试图取法和利用日本的各股势力间必然会形成的"争夺"日本局面，反而为日本自由汰选和利用合乎己意的华人力量，提供了前所未有的便利；而是否合乎己意的唯一标准，则是哪股力量对日本的国益更加有利而不是相反。结果，中日之间竟长期呈现出这样一种局面：在几股华人势力一齐求助日本并对日本争相"贡献"的同时，日方的忽即忽离和忽冷忽热态度，事实上已不动声色地操纵和控制了华人世界的人事关系、价值取向、政治走势，一言以蔽之曰内部事务。

有学者注意到，戊戌政变爆发后，康有为、梁启超等人仓皇出逃，日本政府不惜冒着很大风险，将康、梁等人接到了日本，奉若上宾。维新派与进步人士无不为之感动。然而，曾几何时，日本政府对康、梁之态度发生了180度的大转折，以致康有为因母亲病危而取道日本，想暂作停留，却受到日本政府"拒绝登陆"的对待，连一点人道主义都不讲。日方这种翻手为云、覆手为雨的行为背后，一方面有清廷通缉康党的原因，另一方面也有欲与康梁争夺在日地位的张之洞的手脚。因为日本政府既不愿为大势已去的维新派去得罪依然大权在握的西太后政府，也不愿意为保护康、梁而得罪张之洞，丢失张之洞所希望的在中国帮助练兵等许多实惠和利益。③ 及维新派的海外势力在上述围剿中逐渐被排除后，反映西太后意志

---

① 参见伊东昭雄『アジアと近代日本』、東京：社会評論社、1990年、第44—45页。

② 《王文韶、张荫桓两大臣来访之报告》，载《日清两国国交亲善之文件》，日本外务省外交史料馆藏，转引自孔祥吉、村田雄二郎《罕为人知的中日结盟及其他：晚清中日关系史新探》，巴蜀书社2004年版，第69—71页。

③ 参见孔祥吉、村田雄二郎《罕为人知的中日结盟及其他：晚清中日关系史新探》，巴蜀书社2004年版，第106—107页。

的清廷联日交谊行动，遂开始步入日程。光绪二十五年（1899），西太后令刘学询、庆宽以考察商务为名赴日本联谊。这里有两份"上谕"，一份是庆亲王准备好的由刘学询携带的上谕："光绪二十五年四月二十三日，朕奉皇太后懿旨：自马关修约以来，中东交际，日形亲密"云云；另一份是矢野文雄拿到的光绪皇帝致日本天皇正式信函："大清国大皇帝，敬问大日本国大皇帝好。朕维中国与贵国，海疆接壤，风俗同文，和好夙敦，纪之盟府。朝鲜一役，误于浮言，弃好寻仇，实非朕意"云云。研究者指出，这两份"上谕"的内容大同小异，而由慈禧皇太后一手敲定的与日本结盟的计划，不过是用皇帝的名义，表达慈禧本人的愿望罢了。① 然而，明治天皇除了欣喜于清廷帝、后两位所送的特级礼品外，对与其"结盟"之事，态度并不积极。而且直到一个多月后，天皇才复电清廷。值得注意的是，其"辑固邻好"和"亟敦交谊"中的"邻""交"措辞，体现的其实不是亲密，而是距离。这意味着，与戊戌变法前日本急不可待的"联盟"甚至"合邦"愿望相比，天皇态度的变化已形若霄壤。关于慈禧、奕劻所设计的中日结盟计划之所以没有取得任何实质性成果的原因，研究者提出了三点理由：首先，慈禧与奕劻等清廷决策人物，缺乏近代基本外交常识。他们思考问题的方式大多还停留在古老的中世纪。其次，作为一个专制的君王，慈禧丝毫容不得她的臣民和持不同政见者在海外对其有任何形式的攻击，甚至每每遣人暗杀，以绝后患。最后，日本天皇昔日敦促朝廷实行联日之策，而现在清廷遣专使前来却反而犹疑，一是因为日本政府对慈禧一伙已彻底绝望；二是沙俄的干预已应声而至。于是，所谓中日结盟，只是慈禧、奕劻一伙的单相思。他们绞尽脑汁、费力劳神，其结果却是两手空空、一无所获。这实在是晚清外交史上最荒唐的篇章。② 但是，除了上述三点外，是否还存在着第四个原因呢？如前所述，几股争夺日本力量的"你方唱罢我登场"，事实上已给日本人提供了牵制和控制中国局面的绝好机会。而且，由于日方在处理这一问题时有着明确的利益指向原则，因此，谁在竞争中能最后胜出，往往取决于谁的条件堆积更有利于日本的国益。这一点，与刘学询一道访日的庆宽似乎已有所察觉："奴才访得逋逆孙文，时于新旧金山及南洋各处，勾结匪党，煽惑人心，敛钱设会。近日时常盘聚日本，联络商民，与王照、梁启超等往来勾结，立会煽

---

① 参见孔祥吉、村田雄二郎《罕为人知的中日结盟及其他：晚清中日关系史新探》，巴蜀书社 2004 年版，第 147、151—152 页。

② 参见孔祥吉、村田雄二郎《罕为人知的中日结盟及其他：晚清中日关系史新探》，巴蜀书社 2004 年版，第 198—203 页。

惑等事，并倚日本壮士党为声恃，大隈伯爵、犬养为护符。并闻，伊藤虽不同党于该匪等，亦有羁縻之意。又传闻孙逆于春间，改换西服，游历长江一带，勾结山东、湖南、四川会匪，谋为不轨。谣言之甚者，谓内外勾结不下四五十万人。传言虽无实据，然内而各省，外而各国，皆有所闻，究亦不可不防。谨案，青木、伊藤告语谆谆，意殊迫切，熟察词气之间，冒昧揣度，若我国毫无举动，恐日本以我无自强之望，即当另谋他策，似有将用康梁、孙文之意……访查日本陆军、海军学校章程，集欧洲各国之长，精益求精，刻下舆论日本陆军学校驾各国之上。且日本武学堂人才正多，当能为教习，聘之不难，勿聘头等大臣。"[①] 就是说，如果能实现清日结盟计划，就必须把军队的训练权交给日本，何况，除军政外，清日之间还有学校、财赋、商务、农工、保甲等无限大的合作空间呢！然而，庆宽建议的无用和康梁势力的式微，却使这两者以外的另一股力量异军突起并迅速成为日本瞩目的焦点，即所谓已"内外勾结不下四五十万人"的孙文及其革命党。日本政府虽然对革命党人不取日本式"君主立宪制"而直接"走向共和"的改革道路有所不快，但孙文早年对日本的承诺，却无法不令其芳心大动，而且重要的是，这一承诺的确是康梁和清廷所难以兑现的。光绪三十二年（1906），孙中山曾游说日本朝野人士，声称："满蒙可任日本取之，中国革命目的在于灭满兴汉，中国建国在长城以内，故日本亟应援助革命党。"1907 年，庆亲王奕劻致书伊藤博文，要求日本政府将孙中山驱逐出境。伊藤征询内田良平的意见，内田表示："自前年以来，孙文屡向我朝野人士表示，日本如能援助中国革命，将以满蒙让渡与日本。"小川平吉也有一段回忆，可与内田的记载相印证。在《孙逸仙之革命与满洲独立》一文中，小川说："孙逸仙与黄兴长期流亡日本，接受有志人士之援助，彼屡屡向我辈陈述：'日本需要满洲，满洲与日本有不可隔离之关系。其地原为满洲人之土地，对我中国汉人来说并非绝对必要。我辈革命如能成功，如满洲之地，即使满足日本之希望，当亦无妨。'"[②] 众所周知，黑龙会及其日本浪人，曾经给孙中山的辛亥革命提供过不少帮助。唯此，当黑龙会创始人内田良平回忆那段历史时才说："我们赌上生

---

① 《庆宽说折》光绪二十五年，录副，内政类，中国第一历史档案馆藏，转引自孔祥吉、村田雄二郎《罕为人知的中日结盟及其他：晚清中日关系史新探》，巴蜀书社 2004 年版，第 175—176、188 页。

② 转引自杨天石《从帝制走向共和：辛亥前后史事发微》，社会科学文献出版社 2002 年版，第 283 页。

命援助孙的革命，是因为它与日本的利益一致。"① 因为据内田称，孙中山当年曾亲口对他说："原来吾人之目的，在于灭满兴汉。至革命成功之晓，即令满蒙西伯利亚送与日本亦可也。"② 有学者指出："日本大陆浪人之所以支持孙中山的革命，是在将东北地区最终纳入日本帝国主义势力范围的目的驱使下开始的；之所以让他们能够看到这种可能性，就是中国革命派所提出的'灭满兴汉'的政治主张。"值得注意的是，同盟会的筹备会议（1905 年 7 月 30 日），就召开于黑龙会领袖内田良平的住处；而"驱逐鞑虏，恢复中华"这一暗含满蒙不在"恢复"范围内等寓意的入会誓词，亦首次发布于这次会议。"据说当天因为来人太多，内田良平家的地面都被踩塌了。"不过黑龙会的野望显然不止于此，按照他们的说法，拿下"满洲"，才能为下一步的"大陆经营"打下基础。实际上，革命党的发展势头和利用日本所应付出的代价，日方应早有设计。据载，刘学询访日期间私会孙中山的事，是由日本高级军事间谍、在威海战役中立下过汗马功劳的宗方小太郎引荐而成的。该人与汪康年、李盛铎、文廷式、梁启超、孙中山均有交往，号称"友人"。后来，他参加东亚同文会，长期在上海生活，曾主持上海同文书院与上海东方通讯社，与近卫笃麿联系频繁。而刘学询等人的赴日事宜，也是由他和小田切万寿之助多方奔走、参与筹措方才促成。③ 正是这个人，在很早以前就对清朝内部的"反清复明"动向有清楚的了解："予明治十七年（1884）初冬游中国，以后举反旗者虽不少，但不如今日之盛。前之叛乱者殆无名义而叛，今之叛乱者无不以恢复明祀为名义。其故何在？曰：'恢复明朝'一语最易煽动民心，又为民心之所向故也。"④ 职是之故，他在日本对清宣战时所拟的"讨清檄文"中宣称："满清氏元（原）塞外之一蛮族，既非受命之德，又无功于中国，乘朱明之衰运，暴力劫夺，伪定一时，机变百出，巧操天下。当时豪杰武力不敌，吞恨抱愤以至今日，盖所谓人众胜天者矣。今也天定胜人之时且至焉"，"夫贵国民族之与我日本民族同种、同文、同伦理，有偕荣之谊，不有与仇之情也。切望尔等谅我徒之诚，绝猜疑之念，察天人之向背，而循天下之大势，唱义中原，纠合壮徒、革命军，以逐满清氏于境外，起真豪

① 西尾陽太郎解説：「内田良平自伝」、『硬石五十年譜』，福岡：葦書房、1978 年、第 77 頁。
② 段云章：《孙文与日本史事编年》，广东人民出版社 1996 年版，第 40 页。
③ 参见孔祥吉、村田雄二郎《罕为人知的中日结盟及其他：晚清中日关系史新探》，巴蜀书社 2004 年版，第 162—163、178 页。
④ 《中国大势之倾向》，载戚其章主编《中国近代史资料丛刊续编·中日战争》第 6 册，中华书局 1993 年版，第 129 页。

杰于草莽而以托大业……时不可失，机不复来。古人不言耶：天与不取，反受其咎。卿等速起。勿为明祖所笑！"① 在日本人关于满蒙问题的普遍认识面前，内田良平自然不是例外。据说，孙中山在拟定"驱逐鞑虏，恢复中华"之革命誓词时，是参考了内田的意见的；而宗方将刘学询引荐给孙中山，亦显然看好了孙对于日本的未来价值。在暗示这一价值要大于清廷不知凡几的同时，其实已巧妙地在清廷与孙文之间导入了如何才能更有利于日本国益的"竞争"机制。然而，日本显然忘记了孙中山有案可稽的另一种对日态度。1912 年中华民国临时政府成立后，孙中山为获得日本政府的承认，曾拟派宋教仁赴日斡旋。可当隐约感到日方对华的领土意图后，孙中山遂指示宋教仁道："如果得到承认，却有难以保全领土之虞，就不进行和议。" 在摸不清日本方面是否有借机提出领土要求的情况下，宋教仁也决定推迟访日。② 对此，下面的一段解读值得玩味："为了中国的独立和富强，孙中山鞠躬尽瘁地奋斗了一生，这是一个无可争辩的事实；但是，也正是为了这一目的，他又在相当长的时期内，准备将满洲租让给日本，这应该也是事实。问题的全部复杂性也在这里。我们当然不应该因此而否定孙中山在近代中国史上的崇高地位，当然同样也不应该为了维护这种地位而讳言有关事实。"③ 甲午战败后，中国君民向敌国学习本身，是没有错误的；为了强调改革的重要性，说几句夸张的话，原亦无可厚非。但是，当这种学习和仿效已演变为倾倒和迷信甚至不惜竞相对日投怀送抱时，事情的性质便容易发生与初衷相反的转变。更重要的还在于，这些行为除了给日本提供牵制与控制中国内部事务的绝大机会外，还使日本上下蔑华之心日盛，而侵华之欲日强。中日之间的落差之所以不止于军事和政治层面，原因亦在于此。

三　对中日间"落差—权利"结构的分析

"落差—权利"结构，可以为我们观察近代以来的中日关系本质，提供分析依据。该结构，指的是根据实力和地位等诸般差异而形成于关系双边或多边的权利义务框架。构成这一框架的支撑要素，通常说来有以下三

---

① 宗方小太郎：「開誠忠告十八省之豪傑」、『日清戦争実記』所収、東京：博文館、1896年、第5—6頁。

② 参见王柯《民权、政权、国权：辛亥革命与黑龙会》，《二十一世纪》（香港）2011 年第10 期。

③ 杨天石：《从帝制走向共和：辛亥前后史事发微》，社会科学文献出版社 2002 年版，第288 页。

点，即价值取向、政治制度和经济条件。这三个要素的组合能否形成"落差—权利"结构，往往取决于该结构赖以确立的充分条件——"高下相倾"态势是否具备。这至少需要满足两个必要条件：第一，高端事物是否代表了强势、优势和趋势；第二，高端事物能否准确地反映并回应位处下风者的欲望和需求。在东亚地区，最早体现这一结构特征的，是前近代以中国为中心的"华夷秩序"体系。"华夷秩序"，又称"朝贡体系"、"册封体制"、"朝贡贸易体系"和"前近代东亚体系"。它通过价值上的"华夷关系"、政治上的"宗藩关系"和经济上的"赐贡关系"这组特定的纽带，把大小、高下、强弱的关系双方联结在一起。由于这是中国古代"金字塔"式规则的外推，而如此高下秩序在某种意义上又是早期政治力学的产物，因此，这"三大纽带"事实上是建立在"三大落差"的基础上的，即与"华—夷"对应的"文—野"价值落差、与"宗—藩"同构的"中—边"地位落差和与"赐—贡"相称的"厚—薄"丰瘠落差。① 马丁·雅克指出："中国和所有从属国之间的巨大差距是朝贡体系的一个基本特征，是这种体系长期特有的稳定性的根本原因"，"换句话说，以朝贡体系为依托，国家间被拉大的差距培育出了潜在的稳定性"。② 这一不易改变的落差，曾赋予位处高端者以长久而稳定的权利，致使"礼乐征伐自天子出"的圈域规则在前近代东亚地区通行了两千余年。然而，这一通过道德感化、制度同化和经贸互化等方法来维持的关系体系，因长期秉承"来者不拒，去者不追"的邦国交往原则，换言之，由于其体系维持特征往往表现出弹性怀柔和非强制性，故而中国周边的朝鲜、日本、越南乃至利玛窦所称"大明声名文物之盛，自十五度至四十二度皆是"的区域内邻邦，几乎都与中国有过或近或远的册封朝贡关系。在此过程中，尽管日本叛服无常，并通过白村江之役（663）和壬辰丁酉倭乱（1592—1597）与中国频争高下，但直到代表刚性原则的西方"条约体系"东渐亚洲后，以往的区域关系格局才首次遇到了根本性的挑战。当然，充当这一挑战之急先锋并且最终取代中国原有区域中心地位的国家，仍是脱胎于"华夷秩序"并充分了解秩序内部规则的日本。这种出身和了解意味着，日本若想在早已习惯于"落差"支配逻辑的地区推展某种新的文明形态，新的"落差"制作，就成为不可或缺的行动前提。明治政府无疑深谙此道，亦深晓西方强

---

① 参见韩东育《关于前近代东亚体系中的伦理问题》，《历史研究》2010 年第 6 期；韩东育《东亚的生态》，《读书》2013 年第 8 期。

② ［美］马丁·雅克：《当中国统治世界：中国的崛起和西方世界的衰落》，张莉、刘曲译，中信出版社 2010 年版，第 297 页。

势"价值"及其"规矩"体系对于日本主导东亚事务的权威借助意义，于是，一个新的"落差—权利"结构开始形于世人面前，即：（1）以"近代文明"征服"中世野蛮"的文明正当性，（2）以"国民国家"取代"华夷秩序"的政治正义性，（3）以"资本经济"改造"自足经济"的经贸优位性。值得注意的是，日本制作的这三大"落差"与明治维新的三大"口号"——"文明开化"、"富国强兵"和"殖产兴业"之间，彼此呼应，异曲同工。毋庸讳言，如此"落差—权利"设计的主要针对者，显然是清朝及其属邦。所以，称其为日本对"华夷秩序"时代"落差—权利"设计的反设计，亦不为过。然而，许多无奈的事实表明，该设计能在一定的时空范围内奏效，与新的"落差—权利"构图中位处下风者在某种程度上默认甚至首肯这种设计有关。作为标志性的历史事件，甲午战争无疑为该结构的出台与确立，提供了军事政治前提；而嗣后中国君民对日本所展开的全面模仿甚至联合运动，则使"礼乐征伐自中华出"的前近代东亚规则不得不让位给"礼乐征伐自东洋出"的近代日本规则。美国学者约翰·惠特尼·霍尔（John Whitney Hall）曾这样描述过日本的空间位置和文明特征："它有个特殊情况，就是生存于中国和西方这两大对立的传统之间。在适应二者的同时，日本通过自己的智慧，在接受两种传统方面都表现得相当杰出，并达到一定高度。"[①] 这是事实，而且在有些领域，霍尔的表述略显不足。但是，明治维新后不少日本政客和学者对国内改革成就的高自标置和自我陶醉，其实已不单纯是事实描述，其中还蕴含有相当程度的他者轻蔑意识。这显然是"落差"制作的要求，也是求取更大区域"权利"的隐形目的使然。明治时期日本首相大隈重信（1838—1922）曾讲："对东方，我们乃西方文明之说明者；对西方，我们乃东方文明之代表者。因此，成功地调和东西文明，使世界文明更加醇化，迎来人类之和平，谋求人道之完美，此乃我国国民之理想，日本帝国之天职也。"[②] 其实，比较起所谓"东方文明"，他们更为醉心的乃是优于东亚传统的"西方文明"，因为只有西方文明，才给日本赋予了所谓"文明国家"的新形象，而这一新形象最为需要的，恰恰是能与之形成强烈反差的"野蛮国家"。在这一自明的价值前提下，日本国的任何对外行动，也就天然地被赋予了正当正义性。甲午战争之际，基督教信徒内村鉴三（1861—1930），曾把当时的

---

① ［美］约翰·惠特尼·霍尔：《日本：从史前到现代》，邓懿、周一良译，商务印书馆1997年版，第3页。

② 大隈重信：「東西の文明」、『新日本』第1卷第2期、1911年5月。

"日、支两国关系"解释为"代表新文明之小国"与"代表旧文明之大国"的关系,于是,这场战争便不但不是什么"侵略"与"被侵略",而是所谓"新文明"战胜"旧文明"的"义战"。无独有偶,担当战时外交指导的陆奥宗光(1835—1897),也毫不犹豫地把这场战争理解成"西欧之新文明与东亚之旧文明间之冲突"。① 然而,最为典型的代表人物,当首推福泽谕吉(1835—1901)。这位新"落差—权利"结构的实际创建者及其"启蒙"著述,还把所谓"文明—野蛮"的逻辑加工得理论上成体系,行动上有章法。他自认已找到了东、西洋文明的本质差异以及二者间明显的"文明—野蛮"落差,并直捣造成这些差异和落差的文化根源:"比较东洋的儒教主义与西洋的文明主义会发现,东洋所阙如者,为有形之数理学与无形之独立心这两点。"② 在"文明"改造"野蛮"这一新的国际通则面前,清国和朝鲜显然已成为冥顽不灵的"野蛮"国象征。由于"野蛮"的持续存在违背了国际通则,因而清、韩才需要改造、破坏甚至武力打击。似乎只有这样,才可促其"觉醒",逼其"进步"。在如此"善意"的安排下,"脱亚"也就意味着追随"文明"的"进步",而"征亚"便自然成为改造"野蛮"的"义举"。这一权威借助手段和妖魔"支·韩"的逻辑,曾收到过出人意表的效果:它不但给日本在该地区的全部行动赋予了所谓正当性与合法性,还使被侵略国的部分"开明人士"亦纷纷自认落伍、自解武装,甚至在日本的策划下不惜发动内部政变。福泽在甲申政变问题上对朝鲜的"策反"不成转而"贬损"和"抛弃"态度,以及在东亚问题上"兴亚"不成转而"脱亚"和"征亚"等看似矛盾的行为,其实均已通过《文明论概略》(东京:岩波书店1931年版)、《脱亚论》(《时事新报》1885年3月16日)和《日清战争是文明与野蛮的战争》(载《福泽谕吉全集》第14卷,东京:岩波书店1961年版)等所谓"启蒙"手段,给日本在该地区的侵占行为赋予了左右逢源的逻辑圆通。需要注意的是,福泽谕吉在设计新的"落差—权利"结构时,总是强调所谓"世界大势"和"近代文明秩序",认为"西人文明如疹疫流行"一般,不可阻挡,"既然如此,作为当今之策,我国不应犹豫,与其坐等邻国的开明,共同振兴亚洲,不如脱离其行列,而与西洋文明国共进退。对待支那、朝鲜的方法,也不必因其为邻国而特别予以同情,只要模仿西洋人对他们的态度

---

① [日]野村浩一:《近代日本的中国认识》,张学锋译,中央编译出版社1999年版,第48页。

② 福沢諭吉:「王政維新」、『福翁自伝』、東京:岩波書店、1978年、第206页。

方式对付即可"①。对此，丸山真男不乏回护和开脱的解释，谈出了几分福泽谕吉看似矛盾的学说逻辑："面对现实国际政治，他（指福泽）的思考本措置于如何对抗欧洲帝国主义的东洋共同防卫上。可福泽对于被儒教主义浸入骨髓的朝鲜和清国现状的焦躁和绝望，又反射性地强化和确证了他的信念，即作为东洋近代化之推动力的日本的使命感。从这一点出发，他的对外主张便在现实上与日本帝国的大陆进出冲动形成了步调一致的后果。"② 而后来的日本思想流向，亦如日本学者野村浩一所言："在某种意义上可以说，世界秩序的观念，是由已经完成了近代国家建设的诸国构筑的观念，也是由以这些国家为成员的国际社会的观念"，"在二战以前的日本——其实在二战以后的日本依然——不管什么样的思想也好，意识也好，从右翼到左翼，在真正意义上能突破这一近代国际秩序观念束缚的人，事实上一个也没有"。③ 问题在于，日本自构建了新的"落差—权利"结构那天起，就从未想过要放弃这一结构，甚至还为此早有预案。宗方小太郎给明治政府的建议是："昔日识者曾认为，中日两国间若无大战，则不能大和；大战而大胜之，彼始知我之实力之不可敌，至此方可收协同之效也。要之，以势力压制、威服中国是也。使彼多年服从之后，在不知不觉之间，大局之形势可驱使彼感觉有与我联合之必要。然与彼言和，首要唯有对彼永久不失胜算方可；若不幸一朝兵力不如彼时，则中日和平终不能持久也。熙熙之仁，孑孑之义，非所以驭中国人之道也。以上所论，为使中国知晓联合之为百年大计之手段。在已获得头绪之后，可进一步采取使彼信服之方针。"④ 实际上，日本对待周边国家的态度，明治以来一直没有发生过根本性的改变。今日中日关系突然降至恢复邦交以来的最糟状态，不能说与 GDP 指数超越日本后中日落差逐渐消失等国势变化无关。而这一点，甲午战争后仍以"熙熙之仁"与"孑孑之义"待人的中国，虽有些微察觉，但并未起到实际的作用。还在甲午战前清廷对日盲目虚骄时，宗方小太郎即指出："中国实属不明日本之真相，虽识者亦甘于表面之观察，轻侮指笑，自以为得者滔滔皆是也。独李鸿章一人能知日本之大体，又有对付日本之策。彼往年上书朝廷，请整顿海防，文中曰：'日本阴柔

① 参见福沢諭吉「脱亜論」、『時事新報』、明治 18 年（1885）3 月 16 日。

② 丸山真男：「福沢諭吉」、『丸山真男集』第 5 卷、東京：岩波書店、1995 年、第 332 頁。

③ ［美］野村浩一：《近代日本的中国认识》，张学锋译，中央编译出版社 1999 年版，第 75、77 页。

④ 参见《对华迩言》，载戚其章主编《中国近代史资料丛刊续编·中日战争》第 6 册，中华书局 1993 年版，第 140 页。

有大志,宜阳与之结好,阴为之备'云云。彼确实期望兵备完成之时,再对日本有所行动。故彼至今为止,以所谓阳交阴备对待我国。此意见亦非李氏一人之意见,如已故之彭玉麟、左宗棠、丁日昌等,亦同有此意见。故可视为中国对日本之政略也。"[①] 及甲午完败后中方已进入"神化"日本阶段时,仍有人警告贸然"联日"的危险性。当张之洞惑溺于日人"深悔前年不应与中国战争,今愿我遣人赴东入各种学堂"等甜言蜜语,频繁地向总理衙门电奏以表明其联日愿望的急切与真诚时,总理衙门的答复却以为不妥。总理衙门认为:"日本狃于辽役,民志日骄,其二三老臣尚以为惧。其于我诚有唇齿之势,马关约定,我亦大度处之,非如法德仇怨之状。然中国受害之深,实缘日本。近以德事,各国环伺,机局危迫,东方太平之局,几不可保。日英求联,皆游士兵官之言,该使从不稍露端倪,联之一事,甚不易言。各国风俗通,政教同,相联甚便。中外事事隔阂,难为密谋,祇可遣使各国,商保东方太平之局,则不联之联,不致激成东方战局,统俟筹定,请旨遵行。"[②] 然而,有许多涉日事务,张之洞并不与朝廷沟通,或利用地方大员的手中资源与日方擅做交易,或明修栈道,暗度陈仓,做出了许多怀私携诈、自增筹码的事情。有学者略带情绪地指出:"张之洞原来是一个首鼠两端,以个人利益为前提,而没有一定政见的人。在康、梁主张变法,博得光绪倚任时,他也要挤进去凑热闹,六君子中的杨锐,就是他保举的。及那拉氏训政后,他又恐怕牵入旋涡,连夜与其党徒梁鼎芬粗制滥造,著成一部《劝学篇》,说什么中学为体西学为用,那种陈腐滥调,奏上那拉氏,以表示自己与康、梁不同。"[③] 而总理衙门话里有话的"统俟筹定,请旨遵行"一语,还隐约透露出上方对张氏欲与朝廷争宠于日本之心的警惕与防范。就这样,在明治构建的"落差"和认可这一"落差"们的呼应声中,日本逐渐拥有了甲午以来的最大"权力空间"。"有病急投医",原属人之常情;"师夷之长技以制夷",也体现了中国人在列强环伺的世界里不甘人后、迎头赶上的民族志气,所以,从1896年起,清朝开始派人赴日本留学,而且到了1906年,日本方面宣称:中国留学生人数已多达16000余人。[④] 然而,留学固为善举,但过程中却不乏假公济私的现象,而且,当年的日本即懂得如何充分利用殷笃私交的

---

① 《对华迩言》,载戚其章主编《中国近代史资料丛刊续编·中日战争》第6册,中华书局1993年版,第139页。

② 张之洞:《张文襄公全集》第2册,中国书店1990年版,第1421页。

③ 刘厚生:《张謇传记》,上海书店1985年版,第100页。

④ 参见刘启强等《袁世凯与清末留学热潮》,《周口师范学院学报》2003年第6期。

方式以达成其在华利益。光绪二十五年十月初二日（1899年11月4日），日本为了加强与张之洞之联络（抓住在华的练兵权），特派近卫笃麿公爵前往长江流域活动，受到了张之洞空前隆重的欢迎。近卫为了日本政府的利益，软硬兼施，劝康有为离开日本，又把张之洞的孙子张厚琨安排到日本留学。因此，张之洞对近卫来访，做了充分准备，精心安排。张氏先是举行了欢迎大会，接着张宴于总督衙门，晚上又于黄鹤楼上宴请近卫一行。结果，张与日本的各自目的均圆满达成。据载，张氏还不止派出一个孙子，即除了张厚琨外，还有张厚琬；留学院校，则不是日本贵族学校"学习院大学"，就是"中央幼年学校"。而且，张之洞为了自己孙子留学日本之事，确实费了一番心思。他给清廷当时的驻日公使李盛铎捎信，还给日本贵族院议长近卫笃麿请托送礼，一句话：请他们对张厚琨留学日本多多关照。不仅张之洞如此，历任广东布政使、甘肃布政使、山西巡抚、四川总督、云贵总督、两广总督等职，并举新政，办教育，肃贪惩腐，人称"屠官"和"满洲虎"的岑春煊，也多方修书求助日本，把自己的儿子岑德徵也先后送到上述两所学校留学。① 小田切万寿之助在写给日本外务大臣青木周藏的信中称："现下听说，有清国的大官，强制其部下到我国留学，但是，却没听说过主动让自己的子女去留学的。所以此举确实令人钦佩。"日本人的高兴显然是有原因的。如果说，公派他人留学，只是证明了清朝官方对日本价值的服膺态度，那么，朝廷重臣把本可以在国内享受最优等教育的自家子弟也争相送去留学，并且还不断地请求日方的关照，表明清朝上下对本国的教育体制和治理走向，已经茫然若失，失去了起码的信心。这一方面验证了日本人"落差—权利"结构的制作功效，也从另一个侧面展示了甲午战争后中日两国地位对调所造成的历史性难堪。对此，孔祥吉先生指出："国人向来以中华自称，而把外国视作夷狄。因此，把学生成批成批地派往外国，正规说来，是戊戌维新时才开始的。"② 话里话外，可谓意味深长。

从这个意义上讲，甲午战争后清朝欲与日本"合邦"一事，反映了"内治不成转而投机取巧"的思维惰性和臣服心态。道理很简单，在日本人设定且逐渐为周边国所认可的"落差—权利"结构中，似乎只能把中国"合"给日本而不可能相反。日后所发生的大小事件表明，"合邦"虽然形

---

① 参见孔祥吉、村田雄二郎《罕为人知的中日结盟及其他：晚清中日关系史新探》第13章《最早留学海外的高干子弟》，巴蜀书社2004年版。

② 孔祥吉、村田雄二郎：《罕为人知的中日结盟及其他：晚清中日关系史新探》，巴蜀书社2004年版，第302、308页。

式上未果，但中国人在心理和价值层面上对日本的艳羡和倾倒，却是不争的事实。在如此"万事不如人"的事实与想象面前，连皇帝的"上谕"措辞也已看不出还是"上谕"，就不要说在"下风"预设驱使下一般中国官绅的对日感受了。江西新淦人朱绶（组豪）曾撰《东游纪程》一书。其表侄逢舜在《东游纪程跋》中谓："余中表叔组豪《东游纪程》……于邦交、地理、职官、食货、兵制、刑法、礼俗、物产、工艺诸大政要，记之特详，而学术则尤加详。盖学术为人才所从出之途。苟能战胜于学，斯能战胜于商，斯能战胜于兵，而富而强，直操左券。是则尤为杰识已。"[1] 甲午战争后出使过日本的钱德培亦谓："不学无术，圣训昭然，日本早得此要领。伊藤、黑田、桂太郎诸相以及各大臣，均系明治初出洋学生出身。三十年来，人才辈出，尽从学堂中来。上下当行，无从蒙蔽，而尤妙于下情得以上达。上有过失，下得而议之，故其郅治也易。中国甲午前之海军，各船管带虽有船政学堂派赴外洋毕业学生充当，而以目不识丁之丁汝昌统之，故其致败也亦速。今欲求治，非讲学术不可，更非求通下情不可。苟仍前粉饰为属员者，一味唯唯，虽腹非而口仍应之，则恐自欺欺人，其害有不可胜言者矣。"[2] 然而，骂一骂自己是简单和容易的，可如果了解到甲午战败的根本原因在于"内治不备"这一真实背景时，那么，当年庆宽的省思反而具有十足的参考价值："窃谓，日本旧制，政在诸侯，明治废藩，故号维新，王政颁行，故号变法。我朝圣圣相继，普天率土，共戴一尊，文武之政，布在方策。其所以使良法美意废弛堕坏于无形之中，皇太后、皇上励精图治，而国势不强者，皆官吏奉行之不善之过耳。故今日之事，言维新者妄也，言变法者谬也，实在整顿内政而已，补救偏弊而已。偏弊既去，内政修明，五洲万国，自当迥视易听，外变不足虑矣。仅将在日本见闻所及，印证中国内政，胪陈六端（整顿学校，整顿财赋，整顿军政，整顿商务，整顿农工，整顿保甲），是为整顿之要。虽然政存矣，而行政之法，尤有立乎其先者三端，是为整顿之本；尤有旧例积习，大害于整顿者二端，是为整顿之戒。狂夫之言，圣人择焉。"[3] 庆宽是坏人，可连坏人

---

① 朱绶：《东游纪程》，载《实藤惠秀文库》35（编号1193），光绪己亥（1899）夏鸿宝堂刊行，第49页。

② 钱德培：《重游东瀛阅操记》，载《实藤惠秀文库》45（编号1181），第18—19页。刊行年不明，因开篇处有"光绪二十有七年九月朔奉到江西抚宪李中丞札委赴日本阅看大操"字样，遂推知刊行时间当为光绪二十七年（1901）后。

③ 《庆宽说折》，光绪二十五年，录副，内政类，中国第一历史档案馆藏，转引自孔祥吉、村田雄二郎《罕为人知的中日结盟及其他：晚清中日关系史新探》，巴蜀书社2004年版，第188页。

也能吐出如此肺腑真言，清朝的危殆程度由此可见一斑。历史需要反思。而且事实上，反思也恰恰是中国人的思维模式之一。但是，如果反思的问题不足以构成真正的经验总结和切实的教训汲取，尤其在每次反思时"我"总是"不在场"，那么，这种反思的意义，不但局促而有限，并且最终是没有意义的。对中国而言，明治日本所设定的"落差"，在某些领域已逐渐被抹平，这构成了国人的骄傲。但是，潜在于中日两国民众心理和价值层面上的"落差"，似乎直到今天也不能说已完全消失。由于"大战"之前没有"大治"，所以，一旦兵败，清朝的整体垮塌甚至毁灭，也就不显突兀。这也是万般无奈之时中国人全面倾倒于日本的内在原因。倘若战前清廷能顺应民心与天下大势，把重点措置于内部整治，并以此重铸国家信仰和国民信念，历史或许会呈现出另外一副面貌，亦未可知。

＊　＊　＊　＊　＊　＊

胡天舒博士在大作《游记所见：近代日本的双重中国认知》即将梓行之际邀我作序。就国内外研究状况而言，能在该问题领域进行系统爬疏的新生代学者，其实并不多见。从这个意义上说，该书应该是学界致力于创建"东亚游记学"的标志性成果之一。只是作为外行，我很难为其奉上名副其实的序言，无奈之下只好拿一篇旧文权作代序，不当处，还望作者和学界斫正。

韩东育

2024 年 3 月 28 日

序　章

在近代以前的东亚文化圈（包括中国、日本、朝鲜、越南等）中，中国曾长期处于核心地位。中国在政治、经济、军事、文化等方面所展现出的强盛，使日本等东亚各国无论在制度、思想，还是文化和日常生活层面，均纷纷效仿、学习中国，对中国敬仰有加。这一局面，持续了近千年。直至 19 世纪中后期，东亚最主要的两个国家才发生了历史性的变革：中国从闭关锁国的封建大国沦为半殖民地半封建国家，而日本则通过明治维新，开始了资本主义近代化建设，政治经济和军事实力亦迅速崛起。

自鸦片战争以来，日本在密切关注中国这个东方大国被西方"蕞尔小邦"英国打败的现实并重新认识世界的同时，也开始重新定位中国与自身的关系。甲午战争后，日本在"海外雄飞"强国之梦的驱使下，对中国的关注形成了与以往不同的内涵，产生了形形色色的中国观。近代日本人的中国观虽以"中国停滞论"和"中国蔑视论"为主调，但其背后却存在着不同的认知路径，而且日本人对中国的关注也比之前更加强烈。对日本知识人而言，特别是汉学家们，他们对汉学典籍中的古代中国气象还留有一种文本上的幻想，崇尚中华文物的风尚依然热烈。同时，在日本政府的筹划与支持下，1875 年 2 月—1886 年 3 月，三菱会社、日本邮船株式会社等先后开辟了横滨—上海航线、长崎—芝罘—天津航线和长江航线，更加便利了日本人的中国旅行。日本的学者、作家、记者、政治家等，或出于兴趣，或受命公务，开始前往中国。他们以游记、日记、见闻录等形式记录了中国当时的名胜古迹、风土人情、文化政治等综合信息。游记本身的亲历性与现场感，使旅行者能够在异文化的体验与碰撞中形成更为直观的对华印象，成为研究近代日本人中国观诸类型的特殊文本。而且，多数游记在旅行结束后便结集出版，被当时的日本人广泛阅读，其中所记载的中国见闻已成为普通日本人了解中国形象的一个重要知识来源。进而，这种方式的"中国阅读"对此后中日两国的集体文化认知乃至民族感情、国家关系、革命运动、日常习俗等方面，都产生了广泛而深刻的影响。

与此同时，日本明治维新后产生的巨大变化也在一定程度上引起了近邻中国的关注，有关日本消息的报道开始经常出现在当时的中国报端。19世纪70年代起，中日两国签订了《中日修好条规》和通商章程，正式建立了外交关系，并互派官员、互设使馆，开始了近代意义上的交流。然而，在1894年至1895年的甲午战争中，清朝被新兴的日本一举击败，清政府被迫签订了割地赔款的《马关条约》，中日双方在政治、经济和国家实力对比上开始易位，中日关系也发生了前所未有的逆转：日本由昔日的"弹丸之国"一跃成为亚洲霸主，中国则从"天朝上国"沦为战败国。甲午战争的失败不仅使清政府为之震惊，也让中国的知识分子阶层在愤怒谴责日本的侵略行径的同时，开始思考日本能够在甲午战争中打败中国的原因。于是，明治维新的成功自然被认为是日本能够战胜传统文化上"母国"的关键所在，这便使清政府及其知识分子阶层迅速将西化成功的东亚邻国当作学习效仿的对象，并开始陆续出现大量知识分子赴日进行考察、学习的情况。到访过日本的中国有识之士注意到日本的近代化转向，并对日本当时社会政治、经济、文化、军事、教育、风俗等方面均有所关注与记录，留下了大量的日记或游记，提供了宝贵的第一手资料，这些游记或日记通常被称为"东游日记"，其中的所见所闻正是近代以来中国人对日本的新认识。

以甲午战争作为时间上的分界点，其前后的"东游日记"在作者群及内容上往往呈现出较大的差异。甲午战争前的"东游日记"作者以外交官、学者、文人为主体，多以日记和诗的形式记录访日观感，在记录中对日本进行百科全书式的综合考察，并大量采撷日本的有关图籍、统计报表等。甲午战争后，日本在政治、经济上都取得了快速发展，清政府开始大规模派遣留学生赴日学习，对于赴日群体的壮大起到了推波助澜的作用，赴日的动机也转为主动的学习，其游记内容与甲午战争前相比也迥然不同，以各类"考察记"为主。① 这些游记既有以日记形式记录的访日观察，又有以诗歌形式描述的游日感受，还有利用大量相关图籍、报表等所做的日本社会、政治、地理等方面的调查资料，对于中国了解明治维新后的日本有着非常重要的意义，这标志着中日两国开始了真正近代意义上的交流

① 参见王宝平主编《晚清东游日记汇编：中日诗文交流集》丛书序，上海古籍出版社2004年版，第1—5页。

与互访。

"东游日记"因其所具有的特殊意义，一直被学界给予较高的关注，其大规模地整理和编撰也成为研究者所亟须。20 世纪 80 年代，钟叔河主编的《走向世界丛书》，整理了 36 种游记，其中中国人赴日游记 8 种，为学界对域外游记研究的展开起到了引领和推动作用。2016 年，钟叔河又将《走向世界丛书》中一百种的剩余 64 种进行了编辑出版，并认为近代中国人走向世界，"无论是主动的还是被动的，从总的历史进程看，用大的历史眼光看，都有利于发展，都是一种进步。"① 此外，王宝平主编的《晚清中国人日本考察记集成》（后来改题为《晚清东游日记汇编》）作为晚清时期赴日的中国人所留下的资料集结，分为综合、教育、军事、政法、农工商考察记以及唱酬等若干专题，亦推动了相关研究的发展。

1871 年，《中日修好条规》签订，标志着中日两国正式订约建交，往来中国的日本人数随之逐渐增多。他们来华的目的各不相同，或参观访问，或侦探调查，或收集情报，或留学、工作等等。然而，其不同中的相同是，该时期众多的来华日本人多以日记、游记、见闻录、报告书等形式将自己在华旅行中的见闻及感受做以记录，被统称为"中国游记"。往来中国的日本人留下的中国游记虽有以特殊使命或特定目的而出游的行役记，但也有许多颇有研究价值的旅行记录。张明杰多年来致力于近代日本人的中国游记相关资料的收集与考察，对于这部分游记进行了较为系统的整理与翻译，并于 2007 年开始编辑出版了《近代日本人中国游记》系列丛书，收录了自 1862 年日本"千岁丸"始航上海至 1920 年前后的游记，对于了解这一时期日本人的中国认识起到了重要的作用。同时，张明杰按照游记作者的身份不同将其分类整理，分为学者及记者、编辑的游记，作家或艺术家的游记，教习及留学人员的游记，官僚或政治家的游记，宗教界人士的游记，实业家或商人的游记等。②

国内学者对日本人的中国游记进行了资料汇编，对于全面了解该阶段日本人的中国旅行活动发挥了重要的作用。陈湛颐在其所编译的《日本人访港见闻录（1900—1940）》中，将 1900—1940 年间日本人在访问香港过程中的日记、游记或文章中所记录的在港期间的见闻与感受或谈及的香港

---

① 钟叔河、曾德明、杨云辉主编：《走向世界丛书》丛书新序，岳麓书社 2016 年版，第 4—5 页。

② 参见张明杰《明治时期日本人的中国游记文献综述》，《日语学习与研究》2013 年第 5 期；张明杰主编《近代日本人中国游记》总序，中华书局 2007 年版。

印象等，按时间顺序进行编排，共计 51 篇，再加上 4 篇日本人以香港为题的座谈会记录，编辑成册。其游记与日记的作者既有官方人员，也有民间人士，内容极为丰富，是了解日本人在香港活动及当时香港风貌、生活习俗与经济活动、中外关系的重要资料。① 2016 年 8 月，《东亚同文书院中国调查手稿丛刊》由国家图书出版社出版发行，共 200 卷，包括旅行日志 76 卷，调查报告 124 卷，记录了东亚同文书院 1927 年第 24 期生至 1943 年第 40 期生共计近 2000 名调查人员撰写的约 1000 本旅行日志手稿及 800 余本调查报告手稿。② 此套丛书记录了中国政治局势的动荡变迁，也保留了日本学生眼中的中国社会百态。冯天瑜先生认为，"东亚同文书院的中国调查虽然是以侵略中国为目标，但当年对大江南北、黄河上下、白山黑水、西域大漠所进行的周密社会调查，如今也可以视为研究清末、民国社会的史料文献，其展示的实证主义调查研究方法，也可供今天的学者参考借鉴。"③

鉴于 19 世纪末 20 世纪初是中日双方社会历史的蜕变期，因此中国学界关于这一时期的研究资料和成果可谓汗牛充栋，而对于这一时期的日本知识人的中国游记研究数量却相对较少，有关近代中日两国知识人的他国体验在专题性、系统性上的研究，显然还有进一步探索和思考的空间。在对相关研究进行梳理的基础上，可将其分为"印象与观念""旅行者的身份及旅行目的""文化交流与体验""历史地理与旅游文化"四个方面。其中，国内学者对于通过游记考察日本人的中国观的研究较为丰富。研究内容主要涉及日本人中国观的变化、不同旅行者的中国观之比较、从侵略的角度所阐述的中国观、强调东方主义的中国观等几个方面。对旅行者身份和旅行目的的考察是国内学者在对日本知识人的旅行活动研究中的一项重要内容，学者们往往针对不同的旅行者通过文献的梳理和逻辑性的分析进行解读。从中日知识分子的旅行活动来分析中日之间的文化交流及旅行者的个人体验者，在总体研究中所占的分量也较重，这部分研究多是从文化学、文献学或历史学的角度，并运用相应的研究方法来进行的。从历史地理学的角度来审视日本旅行者的旅行活动或旅行游记的研究相对较少，从旅游文化学的角度对近代日本知识分子的中国之行或中国游记进行解读的

---

① 陈湛颐编译：《日本人访港见闻录（1898—1941）》，三联书店（香港）有限公司 2005 年版。

② 李强：《〈东亚同文书院中国调查手稿丛刊〉的出版及其价值》，《抗日战争研究》2017 年第 1 期。

③ 杜羽：《百年前，日本学生这样观察中国》，《光明日报》2016 年 12 月 12 日第 9 版。

研究则更是凤毛麟角。笔者认为，游记乃旅行过程中的产物，是旅行者所见所闻所知所感的真实写照，它对反映旅行者的全部旅行活动及其过程具有重要的参考价值；而"游记学"，在未来的历史学与文化学的研究过程中，将成为一个新的发展方向。

在日本学界，若以时代来划分该问题的研究状况，则 1945 年以前，已有古贺十二郎、冲田一等人分别从官方与民间的视角对"千岁丸"上海之行所作的简约记述；20 世纪 60 年代中期至 70 年代末期，日本学界对于近代中国人日本观的研究似更为深入，研究成果亦更加丰富，安藤彦太郎、竹内好、竹内实、山根幸夫、实藤惠秀、池井优、中岛岭雄、吉田熙生、村松定孝、红野敏郎、山本七平等人，从"映像文学"的角度对近代日本人的中国观和中国像均有所论及；20 世纪 80 年代，东洋文库近代中国研究委员会编撰的《明治以降日本人的中国旅行记（解题）》正式出版发行，为这一领域的研究提供了"游记文学"的问题意识。小岛晋治、佐藤三郎、野村浩一、子安宣邦、西原大辅、横山宏章、日比野丈夫、宫永孝、堤一昭、马场公彦等学者还进一步从"相互认识"、"他者意识"、"东方主义"等视角重新审视了近代日本人的中国观之形成、变迁以及中日关系的变动，给游记等文学作品赋予了思想史的意义。然而，该时期以个案研究为主，以"问题域"为导向的专题研究和综合性研究则相对较少。

在日本学界中，早稻田大学实藤惠秀教授对近代中日文化人之间的交流做了长期的整理和研究。1971 年，实藤惠秀在《明治时代中日文化的连系》一书中，对何如璋出使日本驻日公使期间的日记进行了辨识和分析，对清朝驻日公使馆的情况进行了介绍，梳理了姚文栋与日本文人之间的往来，并对冈千仞及其《观光纪游》中所反映的中国观进行了论述。同时对中国留学生及其日记进行了研究梳理，重点介绍了中国人的"东洋游记"。[①]实藤惠秀还编译了《大河内文书：明治日中文化人的交游》，这本书是在先前所编撰的《黄遵宪与日本友人笔谈遗稿》基础上完成的。书中对何如璋、黄遵宪等公使的行程及答礼均进行了介绍，并特别介绍了观赏樱花的预告和中国的古乐等在两国文化人交流过程中所涉及的内容与问题。实藤惠秀竭尽毕生精力收集中国人晚清民初所赴日本留下的"东游日记"，其个人收藏多达 227 种，其中晚清的 148 种，民国时期的 79 种，保存于东京都立中央图书馆，成为相关研究的重要资料。在其《中国人留学日本史》中使用大量留日学生的日记、书信、著译、口述资料以及中日文公私档案

---

① ［日］实藤惠秀：《明治时代中日文化的连系》，陈固亭译，中华丛书编审委员会 1971 年版。

文本等第一手史料,对 1896 到 1937 年间中国学生留学日本运动的缘起及其演变历程、留日学生在日本的学习、生活、参与政治运动等情况进行了总结与概括,并且论述了清末革命派及维新派在日本的组织及活动,又设专题探讨了留日学生与中国近代政治、教育、文学、语言、思想、翻译、出版事业等方面的关系及其影响。

在资料汇编方面,日本国立国会图书馆支部的东洋文库的收藏最为丰富。东洋文库近代中国研究委员会对所收藏的大量中国游记做了整理,在此基础上于 1980 年编辑出版的《明治以降日本人的中国旅行记解题》① 对明治、大正、昭和三个时期日本人所记录的逾四百种中国游记作了简要提示或简介。由于游记的收藏者除图书馆和文库外,还有许多个人或民间团体,所以即便东洋文库此次出版了四百余种解题,但与全部中国旅行记相比,也只是九牛一毛。因此,进一步收集整理旅行游记,也便成为相关学者们所关注的问题。其中,日本学者小岛晋治的贡献较为突出,他从事日本人中国观的研究,对清末民初时期的中国游记进行了整理,主编了两套中国见闻录集成,即《幕末明治中国见闻录集成》② 和《大正中国见闻录集成》。③ 两部集成共计四十卷,收录 65 种游记,包括一些世人所不易看到的珍贵资料,具有重要的研究价值。小岛晋治所整理的这两部见闻录集成中,不仅包括个人旅行记录,还包含大量珍贵的团体旅行及考察记录,如广岛高等师范学校的《大陆修学旅行记》、《满韩修学旅行记念录》,东京高等商业学校东亚俱乐部的《中华三千里》以及教学参议部的《清国巡游志》等等。可以说,这两部集成从全新的视野展示了幕末明治以及大正时期日本人的中国旅行经纬,遗憾的是这些游记的和文部分尚未被完全译成汉语。小岛晋治在对近代日本人的中国游记进行收集和整理的基础上,还致力于以游记为中心,通过对游记的解析探究日本的中国研究及中国认识,对于明治时期的游华日本人,包括冈千仞、尾崎行雄、德富苏峰、高濑敏德等人的中国游记进行了解读,并对其中所展示的中国观感给予了阐释。

长期以来,对于近代日本知识人的中国旅行及游记的研究,研究人员多从文学、历史学、地理学、政治学、法学等单向度展开,而鲜有从历史学、形象学、旅游学与文化学等多学科综合角度对其进行深入全面分析

---

① [日] 東洋文庫近代中国研究委員会編:《明治以降日本人の中国旅行記 (解題)》,(東京) 東洋文庫 1980 年版。

② [日] 小島晋治編:《幕末明治中国見聞録集成》,(東京) ゆまに書房 1997 年版。

③ [日] 小島晋治編:《大正中国見聞録集成》,(東京) ゆまに書房 2000 年版。

者。因此，笔者认为，有必要对该时期中日双方的文化交流进行重新审视，通过对当时日本知识分子中国旅行活动的深入研究，来进一步丰富现有中日两国关系史的研究课题。本书拟以不同身份的日本知识人为代表，以其在近代中国旅行活动中的游记为基础，通过对他们眼中所见历史场景的还原和分析，综述其旅行活动，探赜其中国观的不同内容，揭示其中国观背后所隐含的深层文化意涵。通过还原游记文学中的旅行活动与异文化体验，从新的研究视角审视近代日本知识人的中国观，使历史学与文化学的交叉研究互为支撑、相得益彰。

本书还试图在对近代以来日本知识人游记之搜集、排列与解读的基础上，重新建构近代以来日本知识人游华的动机、旅费来源、旅行路线、游览景观等的历史过程及历史场景；通过分析日本知识人对中国社会、文化、经济、政治等全景式的中国体验，对各自中国观的文化背景、内在理路和演变轨迹，及其对日本社会产生的历史影响分别予以揭橥；通过近代以来中日两国间所发生的重大历史事件与不同阶段游华知识人的中国体验之比较，重新细化和分梳日本游华知识人对"想象"与"实像"之中国像彼此纠葛这一"双重中国认知"的参与和推动，进而了解近代日本人的中国观变革之内情；通过对近代日本游华知识人的中国调查与体验研究，勾勒出其中国观的演变过程，在实证性考察的基础上运用类型学的方法提炼出明治以来日本知识人中国观的形态与种类，以最终析出日本人"对华傲慢情结"的端始及内在逻辑。基于以上分析，本书拟梳理的问题有：

第一，明治时期对于近代中国与日本而言是一个文化价值观解构与重构的时代。江户时代的"锁国"，使得"中国"这个"他者"对于明治时期多数日本人来说是一个未尝亲历的异域世界，"文本中国"承载了他们太多的想象。但当他们踏足到这片土地的时候，"现实中国"给予他们的异质感印象却更为深刻，加之中国在东西方文明碰撞中的衰退，使日本人的"对华傲慢情结"初露端倪，成为日本在东亚地区自我膨胀的心理渊源。

第二，鸦片战争以来，日本对东西方文明撞击后的中国倍加关注，同时也激起了其自身的防卫心理，幕末"千岁丸"的上海之行便是幕府锁国政策开始松动的预兆。随行人员形成了近代初期的"繁荣"与"衰微"并存的中国印象，这一印象随着千岁丸的返航被传导至日本本土，使得日本人对中国的看法发生了质的改变，并朝着矮化中国的方向疾速发展。

第三，甲午战争后，中国和日本的传统高下位置发生了逆转，日本人对中国的关注空前加强并由此而引发了前往中国调查或旅行的浪潮，其中既有对"文本中国"的追寻，又有对"实像中国"的考察，这两种形象在日本人的思维中相互纠缠，并逐渐类型化为"双重中国观"。

第四，近代以来，日本人将中国分而视之的"分视型"中国观，多位于"蔑视型"中国观与"无视型"中国观之间，是近代日本人的中国观由"蔑视中国"向"无视中国"次第转变的过渡形态，这一过渡形态中既包含了"蔑视中国"的倾向，也存在着向"无视中国"之目标转变的可能性，是一种具有表面上的矛盾性与实质上的主从性的复杂中国观。

本书以近代日本知识人的中国游记为中心，从历史学、文化学、形象学、社会学等多学科综合的角度，对其旅行活动及异文化体验进行多维立体式探索，以期丰富中日文化交流史的相关研究。笔者认为，从这一时期日本知识人的中国游记中，不但能折射出近代日本人多重的中国观，借此理清近代中日冲突的文化和思想脉络，而且还能对今日中日之间的文化交流起到一定的借鉴作用。具体表现为：

其一，以"游记"作为研究的中心材料。近代以来，在中日间航运业发展的带动下，日本知识人能够更便利地来中国旅行，身临其境地感受两国文化的差异与共性。认识他者是自我认识深化的内在需要，他者如同镜鉴，与自我相对呈现，因此他者身上必将会折射出自我的某些重要信息。本书研究的视域正是日本知识人的中国游记，其内容涉及社会、经济、文化、政治等诸多方面，具有重要的文化史和文学史价值。此外，游记中所反映的中国文化遗产保护和传承问题，不仅是近代的问题，也是当代旅游文化中的现实问题。借此，从历史文化的长时段来观察今日中国文化传承中的问题，寻找近代性渊源与发生原点，对当前的"中国理解"亦不乏启迪意义。

其二，有代表性的研究对象。近代日本往来中国的群体中人员构成比较复杂，既有外交官、军人、商人，又有新闻记者、文学家、学者、留学生等，而本书的研究对象以后者为主，并将其统称为知识人。由于知识人是一个社会的精英阶层，他们"全身投注于批评意识，不愿接受简单的处方、现成的陈腔滥调，或迎合讨好、与人方便地肯定权势者或传统者的说法或做法"，① 因此，他们在旅行中的文化感悟力更强，其游记资料的参考价值更高，更能反映出两国在西方世界的近代化刺激下文化反应的差异以及社会变革情况。对于这一时期绝大多数的日本知识人而言，"中国"是

---

① ［美］爱德华·W. 萨义德：《知识分子论》，单德兴译，陆建德校，生活·读书·新知三联书店 2016 年版，第 40 页。

其未尝亲历的异域世界，承载了日本知识人太多的想象，因此当他们来到这个国家的时候，日本知识人对"文化中国"的认同固然能让他们产生文化寻根的感觉，但毋庸讳言，"现实中国"给予他们的冲击似更为深刻。旅行活动的核心就在于异文化的交流，正是在这种文化的认同与碰撞中才更为真实地展示了日本知识人中国旅行的文化意义。当时，日本知识人经历了从单纯的"异文化"观察者到复杂的"自文化"反思者的角色转换。当前，现代知识人更应该借反省旧路来探问新途，进一步探索中日文化交流的方式与目的。就个案日本历史人物而论，山本宪、小林爱雄等人的游记鲜受学界关注，故而一定程度上本书正可补充该方面研究之不足。

其三，多学科的研究角度。长期以来，对近代日本知识人中国旅行活动的研究，大多从文学、历史学、地理学、政治学、法学等单一角度进行研究，虽不乏启迪意义，但略显单薄，未能立体地反映出旅行活动本身的复杂性。因此，本书试图从历史学、文化学、形象学等多学科的角度进行多方位的深入分析，借文本上的游记还原近代日本知识人的中国游踪，以丰富两国在旅行活动中文化交流的内容，从交叉学科的角度进一步探索中日之间的文化交流史，并尝试在方法论领域有所拓展。同时，从形象学的角度出发，对处于近代国家转型时期的日本知识人的中国体验进行重描，可以勾勒出幕府末期至昭和时期日本人持续矮化中国形象的谱系。这一时期日本知识人的中国游记中，不但能折射出近代日本人多重的中国观，借此理清近代中日冲突的文化和思想脉络，而且能对今日中日之间的人员交往、文化交流与历史纠葛起到一定的殷鉴作用。

在研究方法上，首先，"历史文献学"与"文化学"理论框架的搭建，构成了本书的研究方法之一。在历史文献的解读上，包括两个方面：一方面是对于作为原始文献的日本人中国游记的解读；另一方面是对后世学者相关研究成果的研究，也就是学术史层面的解读。在文化学理论框架的搭建上，主要是对近代日本知识人的中国旅行进行场景还原，以便于体会日本知识人在旅行活动中的"现场感受"，进而把握其异文化体验的生发情境，运用心理学及社会学的方法进行解析。其次，导入"形象学"的研究方法。形象学原本被使用于文学作品中异国"形象"的研究问题领域。异国相对于观察主体而言应属于"他者"范畴，即不同于主体的排他性存在。形象学研究的意义并不是帮我们鉴别真伪，而是研究这类形象是"怎样被制作出来，又是怎样生存"的。该方法对于了解和把握近代日本知识人的中国印象以及政治需求下每况愈下的对华傲慢心态和中国蔑视观，将提供全新的视角。

日本人的对华傲慢情结起始于明治时期。其中，日本知识人的中国调查及中国体验对此发挥了重大作用。为明晰该问题，本书拟以游记材料为中心试行切入，从即时反应上梳理日本对华蔑视观的形成过程。近代日本游华知识人，曾根据自己的中国体验塑造了新的"中国形象"，这一形象是在中国"华夷"观念与西方"文明"理论的双重规定下产生的，进而形成了近代日本知识人的中国观。这些观念当中的许多内容，与其说反映了现实本身，不如说是在确认其来华前的日中"落差"预设：他们在中国所发现的问题，是他们想在中国发现的问题；而中国"落后"的形象一旦形成，纵使寒暑易节、时代变迁，其影响力仍十分巨大，并持续制约着日本人对中国的观察、理解和判断。今天日本政要打出的所谓"价值观外交"招牌，就本质而言，仍未脱却明治时期妖魔化中国的所谓"第一印象"。这就使研究近代日本知识人的中国体验与中国形象等问题，具有了根源探究意义。

第一章　荣衰一体:幕末日本"千岁丸"的近代中国体验

近代以前，中国作为东亚地区文化上的先进国，一直是其他国家学习与效仿的对象，而日本人亦普遍对中国怀有"深深的敬意"。① 1840 年发生的鸦片战争拉开了中国近代史的序幕，不仅在中国历史上具有特殊的意义，对于日本来说也构成了不小的冲击。为何堂堂"儒学大国"会在与"英夷"的较量中惨败，成为鸦片战争后日本朝野议论国际形势的重要话题。鸦片战争后，东亚的国际形势在西方势力的威逼之下开始改变，而日本人的中国认知也在这一时期呈现出与前近代不同的变化，其中最大的不同来源于西方因素作用的不断加强。②

1854 年 3 月 31 日，日本幕府在"黑船"的威压下，不得不与美国签订《日美亲善条约》（《神奈川条约》），持续二百多年的大君外交体制原则开始走向崩溃，英国、俄国、荷兰等国家相继效仿美国与日本结成了条约关系。1860 年 2 月 4 日，幕府向美国派遣的使节乘"咸临丸"从品川出发，并于 3 月 17 日抵达旧金山港，成为日本开国后首次向国外派遣的外交使节。同时，幕府也在酝酿向上海派遣贸易船，打破 220 余年来禁止日本船驶往中国的局面。1862 年 4 月 29 日，"千岁丸"从长崎出发驶向上海，这是幕府实行锁国政策以来第一次向中国派遣的贸易船。在"千岁丸"所搭载的藩士与商人乃至于幕末的日本人眼中，上海不仅是中国晚清社会的一个典型缩影，更是"一个由西洋人开发建设并在司法行政上加以独立管理的存在"。因此，日本人遂将上海作为"观察中国的现场"、"透视世界

---

① ［日］佐藤三郎:《近代日中交涉史研究》，徐静波、李建云译，上海人民出版社 2013 年版，第 54 页。

② 刘岳兵:《近代以来日本的中国观》第三卷（1840—1895），江苏人民出版社 2012 年版，第 50 页。

的窗口"、"反观日本本身的参照系"。① 幕府末期至明治初期，在"华夷秩序"与"条约体系"相互撞击的大历史场景下，将幕末"千岁丸"的上海之行作为近代日本人中国观发轫期一个具有典型意义的历史场域，在东亚地区"传统"与"近代"的时空交叉点上，通过对"千岁丸"所搭乘的日本藩士和商人的旅行日记、笔谈记录及各种见闻录进行剖析，指出幕末日本藩士和商人初至中国时所形成的中国体验，即"繁荣"与"衰微"并存的中国，可谓意义匪浅。重要的是，"千岁丸"所搭乘日本士人的上海观察、感受、思想变化与心理状态等中国体验随着千岁丸的返航被传导至日本本土，并作为幕末日本人的中国观一直延续至明治初期。

第一节　"千岁丸"中国之行的背景

中日两国一衣带水，一苇可航，两国文化交流源远流长。但在近代以前的大部分时间里，日本作为近邻，一直处于中国文化的辐射之下。由于两国文化的巨大落差，古代日本人对中国充满憧憬和向往之情。日本不仅仅把中国、中国的文明与文化作为一种异国的情趣加以欣赏，更重要的是还把它们作为道德标准、价值尺度、行为趋向等而加以吸收。尽管在江户时代的中后期，有"国学"和"兰学"等的兴起，但对日本知识界来说，中国始终作为一个"巨大的他者"存在。② 日本社会对中国和中国文化，始终怀抱一种"敬畏"的心态，这或许是构成传统日本的中国观的核心，有学者称此为"一元论的中国观"。③

进入近代社会以后，在东西方文明的碰撞中，中国屡遭挫败，日本社会对中国自鸦片战争以来的种种失利也表现出极大的关注，两国之间的关系亦开始发生微妙的变化。若以明治维新为分水岭，人们会发现，明治以后的日本对华态度已远非往昔可比。仿佛一夜之间，日本由中国文明的崇拜者、模仿者一变而成为质疑者、轻蔑者甚至侵略者和打击者。其中的原因固然与中、日两国回应西方军事、政治和文化冲击的不同结果有密切关联，更与清廷反应迟钝甚至小变即安有关。于是，近代以来的日本知识分子以一种新的身份和心态来到中国旅行：一方面，他们怀着对古代中国的

---

① 徐静波：《近代日本文化人与上海（1923—1946）》，上海人民出版社 2013 年版，第 2—3 页。

② ［日］子安宣邦：《近代日本的亚洲观》，赵京华译，生活·读书·新知三联书店 2019 年版，第 101—103 页。

③ 严绍璗：《20 世纪日本人的中国观》，《岱宗学刊》1999 年第 2 期。

憧憬与向往之情,渴望学习中国传统的知识与文化;另一方面,因明治维新的成功与中国近代化失败的鲜明对比,他们对近代中国的蔑视状态也溢于言表,甚至将中国视为可欺的对象。在以上两种背景交替出现的情况下,日本知识人开启了到中国旅行的航程。

一　前近代的中日交流

在前近代的东亚地区,"华夷秩序"作为准国际关系网络被广泛推行,其立体形态表现为文化上的"华夷关系"、政治上的"宗藩关系"和经济上的"赐贡关系"。[①] 华夏文明以农业文明为基础,具有追求和平与稳定的基本需求,曾长时段在世界范围内处于领先水平。在古代中国与周边国家的文化交流与政治交往中,包括日本在内的周边各国对中国的先进文明均自愿自觉地予以吸收与利用。同时,古代中国与周边国家之间建立的"朝贡制度"亦成为"华夷秩序"最根本的体制保障。古代中国为了表明其在"宗藩关系"中的尊严地位,在与周边国家进行贸易往来的过程中,往往秉承"予多取少"的经济交往原则,给予"朝贡国"更多的商业机会与经济利益,而不甚计较其中的利害得失。这也促使周边国家和地区与中国的往来更加频繁,以期改变和提高自我。但毋庸讳言,这种往来方式,往往表现为文化流动的单向性。[②]

14世纪中叶至16世纪中叶,中国明朝(1368—1644年)与日本室町幕府(1338—1573年)持续着勘合贸易和文化往来。在明太祖朱元璋所构筑的朝贡体制下,对于贸易的管理,主要是以"勘合"的方式进行。勘合贸易制度最初的设置主要是用于国内的公文行移,后推广至对外交涉时的朝贡贸易,意在进一步规范朝贡体制中的贸易行为。1401年,足利幕府的实际主导者足利义满遣使赴明,经双方交涉后日本正式加入明朝主导的勘合贸易体制中来,并起伏断续地将日本与明朝的勘合贸易维持至1550年。据《明太宗实录》记载,日本主要向明朝输送马匹、铠胄、佩刀、玛瑙、水晶、硫黄等,而明朝则赐其纻丝、纱、罗、绢、瓷器等大量纺织品与手工业品,同时大量输出白银、铜钱等贵金属货币。[③]

---

① 韩东育:《从"请封"到"自封":日本中世以来"自中心化"之行动过程》,台大出版中心2016年版,第127—128页。

② 史桂芳:《近代日本人的中国观与中日关系》,社会科学文献出版社2009年版,第29页。

③ 王来特:《近世中日贸易中的政治问题》,博士学位论文,东北师范大学,2014年,第46—54页。

除贸易往来外，明代三百年间，中日文化交流也更加密切。在中日文化交流中，僧侣充当了主要使者。这一时期日本僧人留学中国，学习中国的文化、技术，同时，中国赴日本的僧人数量也在不断增多。日本多次向明朝派出遣明使及入明僧，其中入明僧人数颇多，据木宫泰彦考证有名可寻的僧侣数量就高达百余人，根据其身份及目的可分为两类：一类是在缔结永乐勘合贸易条约之前，托身于商舶而入明的"求法僧"，其主要目的是为了钻研禅学，"玩味中国之风趣，欲作不劣于中国人之诗文"；另一类则是在永乐勘合贸易条约缔结之后，受命于日本幕府的"使僧"，其中国之行主要是为了完成日本政府的政治与经济使命。① 除僧人外，有很多明朝的遗臣因不愿与清廷合作而亡命日本。他们带去了中国的政治、文化、思想，为中国文化在日本的进一步传播作出了贡献。明末清初思想家朱舜水到日本后，主张治学注重实际，反对脱离实际，学术为社会服务，这种思想在日本有一定影响。由此看来，这一时期，无论是经济上的往来，还是文化上的交流，中日之间都呈现出较为频繁且密切的交通。

西学传入日本的时间为日本战国时期（1467—1615，即室町幕府后期到安土桃山时代之间大约百余年）的后半期。据载，1543 年（天文十二年），葡萄牙商人漂流到九州以南的小岛种子岛，这是西方人在地理大发现之后首次到达日本，并于 1545 年起与日本进行通商。九州的大名争先恐后地招徕其到自己的港口去，葡萄牙人运到日本的火器、丝绒、毛呢、玻璃器、钟表等在日本都很受欢迎。1571 年长崎开辟为主要的港口，成了葡萄牙人在日本的主要中心。随后，西班牙人与荷兰人分别于 1592 年和 1600 年到达日本。当时的日本列岛，群雄纷争，战乱不断，室町幕府的中央集权体制名存实亡，而漂流到日本的葡萄牙人，对日本人冲击最大的就是新式的武器——铁炮和步枪。为战争胜利的需要，在不到十年的时间内，不但学会了葡萄牙人的火器技术，而且还在很短的时间内创办了西式火器工场，并马上应用到诸侯争霸的战争中去。其中，最为有名的事件是织天信长凭借火枪部队的绝对优势在长筱之战（1575 年）中击败了武田军。通常认为，这是火枪部队对骑兵冷兵器部队的胜利，在世界战争史上也有相当的意义。不宁唯是，继之而来的葡萄牙人、西班牙人、意大利人等传教士，更把基督教文化带到了日本。最先将天主教带入日本的传教士是西班牙籍天主教耶稣会士方济各·沙勿略（St. Francois Xavier，1506—

① ［日］木宫泰彦：《中日交通史》（五），陈捷译，山西人民出版社 2015 年版，第 697—713 页。

1552)。他于 1549 年到达日本萨摩（鹿儿岛）后得到领主岛津贵久的允许而在当地传教，第一年就发展了二百个信徒，以后又在肥前的平户、周防的山口、丰后的府内等地传教。沙勿略在日本短短两年的时间里，为耶稣会在日本最大的传教成功奠定了基础。同时，由于葡萄牙人控制了以马六甲海峡为中心的东方贸易圈，于其中获利甚巨，而日本南部的九州诸大名为了从中获利，希望也有所得，先后开放自己的领地让传教士在其内部获得传教权利。久而久之，传教士在各地传教的过程中，还开设神学院、教堂、医院和慈善机构，为日本带来了西方先进的天文、地理、数学、航海、造船等技术。据耶稣会士瓦里那诺（1539—1600）报道其在日本的见闻，他估计在 1582 年，日本各地有教堂 200 所，信徒 15 万人，耶稣教会 75 个。①

德川幕府成立之初，天主教的发展威胁到幕府统治下的日本实行的严格身份等级制度，损害了日本的主权，加剧了幕府的危机感，对德川幕府构成了威胁。所以，德川幕府 1612 年发出了禁教令，要求全国铲除教会，严禁天主教，随即在日本各地破坏天主教教堂，逮捕教徒。1633 年到 1639 年，德川幕府连续发布五道锁国令，确立了"锁国体制"，不准日本人出国，严格控制对外贸易，禁止葡萄牙船只来航，只允许中国人和荷兰人来日本经商。② 同时，明朝因为倭寇的屡次侵扰，国内社会矛盾尖锐，对日本保持着高度的警惕。1644 年，明朝灭亡，清军入关开始建立全国性政权。清政府统一台湾后，宣布开放一度施行的海禁，中日贸易额迅速上升。中国的丝、绸、各类纺织品、书画、文具、茶、药材等商品在日本大受欢迎，而日本没有相应货物出口，这导致日本贸易每每入超。在这种情况下，德川幕府对外贸易实行限制，中国同荷兰、朝鲜是被特许来日贸易的三个国家，长崎是中日贸易的唯一港口，每年有几十艘中国船驶抵长崎，直至 19 世纪 50 年代，中国商船还往来于中国江浙与日本长崎之间。③

一般认为，明治维新的施行开启了日本近代化的历程，其中，西学在此过程扮演着重要角色，这与日本文化的基本形式与日本人的意识结构很适合吸收外来文化不无关联。④ 这一点，是毋庸置疑的。但是，日本社会与西学的接触却并非是始自明治维新，而是在江户时代就已有了二百余年

① ［美］约翰·惠特尼·霍尔:《日本:从史前到现代》，邓懿、周一良译，商务印书馆 1997 年版，第 105—108 页。

② ［美］詹姆斯·L. 麦克莱恩:《日本史（1600—2000）》，王翔、朱慧颖、王瞻瞻译，海南出版社 2014 年版，第 42 页。

③ 冯天瑜:《"千岁丸"上海行》，武汉大学出版社 2006 年版，第 35—36 页。

④ 王晶:《明治维新及其对日本近代化的影响》，《日本研究》1994 年第 1 期。

的接触，正是西学在这一期间的流传影响，最终促成了幕末维新的成功。1854 年，日本迫于西方列强的压力打开国门，德川幕府于 1854—1858 年间，先后与美国、英国、法国、荷兰、俄国等国签订了一系列亲善条约和修好通商条约，建立了外交与贸易关系。日本开始关注国际形势的变化，并主动学习西方的文化、思想，传统文化与思维方式，即在西方思想猛烈冲击的大背景下，日本一方面积极汲取西方的先进思想与文明，另一方面也在不断关注曾经的文化母国在鸦片战争后逐渐显露的颓势，渴望亲历中国考察鸦片战争等给晚清社会所造成的影响，并思索如何吸取中国的教训而不再重蹈覆辙。日本从幕府官员到各藩的有识之士，均认为有必要与中国建立外交、贸易关系，主张对中国的海港及对外贸易情况作一些实地调查。① 1862 年，日本政府派遣"千岁丸"到上海，这是自幕府实行锁国体制后，日本第一次派遣官方船只访问中国，由此开始了两国官方间的大规模航海交流。"千岁丸"的上海之行，使阻断了二百余年往来的日本人看到了 19 世纪中叶中国现实社会的实态，同时也了解了中国在西方入侵后政治、经济、社会生活等方面的变化。这些变化使得"千岁丸"的日本士人亲身感受到了外国人入侵给中国造成的危害，并且得出了必须改革时政的结论。与此同时，"千岁丸"的藩士们改变了传统从文本上认识中国的状况，实际地感受到了近代中国衰败的一面，也因此而产生了藐视中国的心理。可以说，"千岁丸"的上海之行是日本人中国观转变的起点。②

二 "千岁丸"的出行目的

幕府末年，开国后的日本陆续与美国、英国、俄国、荷兰、法国等国家建立了外交关系，而与中国间却并无外交关系，且无法进行直接的贸易往来。因此，欧美各国的商人在中日间的贸易往来中攫取了大量利润。1861 年 4 月，幕府接受了幕臣小栗忠顺、冈部常纯的建议，指示长崎奉行尝试向中国上海、香港等地派遣贸易船。③ 于是，德川幕府次年派遣贸易船"千岁丸"赴中国上海，一方面企图探索西方国家与中国的贸易模式，另一方面也想与中国进行试验性的通商。为了此次的中国上海之行，幕府在长崎购买了原本所属英国的帆船"阿米斯迪斯（Armistice）"号，并将

---

① 王晓秋：《近代中日关系史研究》，中国社会科学出版社 1997 年版，第 103 页。
② 史桂芳：《近代日本人的中国观与中日关系》，社会科学文献出版社 2009 年版，第 42 页。
③ 王晓秋：《近代中日关系史研究》，中国社会科学出版社 1997 年版，第 103 页。

其更名为"千岁丸"。千岁丸的上海之行，是幕府在日本开国后第一次向清朝派出的使节团以及第一次与中国开展官商性的"出贸易"。幕府雇用了原阿米斯迪斯号的船长、船员共计15名英国人以及根据贸易需要临时雇用的荷兰人通布联克，并派遣了51名日本人，包括由幕府官吏组成的使团正式成员，由各藩武士担任的官吏随从，还有长崎商人及其从仆、翻译、医生、炊夫及水手等，共计67人。（见表1-1）① "千岁丸"于1862年6月7日从长崎起航，6月12日到达吴淞口，6月13日抵达上海港，滞留两个月后，于8月10日离开上海，19日回到长崎。

　　"千岁丸"在上海停留了59天，运载了准备到中国进行贸易的煤炭、人参、海带、海参、干鲍鱼等货物，货物的出售均委托荷兰领事馆代理。在此期间，"千岁丸"的随行人员与中国的官员、商人、市民进行了接触，拜访了上海道台，以及荷兰领事、英国领事和法国领事等，实地考察了开港以后的上海，写下了大量的日记、笔记，记载了他们在上海的所见所闻，体现了他们对中国的认识。"千岁丸"上海之行所留下的记载，对于日本人了解鸦片战争后的中国，对于近代日本知识分子重新认识中国，均起了特别重要的作用。从访问团成员的日记和笔记来看，他们此行的目的不在于游览中国美丽的山川、特殊的风土人情，而在于通过访问了解中国为日本政府提供可资借鉴的东西，对其"今后的腾飞之作用不可估量"。②

表1-1　　　　　　　　　　"千岁丸"日本人名单及身份

职位	姓名	从臣或从仆
御勘定	根立助七郎	林三郎（会津藩士）、纳富介次郎（佐贺藩士）
调役并	沼间平六郎	深川长右卫门（佐贺藩足轻）、松本卯兵卫（熊本藩士）
支配勘定	金子兵吉	日比野辉宽（尾张高须藩士）、伊藤军八（大阪书生）
御徒士目付	锅田三郎右卫门	木村传之助（江户人）、名仓信敦（浜松藩士）
长崎会所挂调役（员外）	中山右门太	山崎卯兵卫（佐贺藩足轻）、樱木源藏（阿波藩士）
御小人目付	盐泽彦次郎	中牟田仓之助（佐贺藩士）
御小人目付	犬塚镴三郎	高杉晋作（长州藩士）
长崎会所定役	中村良平	芳藏（平户人）
御雇医师	尾本公同	峰洁（大村藩士）

---

① 冯天瑜：《"千岁丸"——日本锁国二百年后使清第一船》，《清史研究》2000年第3期。
② ［日］外山军治：《1862年上海日记》（解说），陶振孝译，中华书局2012年版，第2页。

续表

职位	姓名	从臣或从仆
长崎会所吟味并投	森寅之助	长藏
唐小通词	周恒十郎	藤太郎
唐小通词并	蔡善太郎	福松
阿兰小通词并	岩濑弥四郎	硕太郎（大村藩人）
药种目付头取	渡边与八郎	传次郎（岛原人）
笔者格	杉田兵次郎	卯市
长崎商人	永井屋喜代助	惣吉（江户人）
	松田屋伴吉	甚三郎
	铁屋利助	忠助佐吉
炊夫	佐吉、清助、善吉、嘉市、兵吉、吉藏	
水夫	五代才助（萨摩藩士）、忠次郎（萨摩藩人）、纹藏、元右卫门	

在乘坐"千岁丸"赴上海的日本人中，目前能够确认其出处的旅行记主要有以下八个人的作品：纳富介次郎的《上海杂记》，日比野辉宽的《赘肬录》及《没鼻笔语》，高杉晋作的《游清五录》（即《航海日录》、《上海滞留日录》、《长崎滞留日录》、《内情探索录》、《外情探索录》），峰洁的《船中日录》与《清国上海见闻录》、松田屋伴吉的《唐国渡海日记》、名仓信敦的《海外日录》与《中国闻见录》，中牟田仓之助的《中牟田仓之助传》和岩濑弥四郎的《文久酉戌上海纪录》。其他的名人中，还有作为水手参加的萨摩藩实业家五代友厚（才助），但是他似乎没有留下见闻录。①

高杉晋作作为吉田松阴的门人，在日本以明治维新为标志的近代化进程中起到了重要的作用，所作游记《游清五录》，亦堪称"千岁丸"上海之行中较有分量的记述。他在《航海日录》的注释中，曾记载了关于"千岁丸"的出行目的：

> 幕府此次中国之行是想促成贸易合作。自宽永以前的红章船以来，现在的官吏依然不通商法，因此英国人和荷兰人欲介入其中。日本官吏只是观望商法形式，作他日之谋。②

---

① ［日］横山宏章：《1862 年日本人眼中的上海——长崎派遣船"千岁丸"随员们的中国观》，《档案与史学》2004 年第 6 期。
② ［日］高杉晋作：《游清五录》，阎瑜译，载《1862 年上海日记》，中华书局 2012 年版，第133 页。

由此可见，恢复中日之间的贸易往来是"千岁丸"中国之行的目的之一。这一点在名仓信敦的《海外日录》中得到了进一步的证实："此举意在恢复宽永以前朱章船。然受官吏台命入唐之举，乃室町以来稀有之事，故得与此行者，皆怀奇异之感。实乃一大快事也。"① 宽永（1624—1643）以后，中日两国均实行闭关锁国的政策，两国之间的贸易往来失去了往日的繁盛。步入近代社会，日本被欧美列强强行打开门户，在荷兰等国于中日贸易中牟取暴利的情境下，也意识到恢复对华贸易的紧迫性。而进一步解析高杉所指出的"作他日之谋"，则可窥探出"千岁丸"中国之行的另一目的，即探查上海的经济情势及社会形势，并借此了解和掌握中国的社会状况及西洋文明的基本样态。

上海自鸦片战争被迫开埠以后，开始步入近代化的行列，在中国以及远东乃至世界上的地位，日益彰显。在"千岁丸"出使中国之时，已经成为西方势力在远东地区最为重要的商业、交通和军事据点。此外，日本人获知，与日本已经签订通商条约的美国等国家在上海均设有派驻的商馆，适宜于派遣官方的贸易商船。通过对上海的访问与调查，一方面，可以了解清朝的政治、军事、社会、经济等发展状况，例如上海的城市建设与居民情况、包括上海在内中国港口的开埠情况、鸦片及烟草在中国的输入量等问题，另一方面，也可以掌握清朝与西方国家的贸易往来，诸如外国人在上海如何租赁、买卖土地，道台与西洋各国领事的交涉场所及翻译关系等，② 给开国初期的日本以借鉴。

---

① ［日］名仓信敦：《海外日录》，陈捷译，载《1862 年上海日记》，中华书局 2012 年版，第 311 页。

② "千岁丸"随行成员蔡善太郎在回国后撰写的报告书中，列举出在上海调查的 26 个题目：(1) 中国的金银铜货币的种类；(2) 其通用交易场所和兑换比率；(3) 鸦片及烟草输入量；(4) 耶稣教取缔情况及中国政府的态度；(5) 西洋人雇用中国人到外国工作，中国政府如何处置；(6) 西洋人墓地买卖及借贷关系；(7) 西洋人纳中国女性为妾及所生子女，中国政府如何处置对待；(8) 从上海到出海口的江水深浅标数；(9) 西洋人在上海近郊狩猎，政府如何处置，是否取缔；(10) 中国商人输入日本产的铜，需向政府支付的金额；(11) 公用的驿站所能提供的人马数量；(12) 国内的主要港口名称；(13) 西洋军队担负国内警备，中国政府是否依赖于此；(14) 运输所的银价与市中交易银价有差异的理由；(15) 官秤与市中通用秤有差异的理由；(16) 道台与各国领事之间交换文书的格式；(17) 上海城内的户数和人口数；(18) 是否向条约缔结国派遣使臣；(19) 没有签订条约国家的人为了商务进入中国，对此中国有何具体规定；(20) 关于在西洋人的租界里居住，有无规定；(21) 对外国人租赁土地、卖土地有无规定；(22) 除日本、朝鲜、琉球、香港以外，中国船是否还有发送地；(23) 朝鲜、琉球对中国的朝贡关系；(24) 西洋炮术的传习状况；(25) 中国妇人从事的产业；(26) 道台与西洋各国领事的交涉场所及翻译关系。参见冯天瑜《"千岁丸"上海行——日本人一八六二年的中国观察》，商务印书馆 2001 年版，第 51—52 页。

第二节 "千岁丸"旅行记中的中国

"千岁丸"所载之幕府成员及随行者的此次上海之行，既是一次开阔眼界、增长见识的域外之行，亦是实地考察中国社会，总结近代中国的经验教训以探求日本发展的考察之旅。"千岁丸"的士人们广泛与中国各界人士接触，收集、抄录各类图书、资料，并以各种形式详细记录了这次上海之行的所见所闻与调查成果。可以说，这些中国见闻录，不仅记录了1862年上海的政治、经济、军事、文化以及社会情形，展示了"他者"视域下的近代中国之面貌，还从一个具有典型意义的时空交叉点上揭示了幕末时期日本人中国观的演化过程。

一 商馆相连、桅杆林立：繁荣之上海

上海作为东亚地区较早步入近代且国际化的城市之一，其繁荣的港口贸易及国际贸易给"千岁丸"的随行人员带来较为强烈且有冲击力的震撼，特别是上海的巨港及租界内的经济发展状况更是深深触动了闭关已久的日本幕末士子的思想。上海地理位置十分优越，在明清时期已经是国内较为兴盛的港口之一。因其地处长江三角洲的沿海顶端，且毗邻中国传统出口商品生丝、茶叶、瓷器的主要产地苏、浙、皖等地，因此有"江海之通津，东南之都会"的美誉。1840年鸦片战争之后，中英签订《南京条约》，开放了包括上海在内的五处通商口岸，在欧美列强殖民主义贸易逐渐展开的过程中，上海进一步成为近代意义上的国际大港。1862年，"千岁丸"出行上海时，其繁荣巨港的景象在当时的日本是没有一个城市可以与之相匹敌的。因此，当"千岁丸"行至上海港时，随行的日本人几乎全部被眼前所呈现的繁荣景象所震惊，并且均在旅行记中做了相关记载：

> 离港口不远，但见各国商馆相连，停泊船只之多，难以形容。南面桅杆林立，望不到头。……江面布满船只。陆地房屋林立，何等昌盛之景。……午后上岸，回头看到我国之太阳旗在阳光下辉映，仿佛照耀着数千条外国船。……江岸及南北商馆鳞次栉比。①

---

① ［日］日比野辉宽：《赘肬录》，陶振孝译，载《1862年上海日记》，中华书局2012年版，第48、51页。

新大桥为英国人所建，桥中间可向两侧开启。闻唐船过往，英国
人收银元一枚后，方为之开启。……停泊黄浦的外国船只百余艘，
其中军舰约十四五艘，唐船数千，其数不详。桅杆林立，如万顷之
麻。……船靠岸登陆之初，围观者云集，儿童最为亲热，并牵手领
路。真可谓倭、汉人心自然相通也。①

这是中国最繁华的港口。欧洲诸国的商船、军舰数千艘在此停
泊，成了一片桅杆森林，似乎要掩埋掉这个港口。②

正午时分，到达了上海港。远远望去，六百多艘各国商船云集在
一起，其桅杆远看像是冬天山上的树林。其中火轮船有五六十艘，军
舰有二十多艘。有两艘很宏大的英法船。船长约五十六七间，备有五
十门大炮，是蒸汽船。……这里河宽十町，长四十多町，各国的船都
集中在这里，有几只清国船。船帆和桅杆相接，恰似树林，的确是繁
华之地。③

在吴淞江上距离上海五里的地方，唐国渔舟非常多，数也数不
尽，看起来是世界上最热闹的地方。……船多得数不清，非常热闹，
古今罕见。④

自吴淞至上海计英里十五六里许云。港内商舶军舰，大小辐辏，
帆樯之多，不知有几千万。就中英船最多，中国船之多则不待言也。
闻右岸西洋诸国商船栉比，极为壮观，实中国诸港中第一繁华之处，
故有如此之景也。同舟诸士内有前年赴米利干（美利坚）者二人，闻
其言曰：此处之繁盛，遥胜于米利干之华盛顿、纽约等处也。⑤

由上述游记内容不难看出，"千岁丸"上海行中对于上海港商船栉比
的描述，无不体现出其随行人员对于上海港繁荣景象的惊叹，而上海的
"繁荣"不仅仅局限于港口的贸易，租界内的商馆也同样呈现出"繁荣"

---

① ［日］纳富介次郎:《上海杂记》，陶振孝译，载《1862年上海日记》，中华书局2012年
版，第17、20页。

② ［日］高杉晋作:《游清五录》，阎瑜译，载《1862年上海日记》，中华书局2012年版，第
136页。

③ ［日］峰洁:《船中日录·清国上海见闻录》，阎瑜译，载《1862年上海日记》，中华书局
2012年版，第201—202、217页。

④ ［日］松田屋伴吉:《唐国渡海日记》，阎瑜译，载《1862年上海日记》，中华书局2012
年版，第257页。

⑤ ［日］名仓信敦:《海外日录》，陈捷译，载《1862年上海日记》，中华书局2012年版，第
315页。

的景象。

1843 年英国向清政府追加通商条约，即《中英虎门续约》，首次提出"英人租赁"土地的问题，从此揭开了以英国为首的欧美国家在上海选择洋商居留地的序幕。1845 年 11 月 19 日，英国驻上海领事巴富尔同上海道台宫慕久签订了《上海地皮章程》23 款，划定了英国租界的界址，即洋泾浜以北、李家场以南一带，最初划定面积为 100 亩，后又增至 830 亩。1848 年 11 月，第二任英国领事阿礼国与时任上海道台麟桂又签订协议，将英租界进一步扩展至西达泥城浜、北至苏州河一带，面积也因此增至 2820 亩。此后不久，美国和法国也分别于 1848 年和 1849 年在上海外滩建立租界，上海的近代城市公共建设自此从外滩一带的租界开始。1853 年小刀会占领上海县城，大量江苏绅民涌入上海租界。第二年，英、美、法三国领事商定了新土地章程，使得租界基本脱离了清政府的管辖，并允许华人租地赁房，使得租界地由洋人专门的居住地转成为"华洋共处"。据统计，19 世纪 60 年代初，上海租界地内洋人不足 1000，华人则数以十万计，形成了洋人区和华人区。①

据"千岁丸"的随行人员记载：上海东西宽一里多，南北长二里多，其间挤满人家。而城北皆为英、法、花旗之借地，也就是英、法、美的租界，在租界里，洋房林立，"江岸及南北商馆鳞次栉比"，② 随行人员看到了"浩大庄严"的各国商馆，"白色墙壁高有千尺，好似城阁"。③ 而此种异常"繁盛"，正是由于城里城外都是外国人的商馆。峰洁在其上海见闻录中记载道：

> 我以为上海奉行所（道台府）的建筑应该稍微宽阔漂亮一点儿，没想到既狭小又粗糙。在走廊西北方向，到大桥大约十四町之间的地方，是英法两国的居住地。这个范围内，高大气派的万国商馆毗邻，荷兰的商馆也在法国居住地的范围内，在从老北门往东三町的一个叫水（永）安街的地方。我们的旅馆就在荷兰馆的旁边，是租用由夷人建造的一个叫宏记的住处。这里位于河边，前面的路有八九间或十间宽，沿江人来人往。这附近自从夷人居住以来，新建了一些房屋住

---

① 冯天瑜：《"千岁丸"上海行》，武汉大学出版社 2006 年版，第 85—87 页。

② ［日］日比野辉宽：《赘肬录》，陶振孝译，载《1862 年上海日记》，中华书局 2012 年版，第 51 页。

③ ［日］高杉晋作：《游清五录》，阎瑜译，载《1862 年上海日记》，中华书局 2012 年版，第 136 页。

宅，纵横开出一些道路，路面很宽，因此街上也稍稍整洁一些。其大小面积和城内差不多。听说常年在此居住的夷人有一万五千余人。①

与时下所窥见的"繁荣"相比，对于中国昔日里"文学无双"的"繁荣"追忆也在游记中略有呈现。峰洁在游记中提及"中国文学之盛，世界上没有哪个国家能比得上"。② 但是这种文学上的繁盛对于近代的中国而言，已经不再是炫耀的资本，而成为牵绊中国进步的弊端，因其"只重文而不讲实用"，使得清末的中国呈现出"虚文卑弱"的状态。

然而，上海港繁荣景象的产生，却是西方列强对中国大肆掠夺的产物。这一点，"千岁丸"的随行人员也看得十分明白，日比野辉宽还赋诗感慨：

> 帆樯林立渺无边，终日去来多少船。
> 请看街衢人不断，红尘四合与云连。
> 忆从曾有大沽患，市利网收老狒奸。
> 休言上海繁华地，多少蕃船捆载还。③

这首诗一方面描述了上海港船只往来众多且兴旺繁忙的景象，另一方面则点出第二次鸦片战争以来，西方列强对于中国的剥削与压榨，即在上海繁华景象的背后，是西方列强的船只满载着在中国掠取的财富返航。

二　洋夷猖獗、文政尚虚、烟毒泛滥：衰微之中国

1862 年的中国正值"外有洋夷之猖獗，内有匪贼之煽乱"④ 的内外不安、灾难并至之时，因此与"繁荣"的虚假景象相比较，"千岁丸"的随行人员对于上海"衰微"景象的纪录则更加详尽，在政治、文化、外交、民风等方面都有所反映。

---

① ［日］峰洁：《船中日录·清国上海见闻录》，阎瑜译，载《1862 年上海日记》，中华书局 2012 年版，第 219—220 页。

② ［日］峰洁：《船中日录·清国上海见闻录》，阎瑜译，载《1862 年上海日记》，中华书局 2012 年版，第 221 页。

③ ［日］日比野辉宽：《赘肬录》，陶振孝译，载《1862 年上海日记》，中华书局 2012 年版，第 48 页。

④ ［日］日比野辉宽：《赘肬录》，陶振孝译，载《1862 年上海日记》，中华书局 2012 年版，第 56 页。

政治方面，清末统治者治国无方且失序，上海的海关由英国人执掌，城门部分由法国人看守，在通过时，有中国人想要趁放行日本人的机会通过而未被允许，更有一中国官人乘轿从外而来欲强行闯进，被愤怒的法国人"以手杖连击"而退转，使得纳富介次郎哀叹："呜呼！清国之衰弱竟如此！"① 清政府官员作为政府权力的代表，其社会地位的沦丧在日本"千岁丸"的随行人员看来也直接代表了清政府权力的丧失。峰洁在游记中记述道台对于日本来航人员"迎送都相当有礼"。但是道台的下属官吏等没有教养，盯着其衣服和草鞋看，或者拿在手上问其价格，还有的官吏互相耳语评论其质量，在其看来，这些官员的见识非常浅薄，"实在令人不堪入目"。而老百姓为了观看日本人，则是"数百人钻进门来偷偷地成群过来围在我前后，根本不惧怕官员的管制"。在其归去时，道台前来相送，而老百姓却不让道，如此情形让峰洁觉得"实在是没有规矩"。不尊重道台的不仅仅是中国的百姓，当其与道台同入荷兰使馆时，道台在门外被使馆的工作人员卸下佩刀，并被其嘲笑佩刀驽钝，由此可知道台作为清政府官员在上海并没有相应的权力，而"清国十八个省之内，稍微稳定点儿的仅有五个省，其余的十三个省几乎都不归清国管辖。"② 清政府的官员尚且如此，普通士人则更加卑微。当"北京学府皆知其名"的施渭南在来访中赋诗于扇面，且在诗中谈及日本向中国"纳贡之事"以及"蛮王"等诗句，引得会津侯藩臣林三郎勃然大怒，并立即扔掉施渭南的扇子，怒斥道："吾神国之天皇，万古一系无革命，万邦无比。汝岂能将其与北虏王类比，实在无礼。腐儒生，可憎。"施渭南随即起立致歉，并且删改了诗句。不仅如此，在见到上门理事的荷兰领事后，施渭南更是"脸色陡然如土，颤栗起身礼拜"，只因其私自揣测荷兰领事也许不喜欢他与日本人交谈，担心自己的做法惹得荷兰领事"生怒"。纳富介次郎由此而发出"如此名人尚如此恐怖夷人，清国势态，可堪慨叹"的议论。在其看来，清政府的政治统治如此不堪，甚至在看到上海市街的脏乱，即"出市街即荒野，野草没路。棺材纵横，草席裹尸，随处遗弃。且值炎暑之际，臭气冲鼻，"也将其归于"清国之乱政"。③

---

① ［日］纳富介次郎：《上海杂记》，陶振孝译，载《1862年上海日记》，中华书局2012年版，第33页。

② ［日］峰洁：《船中日录·清国上海见闻录》，闫瑜译，载《1862年上海日记》，中华书局2012年版，第224—225页。

③ ［日］纳富介次郎：《上海杂记》，陶振孝译，载《1862年上海日记》，中华书局2012年版，第21、18页。

文化方面,令"千岁丸"随行人员感到"愤慨"的是孔教日益衰落,孔庙亦为夷人所占,腐儒滋生,科举尚虚文而不求实务实。"且近世之风,有志者无不为己,偏贪科举。这些落榜的科举文章成为虚骛徒劳之弊害。纵令尊文艺,又何必如此耗巨资,自己落入虚文卑弱的境地,遂不能治理本国。"① 在中国的衰落同样引起了日本人的关注。对于英国人占据孔庙练兵一事,随行人员也多有记载,且对于这样的做法十分愤懑。高杉记载:"(孔庙)庙堂有两间,其间的空地上种着草木。这里很宽阔,修整得也很好。然而,自长发贼动乱以来,英国人在此居住,将这里变成了军营。庙堂中,士兵们都枕着枪炮躺着。看到这一幕,实在令人感慨万分。说是英国人为中国人防贼,因此中国把孔子像移至别处,供英国人在此居住。"② 日比野辉宽同样在游记中记录此事:"遥看圣庙,则巍巍然。近之则腥气满袖,岂图为英彝所住?"③ 并慨叹:"岂不知此堂堂孔子庙竟成英国人之驻地,学校里无咿呀读书声,唯有喇叭操练兵卒之声代之。嗟夫!世间之变何其甚哉。"并认为李鸿章率领数万士兵在野外防贼,却任英国人如此肆意妄为,实乃"驱狐养虎"、"太失策矣"。④

外交方面,"千岁丸"的随行人员认为中国人为洋人所奴役,更有甚者,高杉晋作甚至认为此时的上海,与其说是中国属地,不如说是已经成为英法之属地,并通过考察上海的形势,进一步认为"可以说中国是大英属国"。⑤ 而看似繁荣的上海贸易其利益亦被洋人所带走,峰洁通过自己的观察,对于清政府与西方国家的外交关系予以如下总结:

> 现在清国不只是借其(夷狄)力,因为自己不能守城而将此事也托给夷狄。这样下去他日所遗留下来的祸患岂可估量。……依我看,五大洲中虽然大国多,但大抵只是争夺眼前的富强,而没有远大计策,甚至还有只是做一天和尚撞一天钟而不思进取的。像俄罗斯那样

① 〔日〕纳富介次郎:《上海杂记》,陶振孝译,载《1862年上海日记》,中华书局2012年版,第20页。

② 〔日〕高杉晋作:《游清五录》,阎瑜译,载《1862年上海日记》,中华书局2012年版,第146页。

③ 〔日〕日比野辉宽:《没鼻笔语》,陶振孝译,载《1862年上海日记》,中华书局2012年版,第118页。

④ 〔日〕日比野辉宽:《赘肬录》,陶振孝译,载《1862年上海日记》,中华书局2012年版,第72—73页。

⑤ 〔日〕高杉晋作:《游清五录》,阎瑜译,载《1862年上海日记》,中华书局2012年版,第174页。

的国家则是不争眼前利益，而只是朝远处看。这正是各国惧怕它的原因。……我认为，现在清国的形势就像万国的附属品，不能自食其力，而指望他人的恩泽。……依我看，西洋强国中，像英、法、俄罗斯则在红毛、花旗之下，还不能加入二等国的行列。英法两国喜好战争，只争强大，如果接受别国的委托，决不推辞。现在英法为抵御长毛贼每天出动数艘船只巩固申江，或者训练士兵，或者守卫城门等等，这些事情似义而非义。一是示强，一是图利。像俄罗斯早就希望疆土辽阔，于是与各国商谈疆域，只要能够扩大，哪怕是寸土也可以。这三个国家不专心做贸易，因此在贸易方面不可能高于红毛和花旗。①

民风方面，"千岁丸"的随行人员在上海之行中对中国的民风总体感知为"淳朴"，且崇德尚俭，对于日本人的到来，"围观者云集"，其中"儿童最为亲热，并牵手领路"，以至于纳富留下"倭、汉人心自然相通"的慨叹。② 当日比野辉宽在民家驻足，看到小童在读《中庸》《论语》一类的书时，感慨"盖房屋虽颓破，然让子孙读书，真有纯朴乡下之趣，值得赞赏"，又"观其吃午饭，淡泊无菜肴。且男女之别，泾渭分明，实令人感慨"，在乡间所见所闻纯真而质朴，"与市间为洋夷所化狡猾者大不相同"。③

但是，对于上海的卫生状况，以及吸食鸦片成风的状态，日本人还是流露出不满与反感。"千岁丸"抵达上海后，随行人员多因饮食黄浦江"浊水"而患病，游记中记载"患痢疾者有半"，且均"面色如土"，"完全因浊水酿成"。④ 因为中国人多住楼上，使用马桶较为方便，而马桶则早晚以黄浦之水清洗，由此可知黄浦江水之污。日比野辉宽由此感叹道："余何以那么多日吃黄浦江之浊水，以致腹泻不止，使五脏疲劳，若上海能有此水（日本水）有多好啊！"⑤ 饮用水的卫生问题被"千岁丸"随行

① ［日］峰洁：《船中日录·清国上海见闻录》，阎瑜译，载《1862年上海日记》，中华书局2012年版，第228—229页。

② ［日］纳富介次郎：《上海杂记》，陶振孝译，载《1862年上海日记》，中华书局2012年版，第20页。

③ ［日］日比野辉宽：《赘肬录》，陶振孝译，载《1862年上海日记》，中华书局2012年版，第71页。

④ ［日］日比野辉宽：《赘肬录》，陶振孝译，载《1862年上海日记》，中华书局2012年版，第58页。

⑤ ［日］日比野辉宽：《赘肬录》，陶振孝译，载《1862年上海日记》，中华书局2012年版，第62、101页。

人员认为是其在上海居住期间的"第一大难点",因为当时的上海城内只有三四口井,人们所日常饮用的都是江水,而"江水相当混浊,根本不能直接饮用,要用明矾先使浊泥沉淀下去,然后再慢慢饮用"。① 纳富介次郎则更为详细地描述了上海市内的卫生,无论是坊间通路,还是中小街路,均"无比肮脏",垃圾与粪便成堆,使得人们几乎没有插足之处。而出了市街就是荒野,野草纵生,湮没了道路。恰逢炎炎夏日,乡间"棺材纵横,草席裹尸,随处遗弃,臭气冲鼻。"② 峰洁认为,这样污秽的情形都是因夷人的入侵而使然,因为"自从夷人来这儿居住以后,随着上海的昌盛,道路就变得脏了起来。这是因为当地人只顾眼前利益,忙着打日工,不重农业,粪便不用来肥田,那就自然成了路边的秽物。大凡恶疾流行,腐坏所产生的气体是首害。因此听说上海每年天气炎热时,必定有大病流行,死的人相当多。这样的事可谓是路上的小事,但是关系到人命,因此治国之人须要留心才是。"③

鸦片在中国的输入是此次"千岁丸"随行人员所要调查的重点问题之一,目睹清末鸦片的泛滥让随行人员感到震惊,其相关纪录亦为近代日本人对于清朝鸦片问题最早的记载。纳富介次郎在游记中描绘了鸦片在中国的泛滥,他记录到:

> 清国近几年,吃鸦片烟者甚多,官府遂不能制止。此于今之上海,以吴煦为首,官吏皆吃鸦片烟。故虽对下民实施严禁,亦无遵守者。
>
> 清人云"鸦片烟味甚美",然其害甚大,危及人命。好吃者甚多,其因何在?心气稍遇不爽,或做事身体疲倦时,吃口鸦片烟,精神顿时发爽,故人人终无废此之能。然吃鸦片烟一月必生瘾,岂能戒掉?……
>
> 又雇水路向导一人,工费为八十银元。其人为土人,年三十许,能通英语。未离黄浦前,中牟田仓之助问彼:"汝操此业凡每月有几次?"
>
> 答曰:"或两三次,或四五次。"

---

① 〔日〕峰洁:《船中日录·清国上海见闻录》,阎瑜译,载《1862年上海日记》,中华书局2012年版,第220页。

② 〔日〕纳富介次郎:《上海杂记》,陶振孝译,载《1862年上海日记》,中华书局2012年版,第18页。

③ 〔日〕峰洁:《船中日录·清国上海见闻录》,阎瑜译,载《1862年上海日记》,中华书局2012年版,第220页。

中牟田又问："有父母妻儿乎？"

答曰："无。"

又问："然汝赌博乎，沉溺酒色乎？汝得大金，何故衣着不整，贫陋之躯？"

答曰："他事不欲，唯嗜鸦片烟。故得金虽多，为此则不足。"

闻后皆不信，纵令烟价贵，吃时花费几何？须臾，此人来我辈居所，从精美盒中取出鸦片烟具，平卧吃起来，凡半个时刻，皆以为稀奇，近旁观之。其烟弥漫，其臭难闻。故制止之，然根本不入耳，眸神荡漾，若入眠之状。良久，恐出过失，仓之助手中大刀在握，颜显怒色，大喝一声。其人大吃一惊，慌忙收烟具离去。余曾闻清人言，官军屡败，为军中皆吸鸦片烟之故，敌军临近，尚卧烟床，全然不知。且吸鸦片其时期定，若到时间，纵令争斗中也不得不吃。余半信半疑，观此人之所为，始知彼之言不虚。此烟难戒，堪称可怜。①

日比野辉宽也在《赘肬录》中描述了引水员吸食鸦片的情景：

引水员仍将船系在"千岁丸"上，未归去，至吾等身旁吸鸦片。余气愤异常，不堪忍受，但欲知其详，故未斥责之。引水员背倚圆枕，取出烟枪与鸦片，往烟枪头装上鸦片，躺下便吸。观其面色，闭目张嘴，极其痛快。余大喝一声，并摇其身，然而彼却一动也不动，宛如死尸。顷刻，彼睁开双目又吸。一人手抚刀呵斥，彼方感害怕，不再吸了。余窃闻引水员月俸为二百余金，然而仍穷苦，吸鸦片之费用多少不惜，唯不只是穷苦，朝可吸兮夕可死。呜呼！鸦片害处之大，足可使百姓沉溺，实在可怕。②

高杉晋作在与中国士人笔谈时也提及了鸦片：

（高杉）"英夷鸦片战争以来的情况，是否有人将此记入史册？"

（中国士人）"没有。"

鸦片来到中国，始于乾隆时期，盛于道光时期。鸿胪寺的黄爵滋

---

① ［日］纳富介次郎：《上海杂记》，陶振孝译，载《1862年上海日记》，中华书局2012年版，第27—28页。

② ［日］日比野辉宽：《赘肬录》，陶振孝译，载《1862年上海日记》，中华书局2012年版，第96页。

上奏说此物为禁物时,英夷立刻开始闹事。道光二十二年,提督陈忠愍公(化成)死后开始解禁。

(高杉)"贵国近代人之中,是否有很多人钦佩陈化成、林则徐等人?"

(中国士人)"二公之名望不仅本国人钦佩,连四夷中也有很多人仰慕其风采。他们是我国的名臣。"

(高杉)"我以前也很仰慕其为人。"①

从游记中可以看出,上海的官绅民众吸食鸦片者甚众,不仅是普通百姓深陷其中无法自拔,甚至连道台这样的政府要员以及曾痛论过鸦片之害的名士也一同吸食。"千岁丸"的随行人员对上海烟毒之泛滥的情形表示触目惊心,对于尚未蒙受鸦片之祸的日本人来说,在震惊于鸦片泛滥的同时,又简单地认为只要有人呼吁禁止便可阻断鸦片的流行。

三 防患耶教、抵制洋夷、保持气节:"千岁丸"士人的反思

在上海之行中,随行人员处处与幕末的日本相比对,企盼通过对上海形势的观察和判断给日本以殷鉴,并对如何防患基督教的侵入、如何抵制洋夷的侵略,以及如何防止在东西交战中的战败,不至于沦为洋夷的"奴隶"而绞尽脑汁地思考着。

17 世纪初期,江户幕府发布禁教令,开始禁止天主教在日本的传播,"千岁丸"的随行人员均将其视为邪恶,因此对于天主教在中国的传播以及中国人对天主教的信奉均表示出强烈的愤怒和不解。纳富介次郎在游记中记录道:

一日,我卧病在床。有两个书生来访,与同屋之友笔谈。谈话之余,书生问:"天主耶稣教可至贵邦?"答曰:"昔日此教曾传,与我朝成仇,故今仍在禁之列。"书生云:"先生等尚未见《圣经》?今我等带此来,即呈汝等。"友取书批阅,乃知耶稣之邪教书,故大怒,将其抛之,皆争论之,遂推出门外。然次日又来访,不允其入内,则立于门外。此时知己之书生马铨前来笔谈。那二书生约马铨,伺机将

---

① [日]高杉晋作:《游清五录》,阎瑜译,载《1862 年上海日记》,中华书局 2012 年版,第180 页。

书与我，马铨亦想将《圣经》偷偷送之。余友等大怒，大声呵斥，一齐出动，逐出二书生。在此之前彼等屡屡窥机相劝吾等。此两日被逐，自知受惩，此后不来。噫！清国读书者既尊奉此，何况愚民等？①

纳富还在游记中记述了洋人在中国的传教方式：

且使愚民等入教，先与金银，故穷民等不论宗法之善恶，有助于糊口即尊。其教遂盛于天下。又闻洋人于上海营造医院，集数多病人施以疗养。药剂等为奉上帝之命授予，其病愈亦上帝之救助，未必医生之功，以此感天主之恩。洋人等素精医术，清国之庸医望尘莫及。愚民等生命得救，欣喜之余，真思为上帝之救助，便自动尊崇上帝。②

高杉晋作也在游记中记录了访问英国传教士慕维廉的情景：

慕维廉是耶稣教牧师，向上海当地人宣传推广耶稣教。城内的教堂都与慕维廉有关系。慕维廉常驻之地既是教堂又是医院，称为布教医院。所有的西方牧师欲向外国传教时，必定会带上医生，通过治病，向苦于疾病以及贫穷的当地人传教。这是牧师向外国传教的手段。我国有才有德之人必须要预防这一点。③

高杉所记述的传教士的传教方式与纳富所言基本一致，高杉特别强调要防患西洋人将耶稣教传入日本，这一点在与两位美国耶稣教牧师威廉姆斯和别克在一起时似乎表现得尤为谨慎：当威廉姆斯和别克提出要学习日语，并且频繁地与高杉提及耶稣教时，高杉随即告辞，唯恐其欲将耶稣教推广到日本，再次提出一定要提防才是。④

与多数随行人员不同的是，高杉晋作通过对上海的观察，反思日本人的行为方式以及日本政府的统治，他在游记中写道：

① ［日］纳富介次郎：《上海杂记》，陶振孝译，载《1862年上海日记》，中华书局2012年版，第25—26页。

② ［日］纳富介次郎：《上海杂记》，陶振孝译，载《1862年上海日记》，中华书局2012年版，第33—34页。

③ ［日］高杉晋作：《游清五录》，阎瑜译，载《1862年上海日记》，中华书局2012年版，第142—143页。

④ ［日］高杉晋作：《游清五录》，阎瑜译，载《1862年上海日记》，中华书局2012年版，第157页。

我奉君王之命随从幕府官吏到达上海港,又调查了当地的形势以及北京的传闻。我认为,我们日本国若不迅速实行攘夷之策,最终将重蹈中国之覆辙。我独自做主向荷兰定购一艘蒸汽船。上海衰败的状况如形势略记所描述。但是分析为何会如此衰微,最终还是因为他们不知道御敌于国门之外的方法。其证据是,他们不能制造凌驾万里波涛的军舰和制敌于数十里之外的大炮等;他们国家的志士所著的《海国图志》等已经绝版,只提倡固陋偏颇之说,因循守旧,苟且偷懒,空度岁月;他们只想着天下太平,没有改变方针政策去制作军舰大炮来防敌于敌国,所以才落到如此衰败之境地。因此,我们日本已有重蹈覆辙之迹象,应该迅速像蒸汽船那样的……中国衰微之状如前所述。中国自古英雄辈出,君臣以及佛教教义非常开明,节义之道也通达贤明,本非外敌所及,然而为何如此。①

高杉晋作的洋务思想在此可略见一斑。同时,他的"道器观"也在游记中有所反映,并进一步印证了此时具有较为先进的日本知识人的思想认知。他在与中国学者顾麟笔谈中提出自己对于"圣道"与"格物"的理解:

(高杉)"贵国自尧舜以来是堂堂正气之国,可到了近代,区区西洋蛮夷竟如此猖狂,这是为何呢?"

(顾麟)"这是因为国运逐渐衰落,晋朝的五胡、唐朝的回纥、宋朝的辽、金、夏,千古同慨啊。"

(高杉)"国运衰落,是因为君臣不得道。如果君臣得道的话,国运怎么会衰落呢?贵国近代之所以衰微,全是自己惹的祸,岂能怪天命呢?"

(顾麟)"确实如此,确实如此。"

(高杉)"英夷鸦片战争以来的情况,是否有人将此记入史册?"

(顾麟)"没有。"

……

(高杉)"听说,上海赏罚权全部归英法两国所有,是否真的是这样?"

① [日]高杉晋作:《游清五录》,阎瑜译,载《1862年上海日记》,中华书局2012年版,第155—156页。

（顾麟）"英法只是管理英法的士民。至于本国的事务还是由本国官员进行审理。"①

高杉在与陈汝钦及温忠彦笔谈时，同样讨论了类似问题：

（高杉）"请问，宋朱文公所说的格物穷理与西洋人所说的穷者是否相同？"

（温忠彦）"朱文公所说的格物穷理，是指圣人之齐家修身，推进一层，不外乎诚这一字，贵在实践，避免不均衡。至于西洋人所讲的，基于梳理秩序，但近于术数，不免中间还隔着一层。此论虽僻，但鄙见如此，请指教。"

（高杉）"为利为益天地隔绝，这不待言论而明。然而治天下齐一家，内到诚心诚意，外到航海、炮术、器械等，若不全部研究其至理，则不能治天下，不能齐一家。不能研究航海、炮术，则是因为诚心诚意的工夫尚未到家。所以拿用于谋利的器械为义所用，则乃取舍折衷之道。不然的话，虽然嘴上说着圣人之言，实际上已经成为夷狄奴仆之身。"

（陈汝钦）"佩服您博学多识。"

（温忠彦）"真心诚意是修身齐家治国平天下之根本。浅而约之，则诚正；推而致之，则天下太平。这个道理古今中外都相同。航海、炮术等只不过是格物的一个方面。圣人以仁治天下，不得已时才用兵。平定暴动，是因为要保全其仁。不知是否如此？"

……

（高杉）"我颇为猖狂，乘兴口吐狂言，请您宽恕。"

（陈汝钦）"语大而心细，这即是圣人所说的吾党之男子，狂简之狂。佩服、佩服。"

（高杉）"采薇观菊皆是狂，近代无此狂，因此圣道逐渐衰败。"

（陈汝钦）"伯夷、叔齐与陶渊明都是一流人士，古今共仰。当世豪杰隐则求志，行则达道，只是狂守其迹而已。"②

---

① ［日］高杉晋作：《游清五录》，阎瑜译，载《1862年上海日记》，中华书局2012年版，第180—181页。

② ［日］高杉晋作：《游清五录》，阎瑜译，载《1862年上海日记》，中华书局2012年版，第182—183页。

在游记中,高杉通过在上海的所见所闻,不断地反思日本的处境以及日本人的行为方式。他认为中国人全是在外国人的手下工作,"真令人觉得可怜",所以高杉反复强调自己一定努力"防止我国最终有一天也会变成这样"。同时,高杉还认为"日本人因循守旧,苟且了事,缺乏果断,这正是外国人耻笑之处",并因此而感叹"惭愧"至极,[1] 这种对于日本人行为方式的反思以及忧虑在其他随行人员的游记中极为鲜见。可以说,高杉晋作通过对上海的实地考察及与中国士人的文化交流,了解了近代中国的社会状况,总结了中国的经验教训,并期待努力避免类似的情况在日本发生。因此,在归国后,高杉独自做主向荷兰定购了一艘蒸汽船,虽因对方缘故最终未能购买成功,但足见此次上海之行对高杉的触动。归国后第二年,即1863年,高杉晋作又在长州藩组织了倒幕维新的新式武装力量——骑兵队,这种以高杉晋作为代表的维新志士从"尊皇攘夷"到"倒幕维新"的思想的形成与其上海之行的观察与反思之间的联系不可谓菲。

与高杉晋作不同的是,大多数的随行人员对于日本过于自信,对于西洋人的认识也不够重视。当"千岁丸"抵达上海港时,日比野辉宽上岸后发出了这样的感慨:"回头看到我国之太阳旗在阳光下辉映,仿佛照耀着数千条外国船。"[2] 而这种妄想与自大在名仓信敦不乏揶揄的矛盾措辞中亦有所体现:

> 余又窃以中国自道光鸦片以来至咸丰辛酉,与洋虏战,屡屡致败,然阵法、兵制依仍旧贯,决不仿效虏风。虽世人有谓其非愚即狂者,余则叹赏其能守气节而不失也。(余所见夸赞西洋者有节气者少,守气节者则迹近顽固,故世人或误以有气节者为非愚即狂者也。)今以中国之弱兵,用旧来拙劣火器,尚能与西虏战,且有取胜者,况以本朝武勇强壮之兵,并采用西虏军舰之制,所谓如虎添翼者,西虏之猖獗,亦不足深忧也。然如阵法、兵制皆仿效西虏,则于气节所失者大,非惑甚耶![3]

① [日]高杉晋作:《游清五录》,阎瑜译,载《1862年上海日记》,中华书局2012年版,第137、160页。

② [日]日比野辉宽:《赘肬录》,陶振孝译,载《1862年上海日记》,中华书局2012年版,第51页。

③ [日]名仓信敦:《海外日录》,陈捷译,载《1862年上海日记》,中华书局2012年版,第331—332页。

无独有偶，日本人的妄自尊大在峰洁的游记中亦有所体现，他认为："兵重精而不在多。然而现在清人只是强调其人数多，而却不以其力量微弱为耻。洁现在来到上海的阵营，看到士兵们敝衣、垢面、光脚、露头、无刀，都像乞丐，没有看到一个勇士。这样的话，我一人可敌五人。如果给我一万骑兵，我可以率兵纵横清国。"① 在他们看来，中国政府的军事力量已经衰弱至极，征服中国是轻而易举的事情，这可以说是近代以后日本人对中国看法的一个原型。而且可以看出，幕末大多数日本人对于洋夷并没有足够的认识，对于日本过于自信，而并没有因清朝末期的衰弱而反思幕末的统治。也正是在这样的自信下，他们在1864年的四国舰队炮击下关事件中虽然激烈抵抗，仍没有摆脱赔款的命运。

1862年"千岁丸"的上海之行，虽然在贸易方面没有取得预期的效果，但是作为自幕府实施锁国政策200余年来日本政府第一次派往中国的航船，使得日本士民能够亲身感受现实中的中国，通过多种方式直接对中国社会情况进行深入调查，同时也进行了大量文化交流活动，可谓具有相当重大的历史意义。日本士民将曾作为想象中的中国形象与现实所见所闻所感的中国感受进行对比，对中国的现实社会产生"幻灭"感的同时引发了自己对日本应该引以为戒的紧迫感。② 可以说，"千岁丸"的使团成员，不仅见证了近代上海社会"繁荣"与"衰微"共存的特殊状况，而且直接促使日本社会从东亚文化圈的边缘向西洋文化圈倾移。这种对东亚文化中心的离异，发展的结果便是"脱亚入欧"论的盛行和西方式社会改革——明治维新的发生。③ 因此，有学者对"千岁丸"上海之行的结果分析指出，它一方面加深了日本人对亡国的危机感，加速了幕府末期开放改革政策的实施；另一方面也促使日本萌发出蔑视中国的心理感情。④ 某种意义上可以说，"千岁丸"的上海之行，是近代日本人的中国观发生重大转折的起点。

---

① ［日］峰洁：《船中日录·清国上海见闻录》，阎瑜译，载《1862年上海日记》，中华书局2012年版，第223页。

② 徐青：《近代日本人对上海的认识（1862—1945年）》，上海人民出版社2012年版，第34页。

③ 谢贵安：《东亚文化圈：从边缘看中心——评冯天瑜新著〈"千岁丸"上海行——日本人一八六二年的中国观察〉》，《湖北大学学报》（哲学社会科学版）2004年第3期。

④ ［日］横山宏章：《1862年日本人眼中的上海——长崎派遣船"千岁丸"随员们的中国观》，《档案与史学》2004年第6期。

第二章 病体待治:中日建交至甲午战争日本人的中国认知

1871 年,中日两国正式签订《中日修好条规》及通商章程,规定双方可以互派外交使节或领事,标志着中日两国正式建立外交关系。《中日修好条规》的签订还意味着日本以西方"条约体系"挑战中国"华夷秩序"的肇始,尽管签约之初该动向尚处于蛰伏状态,但日本通过条规的签署拆解宗藩体系的整体设计与虚实进路,事实上意味着中国在东亚传统核心地位的即将丧失。[①] 日本于 1872 年先后在上海和福州开设领事馆,又于 1874 年起着手在北京设置公使馆,派设常驻外交官,中日两国的交流亦随之频繁起来。1875 年日本三菱会社在上海创设支店,开通横滨—神户—长崎—上海的定期航线,更加方便了中日两国之间的互访。

19 世纪 70 年代末,曾根俊虎(1847—1910 年)开始筹建"振亚社",此后陆续出现了兴亚会、亚细亚协会、东邦协会等团体,一股亚洲各国联合起来、共同抵抗西方列强侵略的思潮盛行于日本,此即早期亚细亚主义的兴起。随着中日两国之间围绕朝鲜等问题的矛盾不断激化,亚细亚主义亦随着时局的变化不断改变其主旨,从最初的亚洲各国平等抵抗欧美的思想逐渐转向日本在亚洲具有优越感的意识。

中日两国之间官方交流的展开以及亚细亚主义的兴起,均在客观上促成了日本往来中国旅行群体的形成与增加。在这样的历史背景下,汉学家冈千仞和竹添进一郎来到原本只能通过文字经典理解和认识的中国,并对其进行了较为深入及全面的实地考察,同时留有旅行记录《观光纪游》与《栈云峡雨日记》。通过对冈千仞和竹添进一郎两位汉学家游记的分析可以看出,该时期日本汉学家虽然对现实中国有所批判,但由于日本

---

① 韩东育:《日本拆解"宗藩体系"的整体设计与虚实进路——对〈中日修好条规〉的再认识》,《近代史研究》2016 年第 6 期。

汉学内在的中国儒学文化根脉，他们在心理层面对传统文化中国尚存眷恋之情，即"失望但不绝望"的中国体验，揭示汉学与日本知识人中国体验的内在牵连。

第一节　身患三毒：《观光纪游》与冈千仞的中国印象

冈千仞（1833—1914 年），字振衣，号鹿门，通称敬助，出生于仙台下级藩士之家，自幼学习四书五经，是幕末明治时期的汉学家，曾参与倒幕维新运动。其著述颇丰，留有《尊攘纪事》、《藏名山房文初集》等 50余种著述，近 300 册。冈千仞与王韬、黄遵宪等中国知名人士过从甚密，其中国之行正是受因《普法战纪》而在日本名声大噪的王韬的邀请。

冈千仞自 1884 年 5 月 29 日从横滨出发抵达上海，至 1885 年 4 月 18日结束旅行，历经 350 天，八九千里行程。其间，他游历了上海、苏杭、京津、粤南、香港等地，参观了居庸关、寒山寺、西湖等各地名胜，拜访了李鸿章、盛宣怀、俞樾、王韬、郭嵩焘等中国士人，游记中留有名姓的中国文人多达百余人。《观光纪游》是冈千仞中国旅行的纪录，还包括《观光续纪》和《观光游草》两个部分。冈千仞的游记与竹添进一郎的《栈云峡雨日记》和山本宪的《燕山楚水纪游》，并称为明治时期最有代表性的三大汉文体中国游记。

冈千仞游记对于了解中日建交至中法战争时期日本知识人的早期中国认识以及当时的中国社会面貌具有重要的参考意义。游记问世以来，受到中外学者的广泛关注。[①] 游记出版之初，鲁迅、周作人、蔡元培、宋恕等人均对冈千仞的游记有所提及，虽有赞有否，但不可否认其在中国学界所引起的巨大反响。[②] 日本学者实藤惠秀、町田三郎、福井智子等，从言论预测、国民意识转移、疾病与治疗的角度对游记文本进行了分析，[③] 遗憾

---

① Joshua A. Fogel, *The Literature of Travel in the Japanese Rediscovery of China：1862—1945*，CA：Stanford University Press，1996，pp. 72 - 83.

② 張明傑：《明治前期の中国游記：岡千仞の〈観光紀遊〉について》，《Journal of Hospitality and Tourism》2005 年第 1 期。

③ ［日］实藤惠秀：《明治时代中日文化的连系》，陈固亭译，台湾书局 1971 年版，第 120—131 页；［日］町田三郎：《明治的汉学家》，连清吉译，台湾学生书局 2002 年版，第 51—68 页；［日］福井智子：《冈千仞的上海体验》，《大阪大学言語文化学》2006 年第 15 期；［日］福井智子：《冈千仞"燕京"への旅——〈燕京日記〉を中心に》，《大阪大学言語文化学》2008 年第 17期；［日］福井智子：《〈観光紀游〉に見る"病"と"治療"》，《大阪大学言語文化学》2009 年第 18 期；［日］福井智子：《冈千仞と清仏戦争》，《大阪大学言語文化学》2007 年第 16 期。

的是福井智子并没有追究疾病与治疗之间的错位关联。中国学者王晓秋、张明杰等也专门针对此游记述评了其内容。① 本节拟以冈千仞的游记为中心，通过梳理冈千仞的中国诊断与西医处方的具体所指，探究冈千仞在"东方病症"与"西药处方"之间的身份错位，进而揭示冈千仞在双重身份背后所掩饰的日本主义立场。

一　"病势尫羸"：冈千仞的中国诊断

与激进的西方式文明开化道路几乎同步，经历了明治维新初期的传统与偶像的破坏之后，"复兴儒学"的呼声渐长，特别是明治时代的汉学家们认为传统的日本儒学也有其近代意义。② 冈千仞认为"中土与我同文国，周孔我道之所祖，隋唐我朝之所宗，经艺文史，我之所以咀其英而嚼其葩；九流百家，我之所以问其津而酌其流；历代沿革，我之所以举其详而论其要；鸿儒名家，我之所以诵其书而穷其旨。"如此，作为生性"好游"的汉学家，"不一游其域而可乎？"③ 从"文本中国"出发，冈千仞认为日本风化皆源于中国，中国的礼仪风化应在日本之上。加之明治维新后日本汉学风气日渐衰弱，冈千仞企盼在中国之行中寻找振兴日本汉学之道。但在对"现实中国"的踏查中，所见所闻却是中国城市之破败、儒学之颓废、经毒之盛行、烟毒之泛滥及士人之闭塞，冈千仞颇感无奈与失望，断定中国已病体羸弱。

在游记中，冈千仞虽偶有提及中国城市中"楼橹巍峨，市廛宏丽，万货琳琅，令人灿然眩目"的"繁华"样貌，但更多描述的是城市里卫生的不洁与乡村中荒草的凄然。在上海，他记述到"市廛杂沓，街衢狭隘，秽气郁攸，恶臭扑鼻"。本为繁华之地的苏州，同样"鞠为茂草，坏墙废础"，昆山县城更是"蔓草荒烟，满目萧然"。④ 在天津，租界里虽康庄四达，异常宏丽，但走出租界便是"道路狭隘，市店杂沓，秽臭冲鼻"，使冈千仞顿觉"头痛涔涔"。在首都北京，同样是尘土冥濛，路人们见冈千仞之异服，甚至"前后簇拥，丐徒褴褛，蹑后乞钱"，竟使其每呈"不胜"

---

① 王晓秋：《近代中日文化交流史》，中华书局1992年版，第223—230页。
② 吴光辉：《日本的中国形象》，人民出版社2010年版，第87页。
③ ［日］冈千仞：《观光纪游·观光续纪·观光游草》，张明杰整理，中华书局2009年版，第3页。
④ ［日］冈千仞：《观光纪游·观光续纪·观光游草》，张明杰整理，中华书局2009年版，第28、19、29、27页。

之态。① 在冈千仞看来，这些景象都是"世变"的表现，而让其更加深刻体味到"世变"感受的是儒学及礼仪的颓废。

冈千仞在游记中多次提及中国已礼仪全无，儒学在中国已衰败、颓废。中华衣冠服制向为中国人引以为傲，但在冈千仞看来："今所服满服，今所奉满制，衣冠文物，亡已久矣。"在与周府尹（家楣）会面并被问及何如璋、张斯桂时，冈千仞责备道：

> 小人在国，实约二氏是游，临发，二投书何氏（何如璋），无一答字。来此三访张氏（张斯桂），不见。沈（文荧）、黄（遵宪）二人交谊尤亲，期仆来游极殷，发书告游，亦不答。中土贵礼，礼重交际，而仆来此，访人数十名，概答不在。礼久已不行于中土欤？敝邦人接中人，备有礼。中人见敝邦人，犹恐浼。小国交大国，固宜如斯，大国待小国，似未为得矣。②

冈千仞以此为证认为中国礼不行久，中国人皆浮夸，无信义，又言：

> 所贵于中土，士大夫重名教，尚礼让，志趣高雅，气象温和；农工力食者忍劳苦，安菲素，汲汲营生，孜孜治产，非我邦所能及也。而士人讲经艺，耗百年有限之力，于白首无得之举业。及其一博科第，致身显贵，耽财贿，肥身家，喜得忧失，廉耻荡然，不复知家国之为何物。而名儒大家，负泰斗盛名者，日夜穿凿经疏，讲究谬异。金石、《说文》二学，宋明以前之所无。顾炎武、钱大昕诸家，以考证为学以来，竞出新意，务压宋明，纷乱拉杂，其为无用，百倍宋儒。其少有才气者，以诗文书画为钓名誉、博货贿之具，玩物丧志，无补身心，风云月露，不益当世。此亦与晋时老庄相距几何？吏胥奴颜婢膝，奉迎为风，望门拜尘，欺己卖人，自为得计。商贾工匠眼无一丁，妆貌炫价，滥造粗制，骗取人财。此犹可以人理论者。其最下者，狗盗鼠窃，不知刑宪为何物；立门乞怜，不知秽污为何事。其人轻躁扰杂，喧呼笑骂。此皆由风俗颓废、教化不行者。呜呼！政教扫地，一至此极，而侮蔑外人，主张顽见，傲然以礼仪大邦自居。欧米

---

① ［日］冈千仞：《观光纪游·观光续纪·观光游草》，张明杰整理，中华书局 2009 年版，第 95、118 页。

② ［日］冈千仞：《观光纪游·观光续纪·观光游草》，张明杰整理，中华书局 2009 年版，第 125 页。

人之以未开国目之，抑亦有故也。①

而对于中国人开口辄曰"夷狄殊类，不知礼仪"这一现象，冈千仞讥讽道："自外人而观之，为孰知礼仪？"不仅礼仪如此，冈千仞所见之圣庙（孔庙）同样荒废，虽四周垣墙，栋甍巍然，却榛棘满地，阒如废宇。② 如此种种，冈千仞均认为是中国"世变"之真实写照。

在冈千仞的游记中，最为痛驳的便是"经毒"与"烟毒"。在冈千仞看来，致使中国"元气大伤"的第一个毒源，是"六经毒"。富人阶层多在城市中生活，事不躬亲，生活极为奢侈，其子弟则"专耗精神于八股之学"，如若"累试不第"，则"漏不平于酒色，颓然自放，不役心世事，猖狂为达，放诞为豪，妄庸为贤，迂疏为高。或至溺洋烟，荡资产，卖子女，缩性命，不自悔焉。"③ 冈千仞屡屡在游记中记述中国士人将"有用精神"耗费在"无用八股"之上，墨守六经，不知富强为何事，对于"陆有轮车，海有轮船，网设电线，联络全世界之声息"的宇内之变毫不知情。

"经毒"之外的第二毒源，是"烟毒"。冈千仞对烟店的状况如是记录：

> 一楼标"洋烟"二字，待吃烟客。入观，室央设转丸场，丸斗大，观者簇拥。左右为烟室，床上陈烟具，管长尺余，两人对卧，盆点小玻灯，拈烟膏管孔，且燎且嘘。其昏然如眠，陶然如醉，恍然如死，皆入佳境者。④

冈千仞所见之中国，街市巷里均为鸦片烟所缭绕："酒亭茶馆，皆无不具"，"饮阑兴旺，就吃洋烟"。⑤ 冈千仞痛驳吸食鸦片"缩人命、耗国力"，同时又愤懑于中国政府和人民"不猛省于此"，不但不禁止百姓种植罂粟，而且除庸愚小民吸食鸦片外，甚至连冈千仞原本十分崇敬的王韬

---

① ［日］冈千仞:《观光纪游·观光续纪·观光游草》，张明杰整理，中华书局 2009 年版，第 201 页。

② ［日］冈千仞:《观光纪游·观光续纪·观光游草》，张明杰整理，中华书局 2009 年版，第 20、27 页。

③ ［日］冈千仞:《观光纪游·观光续纪·观光游草》，张明杰整理，中华书局 2009 年版，第 46 页。

④ ［日］冈千仞:《观光纪游·观光续纪·观光游草》，张明杰整理，中华书局 2009 年版，第 18 页。

⑤ ［日］冈千仞:《观光纪游·观光续纪·观光游草》，张明杰整理，中华书局 2009 年版，第 146 页。

这样的聪慧士人也难脱其毒。在《观光游草》中，冈千仞更是用一首《烟店歌》来讽刺其对于中国人明明知鸦片毒人而不愿自拒的行为，他在诗中写道：

> 沪上繁华千万户，中有烟馆拥大路。
> 一穗荧然玻璃灯，并床对卧吹且语。
> 手捻玉管燎烟液，氤氲绕帐烟缕举。
> 心魂恍入黑甜乡，一吹顿失千万苦。
> 吹烟乐兮乐与比，真个烟馆是天府。
> 汉货第一推丝茶，丝茶换烟烟有涯。
> 闻说印度千万顷，弥天只见罂粟花。
> 又闻江西诸州郡，争种罂粟易桑麻。
> 沉湎烟能移人性，憔悴烟能缩人命。
> 此事坐视不敢问，泄泄谁谓国有政。
> 呜呼蚩蚩之民有何罪，呜呼蚩蚩之民实无罪。①

冈千仞看来，繁华的上海处处充溢着烟馆及吸食鸦片之百姓，而对于这样可以"移人性"、"缩人命"的状况，清政府却持坐视不管之态度，冈氏不得不为沉浸其中备受其害而不能自拔的百姓开脱其罪，实际上是将责任归咎于清政府。冈千仞在与岸田吟香谈及自己对于"烟毒"与"六经毒"的看法时，均认为不能一洗此二毒，则中国之事几无着手处：

> 目下中土非一扫烟毒与六经毒，则不可为也。六经岂有毒乎？唯中人拘泥末义，墨守陈言，不复知西人研究实学，发明实理，非烂熟六经所能悉。孟子不言乎？尽信书，不如无书。六经有可信者，有不可信者。若不信其可信者，而信其不可信者，则六经之流毒，何异老庄之毒晋宋乎？②

岸田对于冈千仞的说辞表示肯定与赞赏，"击案为名言"。除以上两毒外，王韬还认为"更有一毒，并贪毒为三毒"。因为当时中国的大小政事，

---

① ［日］冈千仞：《观光纪游·观光续纪·观光游草》，张明杰整理，中华书局2009年版，第294—295页。
② ［日］冈千仞：《观光纪游·观光续纪·观光游草》，张明杰整理，中华书局2009年版，第69页。

均成于贿赂，冈千仞也在旅行中发现"凡百恶弊，皆源于丧乱蔑资，公私因弊"的中国士大夫贪婪无行之作为。

近代以来，东西方交流频繁，冈千仞慨叹："今五洲往来，互订友谊，此真宇内一大变。"他认为日本"与欧米各国抗礼讲交，彼亦待以友朋国"。与此相对，"世变而中土士人不自知"。在拜访李慈铭时，冈千仞被问及日本的沿革，冈氏认为，日本学者无不涉中土沿革，而中国士人对于日本沿革竟一无所知，一片"矇然"。冈千仞认为正是由于中国士人对五洲大变局茫然无所知，方才困顿于旧体制与旧文化中，缺乏世界眼光。在冈千仞所交往的中国士人中，对于砚云评价颇高，认为其"有奇气，文笔纵横，实为难得之才"，可即便如此，在言及外事之时，冈千仞认为他也未能脱却"顽然执迷，一至此极，殆不可解"的愚颠窠臼。[①]

> 砚云见余数举洋事，痛论烟毒，遂曰："李中堂开招商、机器二局，经费百万，蠹国财，耗国力，无一所成，大失民心。"
> 余曰："洋人制机器，驶舟车，资纺织，尽力农桑国本，凡百工业，其日致富饶，趋强盛，雄视宇内，实机器之由。而今中堂开二局，用力于此，将收彼长为我用，此真尽力国本者。"
> 砚云愤然，曰："机器岂圣人之所言乎？此徒率国人，去质实趋机巧尔。"
> 余曰："唐虞璇玑玉衡，周公指南车，孔明木牛流马，无一非机器。圣人制耒耜，垦田亩；制机杼，织布帛；制锯斧，营宫室。其开物成务，无一不由机器。今也，洋人讲工艺，开机器，殆集中土圣人所制作而大成者。尧舜与人为善，而子摈为去质实趋机巧，何也？"
> 砚云变色，曰："英法豺狼，岂可以人理论乎？"
> 余曰："中土以豺狼待彼，彼故以豺狼报中土。中土若以尧舜心事待彼，彼岂有不以诚接中土之理乎？林文忠不能谕愚民止吃烟，卒然以兵戈逼英人，略夺烟膏，逞一时之愤。尧舜内修文教，外奋武卫，岂为此粗暴无名之举乎？"[②]

对于冈千仞的说辞，砚云竟不服气，这使得冈千仞觉得无法理解和不

---

① ［日］冈千仞：《观光纪游・观光续纪・观光游草》，张明杰整理，中华书局2009年版，第30、21、105、49页。

② ［日］冈千仞：《观光纪游・观光续纪・观光游草》，张明杰整理，中华书局2009年版，第49页。

可理喻。只有在和张经甫①的交往中，冈千仞才觉得张氏"独用心外事"，所著之书"适切时弊，大为有见"。但冈千仞同时也发现，张经甫恒居上海，却"未尝一乘军舰"，对海外事之策论，"犹我三十年前儒先论海防，未为得其要"。② 在拜见李鸿章后，冈千仞作书于舜江道："中土无人不口自强，盖自强之本在自治。圣人说自治之本，曰格致，曰正诚。仆游中土，未见一人讲格致之学，又未见一人持正诚之教。盖或有之，仆未见其人也。其忽自治如斯，欲求自强之功，茫乎不可得也。"③ 由此足以看出冈千仞认为中国士人对五洲之变局"瞢焉如无见，漠焉如无闻"，依然是"以绥抚为辞柄，以姑息为得策，上下蒙蔽，偷安旦夕"。④ 对中国士人之闭塞，极尽嘲讽之能事。

从以上冈千仞对其所见所闻之中国病症的诊断来看，其"文本中国"与"现实中国"间确实存在着巨大的落差。因此，冈千仞将现实中的中国比喻成"笃疾之人"，认为其患有重病，且"非温补宽剂所能治，断然大承气汤之症"。⑤ 不过，作为汉学家的冈千仞对中国似乎怀有几分文化上的情感牵连，即使病入膏肓也认为并非无药可治。针对中国病症，冈千仞热心地开出了自己的"处方签"。

二　"药石之语"：冈千仞的西医处方

一般认为，近代日本的汉学者和中国学者，因专业和兴趣之故对中国文化抱有亲近感，有事时似乎会站在中国一侧考虑问题。⑥ 面对"笃疾"的中国，冈千仞期待中国改变，并积极地建言献策，即所谓"药石之语"。⑦ 因此，冈千仞针对中国的内政与外交，结合日本明治维新后取得的成就，提出了"解毒"的药方。

---

① 张经甫（1846—1904 年），名焕纶，字经甫，上海正蒙书院创办人。

② ［日］冈千仞：《观光纪游·观光续纪·观光游草》，张明杰整理，中华书局 2009 年版，第 73、78 页。

③ ［日］冈千仞：《观光纪游·观光续纪·观光游草》，张明杰整理，中华书局 2009 年版，第 136 页。

④ ［日］冈千仞：《观光纪游·观光续纪·观光游草》，张明杰整理，中华书局 2009 年版，第 47 页。

⑤ ［日］冈千仞：《观光纪游·观光续纪·观光游草》，张明杰整理，中华书局 2009 年版，第 134 页。

⑥ 陶德民：《明治の漢学者と中国》，（大版）関西大学出版部 2009 年版，第 1 页。

⑦ ［日］冈千仞：《观光纪游·观光续纪·观光游草》，张明杰整理，中华书局 2009 年版，第 6 页。

在内政方面，他认为中国若想"固有元气不可得而振起"，"非一扫烟毒与六经毒"，"究格致之学，讲富强之实"，方为中国之所急。

对于"烟毒"，冈千仞反对清人吸食"害性命破财产"的鸦片，对于将鸦片作为日用必需品的现象极为厌恶，同时又认为清人禁止鸦片的做法不妥且无效。冈千仞注意到林则徐的严厉禁烟行动，但他同时指出"不能谕愚民止吃烟，卒然以兵戈逼英人，略夺烟膏，逞一时之愤"的做法，从根本上讲乃有违尧舜所尊崇的"内修文教，外奋武卫"原则。因此，冈千仞主张中国应先在国内禁止洋烟，使得"无一人溺洋烟"，而后再向贩烟者告知洋烟为毒，禁止商贩，在这样的情况下，贩烟者自然会遵从中国的旨意。[1]

对于"六经毒"，冈千仞反对"费平生精神"，而主张"略涉大旨，诗文足达己意，可以已"，不再耗有用精神于无用八股，以致"黄口入学，白首无成"，强调以格致、算数诸术取士。对于中国应行之改革及步骤，冈千仞指出："方今急务，在兴州郡乡校，讲格致实学，与建海陆兵学校，讲火器航海诸学，抑亦末也。绝大急务，在一变国是，废科举，改革文武制度，洗刷千年陋习，振起天下之元气矣。"[2] 冈千仞在与冯申芷等人笔谈此事时，均提出改科举之必要及措施，并认为唯有如此才能医治中国病态之躯：

> 敝邦封建为治，士世其禄，有事则兵，无事则官。维新以后，废此制，仿欧米，兴各科学校。司法省取法学成业者，海陆军省取海陆兵学成业者，农商务省取农商学科成业者。
>
> 兵，专门事业，非仓卒尝试可能。彼以善八股，取巍第，入翰林，又弄笔舌，论时事，遂握兵权，当方面。兵岂可以笔墨口舌为乎？其一旦变起，先众遁去，固其当然。[3]

除改制度之外，冈千仞认为兴洋务亦是重要之事。当砚云痛论李鸿章开招商、机器二局是"蠹国财、耗国力"时，冈千仞驳斥道："今中堂开

① ［日］冈千仞：《观光纪游·观光续纪·观光游草》，张明杰整理，中华书局2009年版，第49、176页。

② ［日］冈千仞：《观光纪游·观光续纪·观光游草》，张明杰整理，中华书局2009年版，第114、149页。

③ ［日］冈千仞：《观光纪游·观光续纪·观光游草》，张明杰整理，中华书局2009年版，第116页。

二局，用力于此，将收彼长为我用，此真尽力国本者。"在冈千仞看来，兴洋务的直隶李鸿章及两江曾国荃，都是"有大勋劳于国家者"，若委以重任，使其能够得展其力，则必使中土"免土崩瓦解之患"。因此，冈千仞认为黄遵宪所谓"形而上，孔孟之论至矣；形而下，欧米之学尽矣"的见解，① 对于中国当时的形势应不乏意义。

在外交方面，冈千仞主张中国应以和为贵，期望中国能够对欧美诸国以礼相待，并以中法战争为例，宣扬"外交三策"，建言中国应与欧美诸国折冲樽俎。

冈千仞在华旅行期间，恰逢中法战争爆发。对于中法战事，冈千仞在游记中多次提及，表现出极大的关切。对于是否开战，冈千仞认为，"不战，则中土国威不振，战则百万糜烂"，当得知"福州怒法虏之无状，已开战端"后，冈千仞还一度表示不敢相信。②

冈千仞对于战争有诸多的策略，但苦于"不敢告人"，后终因有机会与张经甫淋漓尽致地吐露自己的观点而觉得畅快。依据西方国家之国际调停方式，冈千仞对于中法战争提出了自己的主张：其一，使李鸿章等人拜会法国总统，"诘责中土何所负法国而出赔偿，法国何所怨中土而寇鸡笼、福州"，若法国人能够服言而知悔则最好；其二，若法国人不予理会，则请求休战，然后去德英二国揭露法国人乘中国大乱而伺机欲侵占的虎狼罪行，借法国与德英矛盾而压制法国；其三，若德英两国不能施以援手，则可直航"殆敌全欧"的强大美国，寻求"待中日二国特为恳至"的美国国会的帮助。在冈千仞看来，此三策如有一种方法能够成功，就可以不伤一卒，而使中法归好；如若不能成功，却也可以尽人事听天命，再与法国开战，也未为晚矣。但令冈千仞感到遗憾的是，"惜中土人材污下，无行此大策者"。③ 冈千仞所献之策，看似指掌大国外交之道，实则不出"以夷制夷"之理。言论之间尽显书生意气，在中法战争的外交折冲上，最终亦不啻黄粱美梦。

为医治中国内政与外交上之病症，身为汉学家的冈千仞反而向中国兜售在实质上带有强烈副作用的"西药处方"。出现这种身份错位的原因在于：冈千仞在日本与国内崇尚近代的洋学家相比，虽自称汉学家以示自身

① ［日］冈千仞：《观光纪游·观光续纪·观光游草》，张明杰整理，中华书局 2009 年版，第 49、253、54 页。

② ［日］冈千仞：《观光纪游·观光续纪·观光游草》，张明杰整理，中华书局 2009 年版，第 57—58 页。

③ ［日］冈千仞：《观光纪游·观光续纪·观光游草》，张明杰整理，中华书局 2009 年版，第 82—86 页。

承载着日本传统精神,但在面对中国时,冈千仞却是以"近代化模范国"的日本国民身份自居。故而,冈千仞很自然地参照日本经验向中国兜售西方化的"药石之语",即"东方病还须西药医"。

冈千仞来华前尚为日本"洋学盛行以来,年少辈公然排老成耆宿为迂腐无用"而烦恼,认为日本"自弃于绳墨礼义之表,谓世界万国唯有英、佛(法)文明可师耳",认为此种做法"真可憎者!"① 同时,祈盼在中国之行中能够找寻到振兴日本汉学的方法。但在实际的旅行中,冈千仞却对清朝统治表现出极大不满,多次提及中国犹如日本二三十年前的幕末时期,反而对日本维新后学习欧美新学的做法十分肯定。这在冈千仞的《尊攘纪事补遗》中亦有所体现:

> 欧米知老术长,日本知浅术短,譬犹兄于弟,姊于妹,兄也姊也,观弟也妹也未能步,步,则倒。求与之齐肩并步,而可乎?宜提挈之、哺乳之、规导之、训诲之,以待其日成月长,能自周旋于兄也姊也之间也。呜呼,此事距今几时,圣朝赫怒,勘定内乱,首发大使,与欧米各国修交际。其立制度、开技术,修海陆军政,一取法于欧米,观彼理此言,安得不爽然自失乎?②

由此可见,冈千仞倾向于效仿欧美,亦步亦趋地学习欧美的制度、技术等,并期待日本有朝一日能够与欧美各国比肩与周旋。冈千仞甚至肯定了盐谷宕阴在《六艺论》中"三代圣人之学,亡于中土,而存于欧米"③的说辞。

在冈千仞看来,清末的中国蒙于域外大势,只知中国为礼乐文物大邦,而不知域外礼乐文物之大邦。所以冈千仞主张以醇、恭二亲王及李鸿章为首的中国士人应该周游域外,目睹域外之强盛景象,进而开工艺、励政治、盛教化、讲格致之实学。④ 正是出于对日本近代化的自信,冈千仞认为如果中国采纳其所提议的内政外交策略,则"天下之事未为难济"。

---

① 易惠莉点校:《日本汉学家冈千仞与晚清上海书院士子的笔话》,《档案与史学》2002年第6期。

② [日]冈千仞:《尊攘纪事补遗》卷一,(東京)前田園1884年版,第22页。

③ [日]冈千仞:《观光纪游·观光续纪·观光游草》,张明杰整理,中华书局2009年版,第131页。

④ [日]冈千仞:《观光纪游·观光续纪·观光游草》,张明杰整理,中华书局2009年版,第84页。

无奈"天时未会，人事未至"，中国竟无人接受其处方，因此他以"七窍开而浑沌死"的典故表露自己对于中国不接受其处方之愤懑。①

概言之，作为汉学家，冈千仞似乎应在汉学的思想脉络下寻求变革之道，以振兴汉学。但是，从冈千仞的"处方"中不难看出，所谓"药石之语"并非汉学框架内的复古或求新，而是舍近求远学习西方的近代化成果，甚至可以说学习日本的维新改革。冈千仞的汉学情怀使其在现实旅行中产生出"失望但不绝望"的中国评判，但他看似用心良苦的"谆谆教导"，无不是因明治维新后日本引以为傲的东亚"近代化模范"意识，即"日本中心主义"的表现。

三 "东亚连带"：冈千仞的日本立场

日本在明治维新后即开始着手两大要务：一是如何渲染欧洲列强灭绝亚洲的危险度和东亚列国联合御侮的紧迫性；二是如何在亚洲树立起足以让邻国痛感其落差的近代"模范国"形象。② 若将此二者诉诸冈千仞游记文本，竟也无缝耦合。冈千仞一方面有意夸大西方对日本和中国、朝鲜的压迫感与侵略度，高呼"东亚连带"并顺势主张"联亚拒欧"；另一方面强调日本在东亚地区的"近代化模范"形象，要求整个东亚都要效仿日本，努力追随。在甲申事变和琉球事件中，冈千仞自相矛盾的言论若隐若现地表露出藏匿于心底的日本主义立场。

冈千仞在《藏名山房文初集》中，主张东亚"邻国连带"。在其所参与的兴亚会及亚细亚协会中，亦将提倡全亚洲志士携起手来，亚洲诸国广泛"亲睦交际"作为协会之目标。③ 吊诡的是，游华期间，当盛宣怀向冈千仞提议日本能否出兵协助清政府共同抵御法军时，冈千仞却断然以日本与欧美各国已订交，故不可无故协助中国而与法国结怨，更冠冕堂皇地认为中国所处太平盛世太久，盛衰循环乃常理，中国遭受西方侵略也"不足怪"。④ 无独有偶，当邓铁香向冈千仞建议重"唇齿之义"的日本是否能够

---

① ［日］冈千仞：《观光纪游·观光续纪·观光游草》，张明杰整理，中华书局2009年版，第100页。

② 韩东育：《东亚的表达》，《读书》2016年第10期。

③ ［日］狭间直树：《日本早期的亚洲主义》，张雯译，北京大学出版社2017年版，第19、151页。

④ ［日］冈千仞：《观光纪游·观光续纪·观光游草》，张明杰整理，中华书局2009年版，第98页。

与中国戮力同心而挫法军之凶锋时,冈千仞更是以沧桑已变,邓氏所言须大惩法虏不过是中国士大夫不解春秋重朝聘会盟之义为由而断然拒绝。冈氏诡辩道,清朝军队需要在弹丸雨注之下练其精锐,一旦得其要领,方可辨曲直、仗名义、以讲和,"为东洋各国吐气"。此番言论正是以日本近代遭受美国强迫开港从而"一变国是"为典范的。① 可见,冈千仞断然拒绝中国后的无力辩白所掩饰的正是日本对西方的畏惧心理。

如果在中法战争期间,冈千仞的外交立场尚属偏向中国的话,那么对于甲申事变以及日本吞并琉球的冷言冷语,则使冈千仞的日本立场暴露无遗,并鲜明地显露出他火中取栗的冷酷算计。对于甲申事变中的朝鲜"新党悦日说,旧党悦中说",冈千仞认为"日人曲中,中人曲日,自是人情",但是此事发生匆卒,并非中日两国政府之意,因此对于中日之间的交往未必产生危害。况且,中国目前正处于中法战事之中,如果不顾及中法战争而因甲申事变牵扯过多的精力,则无异于"弃豺狼而问狐兔"。故而,冈千仞主张中国应从中日两国乃"东洋一体"的角度考虑,先将"韩事"搁置,而专注中法战事,待他日中日间再"核实事情,则涣然冰释,一归无事也"。②

同样,对于日本抢占琉球一事,冈千仞认为对于中国受西方强敌威胁之时,琉球之事亦为末介微事,不可"拘小嫌失大好",甚至劝中国不如将琉球直接付与日本,以便与之协力以挡欧美,这也是"当时日本国民中最为普遍的意见"③。当看到张经甫在姚子梁《琉球志》的卷首序言中痛斥日本琉球之举师出无名时,冈千仞极其纡绕却不乏强硬的发言逻辑更加令人深思:

> 往时英法二国隔一海峡,百战争雌雄,淬励锐锋,世以其战亘百年,曰百年之役。二国之强,雄视欧土,实由是战也。我东洋各国各锁四疆,其与隔海邻国接锋,有蒙古寇我邦,我邦伐朝鲜二役而已。其兵威不振,速欧米之侮,实有故也。而中土一旦以我邦县琉球之故,大举问罪,则我邦虽弱小,独立东海二千年,势不得不一战。一

---

① 〔日〕冈千仞:《观光纪游·观光续纪·观光游草》,张明杰整理,中华书局2009年版,第104页。

② 〔日〕冈千仞:《观光纪游·观光续纪·观光游草》,张明杰整理,中华书局2009年版,第151、160页。

③ 〔日〕佐藤三郎:《近代日中交涉史研究》,徐静波、李建云译,上海人民出版社2013年版,第103页。

战而败则再战，再战而败则三战，不以千败百挫，少屈其锐锋，决雌雄于百战之后，如英法百年之役，则中日大舰巨炮，猛将健卒，视大海如平地。于是两国解怨讲和，协心戮力，西其锋，则欧米各国无一足惧者。此可以雪东洋积年之辱也。仆林下人，不知县琉球之何故，唯一目东洋威武震欧土，则足矣。①

冈千仞将中日间的琉球争端与英法百年战争相比拟，认为两国唯有长期交战才能确立强弱地位。这种思维正是对"19 世纪至 20 世纪的弱肉强食时代的西欧帝国主义逻辑"的卑微遵从，"意味着用近代西方逻辑来否定亚洲"。② 而且，冈千仞在不思考日本政府为何吞并琉球的情况下，却一味极力赞成此举，并声称日本即便"千败百挫"也依然要与中国抗衡，毫不掩饰其日本中心的民族主义情绪。

面对中国的贸易权均为欧美人所占的状况，冈千仞的慨叹中亦不乏如何才能有利于日本的心理焦虑："版图宏大，物产浩多，无所益于我，岂不可悯乎？"在看到中国各埠口皆欧美各国商船，冈千仞再次反思："我邦近则可二昼夜而至，远则不逾旬日，在邻接之地，不见一旭旗船出入其港者。何也？"在冈千仞看来，在维持东洋大势方面，朝鲜、安南"不足论"，唯独日本有实力与清国共同抵制欧美各国的鹰扬虎视。中国将如此繁盛之贸易拱手让给欧美诸国，而近邻日本却无所作为，此种局面让冈千仞颇为烦躁。③ 中法战争期间，冈千仞十分关注台湾的处境，他认为"台湾，东洋要地，一旦归彼手，东洋多事，始于此也"，而且"台湾大岛，一朝属法手，据中日之上流，制控御之权，此东洋局面一变者"。④

可见，当中法战争之际，冈千仞尽管高喊"东洋一体"，声称中、日、朝应顾全大局，实行"东亚连带"，可当中日间围绕朝鲜和琉球出现争端时，他却完全抛弃了"东洋一体"的言论，拒绝中日同盟，极力避免日本陷入中法争端，维护日本的利益，甚至不惜在中日间诉诸武力"以战促和"。其伊始尚能给人带来某种暖意的"东亚连带"和"东洋同盟"等

① ［日］冈千仞：《观光纪游·观光续纪·观光游草》，张明杰整理，中华书局 2009 年版，第 69 页。

② ［日］野村浩一：《近代日本的中国认识——走向亚洲的航踪》，张学锋译，江苏人民出版社 2014 年版，第 5 页。

③ ［日］冈千仞：《观光纪游·观光续纪·观光游草》，张明杰整理，中华书局 2009 年版，第 251 页。

④ ［日］冈千仞：《观光纪游·观光续纪·观光游草》，张明杰整理，中华书局 2009 年版，第 60—61 页。

"东亚表达",至此已尽现虚妄和欺诳。

第二节　病态之躯:《栈云峡雨日记》与竹添进一郎的中国认识

竹添进一郎（1842—1917 年），九州熊本天草人，字光鸿、鸿渐、渐卿，号井井，世人常称之为竹添井井，是日本明治时期著名的汉学家、外交官。竹添自幼跟随其父竹添光强学习中国古典，后又师从于日本著名藩儒、学者木下犀潭水先生，汉学基础扎实，且对中国文化怀有浓厚的兴趣。竹添曾任职天津领事、朝鲜常驻公使等，多次与李鸿章等清朝政要交涉过琉球问题，参与过"甲申政变"①，后引咎去职，辞官后在东京帝国大学（今东京大学）讲授汉学，主要著作有《左氏会笺》、《孟子论文》、《论语会笺》、《评注历代古文钞》等。

竹添进一郎于 1875 年 11 月跟从森有礼（1847—1889 年）公使出使清国，任书记官。12 月 12 日，竹添一行人等抵达山东芝罘（烟台），并于翌年元月十日抵达北京。在北京期间，"每闻客自蜀中来，谈其山水风土，神飞魂驰，不能自禁"。② 正因如此，竹添于 1876 年 5 月 2 日与其同乡时任日本驻华公使馆一等书记官的津田君亮（1852—1909 年）从北京出发，由侯志信做导向，途经保定、石家庄、邯郸至洛阳，经函谷关至西安，后由南郑、剑阁、成都到达重庆，此后由陆路转水道下长江，顺长江流域而下，经过湖北、江西、江苏，于 8 月 21 日到达上海，至此结束了为期 112 天、行程九千余里的考察旅行。竹添汉学素养深厚，十分精通于中国古代典籍，其游记由汉文写成，包含《栈云峡雨日记》上下两卷及《诗草》一卷，著名学者俞樾以及彼时重臣李鸿章等均为其游记作序，并给予高度评价。《栈云峡雨日记》是近代中日建交后日本人最早深入我国西部腹地留下的旅行记，③ 被认为是"近代中日文化交流史上具有开拓意义的珍贵文献"。④ 目前对竹添及其游记的研究多以分析其所记录的自然及人文

---

① 郑凤辉:《甲申政变 120 年——金玉均与竹添進一郎》,《海外事情研究》2005 年第 32 期。

② ［日］竹添进一郎:《栈云峡雨日记》,张明杰整理,中华书局 2007 年版,第 20 页。

③ 元成宗大德十年（1307 年），日本僧人释雪村来华交流，期间被官府以其为日本人之由，关押在长安的监狱中，后又被流放到蜀地，并于 1329 年方才返回日本。释雪村被认为是第一个入蜀的日本人，但并无相关纪录留世，故竹添进一郎系日本近代入蜀地第一人，且《栈云峡雨日记》被认为是第一部日本人的蜀地旅行记。——参见［日］武部健一《日本名人与蜀道》,周郢译,《汉中师范学院学报》1995 年第 4 期。

④ 刘济民、陈陆:《一百多年前日本汉学家眼中的三峡》,《中国三峡》2010 年第 4 期。

景观为主，① 然而，竹添虽身为政府官员出使清朝，同时又具有汉学家敏锐的观察力，因此其游记中一方面倾向于记录各地的自然风貌及人文景观，如沿途所见之山川河流、历史遗迹、风土人情等，同时又通过精简的议论阐述了其对于当时中国社会、政治、经济、文化等的评价，展示了其独特视角下的中国认知。

竹添在《栈云峡雨日记》的自序中写道："余足迹殆遍于禹域，与其国人交亦众矣。君子则忠信好学，小人则力竞于利，皆能茹淡苦考，百折不挠，有不可侮者。但举业囿之于上，苛敛困之于下，以致萎靡不振。譬之患寒疾者为庸医所误，荏苒弥日，色瘁而形槁，然其中犹未至衰羸，药之得宜，霍然而起矣。世或有蛊惑之疾深入膏肓，而张脉偾兴，自以为强健者。令越人见之，将望色而走。以彼视之，其得失果何如耶？是观风之所以不可已也。"② 在竹添看来，他所见到的中国所呈现出的状态是古盛今衰的"病态的中国"，充满了"内忧"与"外患"。

一 内忧：苛敛之政、民风不古、儒学颓废

在竹添看来，其所见之衰弱停滞的中国已病入膏肓，而清政府作为统治者亦没有表现出良好的领导力，却更像是一位"庸医"。其落后的君主专制制度、官治的不力与治安的混乱以及苛敛之政均让竹添感到不满，而民风的不古与儒学的颓废更是让竹添极度无奈。

在河南，竹添在游览岳武穆故里时，看到安放在门外被人唾弃的秦桧夫妻铁像，慨叹道：

> 余尝论，使高宗无杀武穆之心，则虽有百桧，无得逞其毒。故杀武穆者非桧也，高宗也。古称"父子无狱，君臣无狱"，彼与君父争曲直者，独何心哉？然则铁像之设，必非公所欲也。虽然好忠恶奸，

---

① 林啸：《山程水驿，笔外有笔——评冯岁平点校本〈栈云峡雨稿〉》，《短篇小说》（原创版）2015 年第 27 期；冯岁平：《竹添井井及其〈栈云峡雨日记〉》，《成都大学学报》（社会科学版）2003 年第 4 期；赖贵三：《观国之光，利用宾于王——竹添进一郎〈栈雲峡雨日记（附诗草）〉與永井久一郎〈观光私记〉中國旅遊體驗書寫較論》，《アジア文化交流研究》2010 年第 5 期；张明傑：《明治期最初の中国西部奥地への旅：竹添進一郎及びその『栈雲峡雨日記並詩草』について》，《Journal of hospitality and tourism》2006 年第 1 期；［日］小林文男、柴田巌：《明治初期日本人の見た中国——維新後最初に四川を踏査した竹添進一郎の事跡について》，《「社会科」学研究》1996 年第 31 期。

② ［日］竹添进一郎：《栈云峡雨日记》，张明杰整理，中华书局 2007 年版，第 18—19 页。

亦出秉彝之不可已。则此举也，与公之心并行而不悖者与？①

　　竹添认为"彼与君父争曲直者，独何心哉？"这实际上是一种对于"君为上，臣为下"的君主专制论的不满与讽刺。

　　在落后的封建体制下，自然是官员治理的不力以及社会治安的乱象丛生。在旅行中，竹添见到"凭险筑垒"的现象，得知此地之警皆为"募民间骁悍之徒，号曰兵勇，率皆无赖喜乱者，苟驾御失术，鼓噪逃窜，聚为群盗，延祸极惨"。而当地居民对此"畏之甚于虎狼，非据垒自保无以避难也"，且"匪类亦多"，"丐人载路"，这正是内地治安无效所致。竹添还记载在北京出发时，兑换的银两有"内面包铜"的现象，且"秤之轻重亦随处有异同"，使得竹添发出"市侩之奸可憎"的感慨。②

　　在沙市，竹添看到商贾转卖货物时有厘捐的现象，即"清国二十年来，设关之外，每数十里置廨设卡，陆有派员，水有查船，率科百分之一，名曰厘捐，各省军饷皆取给焉"。竹添认为虽然"商贾转货，关以讥之，科以节之，古今之通法"，但"加以委员贪污，上下其手，抽厘不平，多方勒索"，则会使"商贾裹足，百货阻滞，而夹带偷漏之弊兴"。③在竹添看来，厘金之弊亦为政弊之表现之一。清政府的无能与腐败让竹添大失所望，特别是在考察了各地的物产后，竹添进一步对清政府的无为而深感无奈。在途经河南之时，竹添感慨："河南之地，桐、漆、桑、栗无不宜。枣二岁而实，五岁而得一石；柿五岁而实，十岁而得三石；榆一岁而盈丈，柳五岁而合围。土壤之沃如此，乃极目荒凉，岂非以人事之未尽耶？若竭栽培，树木蕃茂，则其干可以造屋，而土塈覆草，久雨屋颓之患除矣；其枝可以为薪，而拾马矢掘草根之劳去矣。且树根纠结，濒河之地必免乎崩溃。果实多收，凶荒有备，一举而众利得矣。"④在四川游历期间，竹添同样对蜀地的物产进行了考察，认为"蜀地方数千里，多产金银、茶叶、煤炭、蚕丝之类，然随地气盛衰，所出亦不能无古今之异"。竹添所见到的蜀地与古之所载差异巨大：金银各坑皆废；茶树斫伐无余；蚕丝不及江南；煤炭独官吏及富者用之，而众庶则皆资于薪柴；又乏栋梁之材。⑤

----

　　① ［日］竹添进一郎：《栈云峡雨日记》，张明杰整理，中华书局2007年版，第28页。
　　② ［日］竹添进一郎：《栈云峡雨日记》，张明杰整理，中华书局2007年版，第34、58、23、39页。
　　③ ［日］竹添进一郎：《栈云峡雨日记》，张明杰整理，中华书局2007年版，第75页。
　　④ ［日］竹添进一郎：《栈云峡雨日记》，张明杰整理，中华书局2007年版，第30页。
　　⑤ ［日］竹添进一郎：《栈云峡雨日记》，张明杰整理，中华书局2007年版，第57页。

无论河南亦或四川，均未做到物尽其用，政府之无为导致民生之不济，均让竹添感慨颇深，他特在《栈云峡雨诗草》作诗《蜀产歌》表达自己的心情：

> 蜀锦颜色不炯炯，鹿功今日居下等。
> 宁远又竭金银气，寒精夜夜泣空矿。
> 山深却少栋梁材，运搬远从黔滇来。
> 煤炭唯上富家灶，柴草仅给贫户炊。
> 茶树斫残稻苗嫩，仓谷足以济凶馑。
> 别有药物推大宗，年年贩售金百万。
> 君不见禹域殷富在江南，粟米如山又浴蚕。
> 锦绣文章千万户，西来猛虎视眈眈。①

竹添在旅行中多次感慨中国已经民风不古，例如在河南，竹添看到其地多产棉花，但是能够家中备有机杼者却百不能一，因此棉花都需要通过商贾运送至江南，竹添以为"女工之废至此，致富得乎？"② 这种传统技艺的丧失在竹添看来却是衰败的表现。在观看天津桥时，竹添发出了同样的感慨。他发现天津桥颓坏而无人修理，"皆自沙中过，桥上无复人迹"，这被唐代诗人极口夸赞的景观却变得"满目索寞"，亦为中国古盛今衰的表现。③ 此外，竹添还记录了德政坊和节孝坊的变化：

> 自入川省，每县有德政坊，每闾有节孝坊。坊皆华表，两柱刻兽，上题联句。又揭匾额，镂金施彩，最为壮丽。所费率数百千金，颂德政者多近世人。盖数十年来风俗浇漓，循吏不易得，遇有治功稍优者，民俱推奉，必为建坊。若节孝坊，则其子若孙请诸官，官以闻于朝，合格辄赐旌表。抑亦见古今世道之变也。④

从德政坊与节孝坊由民情流露到官吏旌表的变化来看，竹添认为是形式上由实式向虚式的转变。同样让竹添感觉古今变化、雅致全无的还有黄鹤楼。在登临黄鹤楼时，竹添发现黄鹤楼"同治中更造，崇三层，八面轩

---

① ［日］竹添进一郎：《栈云峡雨日记》，张明杰整理，中华书局2007年版，第105页。
② ［日］竹添进一郎：《栈云峡雨日记》，张明杰整理，中华书局2007年版，第31页。
③ ［日］竹添进一郎：《栈云峡雨日记》，张明杰整理，中华书局2007年版，第33页。
④ ［日］竹添进一郎：《栈云峡雨日记》，张明杰整理，中华书局2007年版，第63页。

敞,尤宜远瞩。武昌、汉阳皆为秋涨所包裹,如乾达婆城变幻于海上者,碧瓦粉壁,鱼鳞杂遝,商船四集,桅樯林立。南北则广原际天,莽莽苍苍,目尽而止",但是"楼上多丐人,拥客乞钱,麾之不去",使得竹添的游兴全无,"匆匆拂衣下楼"。①

最让竹添感到痛心的还是中国儒学的颓废,在四川旅行期间,竹添曾参观极为闳丽的文昌庙,然而文昌庙所供奉的是道教中掌管文昌的神仙,世人认为其"实司科举柄,延入学宫"。竹添认为这样的做法是"正学之不讲,人心之卑污"的弃儒崇神的做法,可悲可叹。② 在游览跃龙池时,竹添发现其早已废弃,而蔺相如的旧宅亦仅存虚名,这均因四川经历了张献忠之乱,使得文物荡然,遗迹旧踪,无从考究。③

竹添在旅行中感受到如此之众的"内忧",已然使中国衰弱不堪,而西方势力的渗透与毒害,则更加强烈。

二 外患:鸦片之毒与耶教之患

竹添所见之中国,深受鸦片之毒与耶稣教之患。在近代日本人的中国旅行记中,对于鸦片之危害既深的记录十分普遍,竹添亦用诗词"前身应是倾城女,香色娱人又杀人"④ 来谴责罂粟花的危害,同时在旅行记中记录了鸦片在清朝泛滥的现象:

> 近时鸦片日炽,河之南北皆种之。愈西愈多,边境僻陬之民,无不食焉。山西则不论男女,食者居十之七。盖鸦片之出,川、广、云、贵最多,而其品则云南为第一,然亦不如印度之和润。故富者必资之洋舶,一岁所费不下二十金。余闻清国民口,无虑四亿万,其食鸦片者居十之一,为四千万。再以四十之一算之,食洋品者且百万,则一岁所费,二千万金。吁!亦浩矣。虽然,食之有益于身犹之可,无益无害,亦未足深咎;而鸦片之性,耗精促命,其毒有甚于鸩。吾恐百年之后,四亿万之民尽衰羸,而生类几于灭矣。为民父母者,宁可不早作之所乎哉?⑤

---

① [日]竹添进一郎:《栈云峡雨日记》,张明杰整理,中华书局 2007 年版,第 80 页。
② [日]竹添进一郎:《栈云峡雨日记》,张明杰整理,中华书局 2007 年版,第 53 页。
③ [日]竹添进一郎:《栈云峡雨日记》,张明杰整理,中华书局 2007 年版,第 59 页。
④ [日]竹添进一郎:《栈云峡雨日记》,张明杰整理,中华书局 2007 年版,第 88 页。
⑤ [日]竹添进一郎:《栈云峡雨日记》,张明杰整理,中华书局 2007 年版,第 32 页。

竹添概括了鸦片在中国的种植情况，指出愈向西南偏远地区，鸦片的种植和吸食者愈多，且全国范围内鸦片的吸食者高达四千万，占总人口的十分之一，其人数之多、耗资之巨让竹添感到震惊。同时，竹添指出吸食鸦片的危害，即"鸦片之性，耗精促命，其毒有甚于鸩"，长此以往，则"恐百年之后，四亿万之民尽衰羸"！

竹添所著游记中的议论性言辞并不多见，但是却屡屡提及对于中国人信仰天主教这一现象的抨击。竹添记录中国"二京十八省，皆建教场，法郎西国人来驻，教诱袄教"，① 正因如此，原本信仰佛教的中国百姓"则骎骎入于妖教，全省教会盖至数十万云"。② 竹添看来，这都是洋人的"狠毒用心"。竹添在重庆旅行期间，还在游记中详细地记录了重庆的"袄教之变"：

> 初余在成都，闻重庆有袄教之变，至则已平矣。
>
> 盖袄教之入蜀，民皆不喜。而奸宄无赖之徒，争窜名于教会，恃势横暴，民益恶之。然司教者略不经意，民讼之官，又不得直，由是忿懑不能平。至同治十二年（1873年），遂宁诸县民群起杀教徒，而今兹又有江北之变。
>
> 江北与重庆相对，别置同知官一员。正月教徒之在江北者，放火烧民居数户，团民即捕之。既而教徒又缚纳粮厅城者三人，拔其髻，争折辱之，且死乃释之。于是四乡之民，不期而集，毁教会、医馆，并伤残教徒。远近闻风起者十余万人，二月遂涉江南入府城，将尽火教堂以甘心焉。镇道及地方官百方慰谕，久之始退。法郎西人范若瑟司教知曲在己，执倡祸者三人献之，照例惩罚。地方官亦令团首捕致首乱者。顷之教徒又毒于井中，以害渝州民，执而鞫之，即首服。然未至结案也。教徒之在江北者凡数千，方民逐之江南，城中教徒三百余户，见民众势张甚，皆虞不能自保，乃焚所崇奉神像，更立天地君亲师位。于是比户皆放炮称贺云。③

此外，竹添亦在《栈云峡雨诗草》中用诗词揭露了天主教在中国传播的弊端：

---

① ［日］竹添进一郎：《栈云峡雨日记》，张明杰整理，中华书局2007年版，第26页。
② ［日］竹添进一郎：《栈云峡雨日记》，张明杰整理，中华书局2007年版，第58页。
③ ［日］竹添进一郎：《栈云峡雨日记》，张明杰整理，中华书局2007年版，第63—64页。

《天主堂》

金碧耀日高煌煌，谓是西人天主堂。

不独边海架十字，中原半为西教场。

自称西教穷深浩，不比空疏佛与老。

更散货贿啖重利，笼络蚩氓一何巧。

谁将烂烂岩下电，照破魔心装佛面。

孟轲不作韩愈逝，世道之微微于线。①

在诗作中，竹添指出天主教在中国的发展势头迅猛，揭露了天主教利用利益诱惑民众信仰的虚伪本质，同时通过对中国"孟轲不作韩愈逝"的现象，叹息中国世道命悬一线的危机感与无奈感。

竹添的旅行"百十有一日，为程九千余里。大抵车取二，轿取三，舟则略与二者相抵"，"北则详于雍、豫，西南则详于梁、蜀"。② 正是由于竹添认为武昌以下，日本人足迹遍布及且对其山川风俗均有一定程度的记述，而选择了如此艰辛而生僻的线路。有学者认为，巴蜀地区对于日本人来说，既没有齐鲁大地那样作为儒学中心的文化地位，也没有北京那样作为清朝首都而备受瞩目，更不像江南地区那样具地利、荟人文，可进入性强。③ 故而，在近代以来中日之间恢复政治交往的初期，并没有受到日本人的瞩目。也正因此，竹添从"内忧"与"外患"两个方面揭示了彼时中国特别是西南地区的社会状态，并在其游记自序中加以总结，则显得尤为珍贵：

> 清国通货有银焉耳，有铜钱焉耳，如楮币则独翩翩于通邑大都，亦不过市井间藉以资贸易。而富商大贾拥财连肆，与绿眼紫髯之徒争巨万之利于市者，往往相望乎滨海，所出货物常倍蓰于所入。畏负债于异邦，不啻猛兽洪水。凡诸器玩之来自海外，足以悦目适体者，如盲之于色，如聋之于音，曾不过而问焉。独船舰火器，与夫行阵之方，熔化之学，因西人所创作，渐拣而取之。方今之时，谋富强之术，盖莫善焉。④

---

① ［日］竹添进一郎：《栈云峡雨日记》，张明杰整理，中华书局 2007 年版，第 84—85 页。

② ［日］竹添进一郎：《栈云峡雨日记》，张明杰整理，中华书局 2007 年版，第 81 页。

③ 冉云飞：《一位日本人 1876 年的巴蜀观察》，《青年作家》2007 年第 6 期。

④ ［日］竹添进一郎：《栈云峡雨日记》，张明杰整理，中华书局 2007 年版，第 18 页。

事实上，竹添眼里的所谓"内忧"与"外患"，原本是相互联动的一体两面。清廷政治的根部腐坏和恶霸横行的乡治，使人民失去了继续生存的希望。他们大概也只能有两种选择：要么吸食鸦片，在吞云吐雾中一时忘却烦忧，自欺欺人；要么寻找新的信仰，把精神世界寄托给外来的某个神祇。这或许是那个时代的真实写照，而竹添的描述，不过是把今人所能看到的老照片还原为动画而已。

三　竹添进一郎的中国观

竹添进一郎自幼接受以儒学为主的汉学教育，其汉文素养深厚、长于汉诗文，因此在其来华前对于并没有实际接触过的中国已经在无形中形成了一个以孔孟学说为基础建立起来的虚幻的中国形象。而当竹添进一郎作为近代第一位深入中国西南内陆旅行考察且留有详细记录的日本人，面对充满"内忧"与"外患"的中国现实社会，自然会受到强烈的刺激，与以往心目中的中国形象形成极大的反差，而表现出一种貌似分裂的中国观。[1]

然而，作为明治时期最有代表性的三大汉文体中国游记之一，竹添进一郎的《栈云峡雨日记》与前文所述冈千仞之中国游记《观光纪游》相比较，其记录侧重于对中国风土的介绍，而冈千仞的游记则偏重关心中国的政治、社会之事。故此，日本学者町田三郎阐释了产生此种不同之处的原因：其一，二人撰写游记时的年龄具有差异，竹添进一郎写《栈云峡雨日记》时 35 岁，洋溢着而立之年的热情，而冈千仞的《观光纪游》则是在52 岁这样沉稳老成的年纪所做；其二，由于时代的变迁，竹添的旅行是明治 9 年，而冈氏的旅行是明治 17 年，在此八年间，日本国民的意识也随着日本政治的巨变而有所转变。[2] 町田三郎认为，竹添在中国旅行之际，日本虽已开始明治维新，但是新政府仍处于动荡不安的状态，政治体制尚未完全巩固，明治十年日本西南战役结束以后才真正开始建立安定的近代化国家。所以，虽然竹添与冈氏的中国旅行仅相差八年，但是日本社会所发生的变化足以让二人以不同的心境和心态来审视其旅行对象。竹添进一郎游历中国之时为日本明治维新初期，在政局尚未稳固的情况下，竹添面对领域辽阔的中国大地，虽为其所处"内忧"与"外患"的境地而失望，但是主体上中国作为文化先进的文明古国的地位仍较为突出。而冈千仞游华

---

① 张明杰：《明治汉学家的中国游记》，《读书》2009 年第 8 期。
② ［日］町田三郎：《明治的汉学家》，连清吉译，台湾学生书局 2002 年版，第 67 页。

时期，日本社会明治维新成效初显，其近代文明国家国民的优越感已然生成，而这一时期又恰逢中国处于中法战争焦灼的状态之中，其旅行中的关注点自然迥异。

竹添进一郎面对中国的现实社会，描述了其对中国"内忧"与"外患"的担忧，但是由于其本人汉学家的身份使然，同时对日本明治维新尚处于初期阶段，其未来发展的不确定性等缘由，竹添进一郎的中国观表现为对中国"失望但不绝望"，其心理层面对传统文化中国所存眷恋之情及明治初期中日两国政治军事等实力尚未有所定论的文文莫莫之感在游记中淋漓尽致地展现出来。

第三章 日本中心:甲午战争至日俄战争日本人的中国认知

甲午战争作为影响近代中日两国历史命运的重大事件,改变了世界对于中日两国的认识,同时对于日本知识人中国认知的转变亦起到了决定性的作用。日本通过发动甲午战争,逼迫清政府签订《马关条约》,后又因俄、德、法三国干涉,要求日本将辽东半岛归还中国而签订《辽南条约》。通过以上两个条约,共强迫清政府赔偿军费两亿两和"赎辽费"3000万两库平银,无力偿还巨额赔款的清政府只得以饮鸩止渴的方式向俄法、英德财团进行政治性借款,从而使国家主权进一步沦陷,帝国主义瓜分中国的情势愈演愈烈。

正当列强掀起瓜分中国的狂潮之时,日本也围绕如何开拓其自身对外路线的问题而进行更为激烈的争执,争执主要围绕究竟是与欧美列强共同瓜分中国,还是在日本所主导下的"日清提携"及在此基础上共同抵抗欧美列强的入侵,而这两种不同路线的争执可作为"脱亚入欧"与"亚洲主义"对外路线分歧的典型反映。[①] 1885 年福泽渝吉发表"脱亚论",呼吁日本告别亚洲"恶友"并追随欧美列强,日本政府亦将"脱亚入欧"作为主要的对外路线,倡导"中国分割论";而"亚洲主义"倡导"中国保全论",提出以日本为盟主,与中、朝等亚洲国家共同抵抗西方列强入侵,此论调只是在日本民间被提倡,在日本的国家战略中处于非主流的地位。

甲午战争后中国与日本的国际地位发生了乾坤逆转,日本由东亚的蕞尔小国一跃成为东亚的头号强国,跻身于欧美列强为中心的帝国主义国家之列,而中国却从亚洲大国的地位沦为列强瓜分侵略的对象。兵败后的清

---

① 王美平、宋志勇著,杨栋梁主编:《近代以来日本的中国观》第四卷,江苏人民出版社2012 年版,第 64 页。

朝整体垮塌，以至万般无奈之时中国人竟开始全面倾倒于日本。从 1896 年起，清朝开始开启大规模留学日本之旅，至 1906 年，日本方面宣称：中国留学生人数已经多达 16000 余人。[①] 同时，甲午战争中清政府的惨败也迫使部分士绅阶层和知识分子觉醒，提出了在政治、经济、思想等方面进行全面改革的建议，并通过康有为等人的上奏终于引发了 1898 年的"戊戌变法"。然而，被称为"百日维新"的戊戌变法因触及以慈禧太后为首的守旧派的利益，仅仅历时 103 天便以光绪帝被囚、康有为与梁启超出逃、谭嗣同等戊戌六君子被杀的失败局面而告终。

与此同时，日本人的中国观也发生了巨大的转型，总体上开始向蔑视中国的方向转变，对文化中国的崇敬之意开始弱化，对现实中国的批判言辞趋于激化。通过对内藤湖南、山本宪等人游记的比较，可以看出他们对文化中国已形成"守成"之印象，对现实中国则持"轻视"之认知，即甲午战争与戊戌变法的双重结局在这一时期日本游华知识人的中国体验上留下了深刻印记。

第一节　日本天职论：《燕山楚水》与内藤湖南的中国观察

内藤湖南是日本著名的历史学家，一生曾九次来中国旅行，并留下多部游记。《燕山楚水》为其 1899 年第一次中国旅行时的游记，共分为三个部分，恰好在三个层次上映射出内藤的中国观。内藤中国观的"表层"是"守旧"与"北衰南兴"的中国形象，但这并非是对"中国文化停滞论"的简单复述，而是位于内藤史学"唐宋变革论"与"文化中心移动论"的延长线上的产物，这两者构成了内藤中国观的"中层"。当进一步考察内藤的上述中国观时发现，位于内藤中国观"里层"的却是中国不在场的"日本天职论"。

内藤湖南（1866—1934 年），名虎次郎，字炳卿，号湖南，别号忆人居主、湖南鸥侣、雕虫生闷闷先生。出生于秋田县鹿角市毛马内的一个士族家庭，是日本著名历史学家，日本东洋史学京都学派的奠基者之一。1885 年毕业于秋田师范学校高等科，担任两年小学教师后来到东京，投身报界，历任《大阪朝日新闻》、《台湾日报》等报刊的记者、主

---

① 韩东育：《甲午战前清朝内治环节的阙失与战后中日落差分析》，《社会科学战线》2014 年第 10 期。

笔、京都帝国大学东洋史学教授等，著述被集结成《内藤湖南全集》十四卷。

内藤湖南一生曾十次来中国旅行或考察，足迹遍及华北、东北、长江流域，留下了《燕山楚水》《游清记》《满韩视察旅行日记》《中国观察记》等十余种游记或日记，[①] 这成为研究内藤中国观的重要文本。其中《燕山楚水》是内藤1899年第一次中国旅行前后的游记汇编，可以将其看作游记视角下内藤中国观的原点。1899年，他作为《万朝报》的记者第一次到中国旅行：9月5日，乘坐日本邮船仙台丸从神户出发，途经濑户内海、马关、济州岛、山东成山角，9日抵达芝罘（烟台）。10日，自芝罘启程，11日抵达大沽后乘坐火车到达天津，在天津参观了三井物产公司、日本领事馆、正金银行分店，拜访了严复、王修植、方若等通晓时务的人士。9月17日乘坐京津铁路赴北京，游历了长城、明十三陵、玉泉山、万寿山、卧佛寺、碧云寺、万寿寺、天宁寺、观星台等景观。10月5日，从天津乘船南下，经烟台，9日到达上海。17日晚搭船，溯黄浦江而上前往杭州，在杭州游览了西湖、岳王庙、钱王祠、西溪、灵隐寺、吴山等名胜。24日晚启程赴苏州，游览了虎丘、寒山寺、留园、灵岩山、承天寺、北寺、孔庙、沧浪亭、开元寺藏经阁、采菱洲等地，31日返回上海。11月4日夜，搭乘大阪商船公司天龙川丸前往汉口，参观了黄鹤楼、大别山、伯牙台等景观，14日夜再搭乘该公司大井川丸从汉口沿江而下。16日抵达南京下关，参观了三山街、孝陵、明故宫旧址、钟山、朝阳门、聚宝门、雨花台、秦淮河、刘园、莫愁湖、清凉寺斜月楼、鸡笼山、玄武湖、北极阁、钟楼、毗庐寺、文庙（夫子庙）、观音港口、燕子矶和岩山十二洞。20日乘船赴镇江，游览了北固山与金山，次日正午过后到达上海。25日，从上海搭乘邮船公司西京丸踏上归国之途，结束了近三个月的中国之旅。

内藤在此次旅行期间曾与多位中国名人谈论中国变法问题并交换各自看法，为了更好地把握住内藤史学的深层意涵，本节尝试从《燕山楚水》的三个部分——《禹域鸿爪记》（游记）、《鸿爪记余》（杂感）与《禹域论纂》（评论）——出发，首先总结内藤第一次中国旅行期间形成的中国印象，进而在内藤史学体系中分析产生上述形象的文脉，最后探究内藤中国观的原初形态与内在理路，从而展示内藤中国观的整体面貌。

---

① 钱婉约：《内藤湖南研究》，中华书局2004年版，第68—71页。

一　内藤中国观的"表层"："守旧"之中国与"北衰南兴"之中国

1898 年 6—9 月，康有为、梁启超等人在光绪帝的支持下开始了戊戌变法，但慈禧太后等人发动戊戌政变结束了这场仅百余日的维新运动。在戊戌变法接近尾声之时，内藤分析道："察其内情形势，清国改革之气运不足为恃。改革派之领袖康有为、汪康年等，缺乏旋转乾坤之大气魄、大力量。此外，全国人民柔惰怯懦之风气不易拔除"，① 中国社会表现出"沉滞"② 之气，改革之前途堪忧。内藤在中国旅行之时，戊戌变法刚刚过去一年，这种风气尚未完全散去。

1899 年 9 月 9 日至 11 月 25 日，内藤作为《万朝报》记者被派往中国，这是内藤第一次中国旅行。其间，他游历了天津、北京、上海、杭州、苏州、武汉、南京、镇江等主要城市，拜访了严复、王修植、陈锦涛、蒋国亮、文廷式、张元济、罗振玉等官宦名人，游览了长城、明十三陵、文庙、西湖、灵隐寺、寒山寺、沧浪亭、黄鹤楼、赤壁等名胜古迹。内藤既感受到中国在戊戌变法失败后社会风气的怠惰与士人的低迷心态，也体会到中国地域上南北地气与风俗的迥异，引发诸多感慨，形成了"守旧"之中国与"北衰南兴"之中国印象。

首先，内藤从变法方式、社会风气和文化特征三个方面体验中国的文化。内藤在天津和上海分别与蒋国亮、文廷式谈论了中国的变法方式问题：

> 蒋：您是我们同洲人士，带着满腔热忱观察中国。这次来华一游，对中国的情况应该有了大致的了解了。万请赐教，现在要救时局，有什么方法，该从哪里着手？
>
> 内藤：我个人以为，贵国的积弊，并不是从本朝开始，从远处追究根本，则在商殃的废井田而开阡陌上；从近处寻找原因，则在科举取士的有美名而无实效上。再加上郡县制度以来，地方官不把老百姓的生计放在心上。现在的时局，或许正是进行大变革的时机吧？谈何

---

① ［日］内藤湖南：《清国改革の風氣》，载《内藤湖南全集》（第 2 卷），（東京）筑摩書房 1971 年版，第 519 頁。

② ［日］内藤湖南：《支那改革説の二時期》，载《内藤湖南全集》（第 2 卷），（東京）筑摩書房 1971 年版，第 233 頁。

容易，总之能使变革成功的就在于你们了。①

……

文：近来有人议论和贵国联合，打算借用贵国的兵力。这是不足为议的。我正希望贵国的人材为我们办理各种事情，纲举目张，使所有的事情都有先例。这是我国迫切希望于同洲的地方。先生以为如何呢？

内藤：借兵力的想法不过是权宜之计。贵国的革新不是一时的权宜之计可以完成的。用我国人办理各种事务以作为先例，先生的想法非常高明。不过我国人中熟悉贵国情况的实在不多，如果一概拿我国的先例在贵国实行，就如方枘圆凿，互不相容。台湾就是前车之鉴。

文：暂时和长远相兼，先例和变通互用，贵国人如果肯相助，以理推之，主事的人一定会有所权衡。

内藤：希望用一纸法令使全国执行，这就是去年维新之举归于失败的原因。对手依照什么样的步骤进行维新，我很想听您的高见。

文：今天如果说出了步骤，就成不了实际的步骤。事情一定要随机应变，就如同下棋一样。国手每着棋都有前后步骤，但是根据对手的不同又不得不变化。

内藤：但是制定一代的治国方法，似乎并不像围棋那样根据对手而变化。我国三十年来稍稍有些起色，正是因为有一定的国是。

文：贵国一姓相承两千多年，所以可以先定国是，然后渐渐修改。我国现在的情况不能仿照贵国的事例。制定治国的方法，在今天，博采各国的长处，救治千年的弊端，规模建立起来，宪法自然会实施，所以也不是难事。难的是新旧接替的交接，和尊攘的方法。

内藤：时机的改变，首先需要一个翻天覆地的举动。我国幕府的施政，很久以来不得人心，所以必须打倒它，然后国家的状况为之一变。贵国当今的状况，是否属于同样的例子呢？

文：贵国在天皇的名义下，事情比较好办。所以几十位志士就能成功。我国的例子，是相同呢，还是不同呢？

内藤：我在北京的时候，曾游览长城，经过的州县，都残破不堪，没有得到治理。寺观之类，也都荒废颓败。所以我想，所谓千年的弊端，即便是康熙、乾隆的盛世，也未曾得到缓解。特别是当时征收各种苛捐杂税，才得以粉饰一时的太平。现在要革除掉这些顽固的弊端，谈何容易。拿这些和我国三十年来的变革相比，有些很难做到

---

① ［日］内藤湖南：《燕山楚水·禹域鸿爪记》，吴卫峰译，中华书局2007年版，第77页。

的事情。抵抗外国的欺侮侵略，虽然是极难的事情，但我认为和革除旧来的弊端比起来，还是比较好说的。先生以为如何呢？

文：我想了很久了，观察国情的人正应当像《管子·八观》上所说那样。改日我会和您一一详细分析，并且再次向您请教。这哪里是几张纸上的空泛之谈所能讲清楚的？没有兵力，国家便无法维持，哪里能谈到治理的方法呢？这就是我所谓的难易之说。今天已经受益匪浅，正好有游览的约定，改日接着请您指教，请恕我告辞。①

内藤认为"贵国人士如果只是坐在那里讨论，试图以口舌来完成维新，那是大错特错"，② 指出中国士人空谈务虚，缺乏果敢的行动精神。

内藤在天津逗留期间，还与王修植、严复谈论了中国的社会风气问题，内藤对王修植说："日本人勇于进取而不善于守成，贵国则相反，进者退之，退者进之"，③ 而且依据当下的形势，中国连"守成"都难以为继。内藤在游览北京文庙之后认为，中国即使在康乾盛世也未能消除中国千年的文化积弊，表面的国泰民安反而掩盖了中国深刻的危患，不承认改革的必要，以致逐渐显露出衰落的征兆，因此内藤对张元济说："安于旧态难以改变，这是贵国当朝的一大弊端。"④ 总之，内藤在与中国士人的笔谈与游览名胜古迹时，从口舌维新、进退无措和千年积弊上构建了一个"守旧"的中国形象。

其次，内藤从地力、人种和风土三个方面观察中国的南北差异。关于地力方面，内藤在游历了北京地区之后认为：

从北京的规模来看，果然是堂堂大国的首都。如果得到妥善的修缮和管理，北京城的雄伟壮丽，一定不输于西方各国的首都。不过看了郊外土地，我觉得地力已经枯竭，即便有真命天子出世，也不会再以这里为都城。⑤

内藤还认为中国的百姓也只知道利用地力，却不懂休养土地，隐藏着深层的病患。关于人种方面，内藤在上海与蒋国亮笔谈时提到：

① ［日］内藤湖南：《燕山楚水·禹域鸿爪记》，吴卫峰译，中华书局2007年版，第86—88页。
② ［日］内藤湖南：《燕山楚水·禹域鸿爪记》，吴卫峰译，中华书局2007年版，第81—82页。
③ ［日］内藤湖南：《燕山楚水·禹域鸿爪记》，吴卫峰译，中华书局2007年版，第32页。
④ ［日］内藤湖南：《燕山楚水·禹域鸿爪记》，吴卫峰译，中华书局2007年版，第136页。
⑤ ［日］内藤湖南：《燕山楚水·禹域鸿爪记》，吴卫峰译，中华书局2007年版，第78页。

内藤:我觉得贵国的南方人和北方人并不是一个种族。南方人的骨骼轮廓很像我国人。看到二位（蒋国亮与陈锦涛）的风采，我更觉得是这样了。北方人大多浑朴桀骜，只是缺少英气。南方人大多英锐慧敏，缺点是不善持久，就像我国人一样。

蒋:中国人都是从北边往南迁移。东晋以及宋的南渡两大事变以后，真正的中国人都迁徙到南方，而北方则掺杂了蒙古人种，不是纯粹的中国血统了。①

关于风土方面，内藤在从威海卫游览至上海后，认为上海郊外草木茂盛，和日本别无二致。进而在游览了苏杭之后，内藤与张元济讨论了南北经济问题：

张:先生这次旅行，从苏杭到武昌，一共游历了多长时间？路上一切都好吗？

内藤:我这次游览苏杭，用了两个星期；游览武昌金陵，用了二十天。看到江南民风和物产的丰富，和北京附近迥然不同，内心感到对未来的希望。这么美丽的江山，让他人放言为势力范围，我觉得是贵国士大夫的耻辱。不知道先生以为如何呢？

张:国家的形势到了如此地步，还能说什么呢？先生去过北方长安吗？为什么要匆忙回国，不再游历一下北方呢？

内藤:如果游历秦蜀一带，肯定需要半年的时阔。马上就是年底了，我已经归心似箭，秦蜀之游只好等待以后了。估计关中的民风和物产，一定没有往昔的繁盛了。地力、人才，都比不上江南。最近康南海等人主张应该迁都关中，我很难理解。不知道先生怎么看？

张:关中的王气已尽。关于迁都，朝廷的士大夫也有人议论，也不过是为了暂时避开外国人的锋锐。康南海最近已经不再提这个主张了。毫无疑问，这件事情不可能实行，即便真要实行，京都的百万旗民已经安于旧土，不愿意迁居，一定会站出来阻拦的。将来宗社的重地必定要落在俄国人的手中。

内藤:安于旧态难以改变，这是贵国当朝的一大弊端。暂且不提迁都的事情，让我看来，以东南十省的财富来供养其余各省以及塞外的荒远之地，是贵国财政困难的一大原因。如果以东南的富庶来图自

---

① ［日］内藤湖南:《燕山楚水·禹域鸿爪记》，吴卫峰译，中华书局2007年版，第83页。

卫，财政充足兵力精锐，几年的时间就可以达成。这是就局势来讲，如果说到培养人才，固然比这个还要紧迫。

张：南方各省图自卫之计，这自然是件很应该做的事情。然而当今的人才有谁能成此大业呢？有权力的人不但不敢做，而且不敢知道这件事。知道这件事，而且敢做的人，又毫无凭借。草莽英雄，哪里没有？但个个都是狂悍没有见识之流，怎么能支撑这东南的半壁江山呢。况且南方虽然民物富庶、财力有余，民智的闭塞和北方并没有不同。恐怕也是难图自卫的啊。先生游历苏杭、沿长江而上，一直到达武昌，对内地的民风也略知一二了吧。怎么能够足以自卫呢，可悲可叹啊。

内藤：贵国土地辽阔人口众多，我看到贵国的士人，都有大国的风范。只是有囿于旧习的缺点，很难马上改掉。西方的新政治，如果现在就实行，还没有享受到好处，弊端就会随之而来。陶铸士风，能像西方人那样清廉勘敏，不是朝夕之间的事情。……①

也就是说，内藤在游览了京津地区和苏杭地区之后，认为中国的南北在诸多方面存在很大差异，而且北方在地力上已经枯竭衰亡，而南方却物产丰富，一副兴盛的景象，即形成了"北衰南兴"之中国印象。

通过对内藤中国观"表层"形象的复原不难看出，内藤第一种"守旧"之中国印象与源自黑格尔并被福泽谕吉等日本文明论者过度渲染的"停滞"中国像之间，有着极大的相似性，所以才有论者指出内藤中国观的形成源自黑格尔。但事实并非如此简单，因为进一步的问题乃存在于内藤中国观的第二种"表层"形象上，即"北衰南兴"之中国。文明论者所谓"停滞"之中国像，是将中国看作"一个整体"，即中国在整体上是"停滞"的。与之相对，内藤"北衰南兴"之中国形象却是将中国看作南北"两个部分"，虽然北方已"衰"，但是南方可"兴"，孕育着中国未来的"希望"。在此暂且不论内藤将中国"两分"的方式是否别有深意，仅从这种将中国看作"一个整体"与"两个部分"的视角差异上讲，支撑内藤中国观"表层"的应当是与黑格尔以西方文明为中心的历史哲学相异的理论框架，这就是作为以中国文化为中心的内藤史学之两翼的"唐宋变革论"与"文化中心移动论"。

---

① ［日］内藤湖南：《燕山楚水·禹域鸿爪记》，吴卫峰译，中华书局 2007 年版，第 135—136 页。

二 内藤中国观的"中层"："唐宋变革论"与"文化中心移动论"

1907 年 10 月，内藤受聘为京都帝国大学文科大学讲师，开设东洋史概论与清朝史课程，开始在学术上构建"以中国文化为中心"的"京都支那学"，其"唐宋变革论"与"文化中心移动论"，便正是内藤中国史学研究的两大理论支柱。

关于"唐宋变革论"，有论者指出内藤将"唐宋"作为历史分界、以"宋"为近世起点的看法在 1907 年的大学讲台上已经谈到，并在 1909 年明确提出，最后在 1922 年《概括的唐宋时代观》一文中公开发表。① 这是从文献考证的角度提出的观点，反映了作为内藤史学体系的"唐宋变革论"的发展过程。但是作为一种思想过程，"唐宋变革"的观念在内藤第一次中国旅行期间便已明确形成，主要体现在内藤对中日书法的比较认知上，在对中国南北的字体分析上，内藤认为：

> 北方人质朴近于迟钝，凡事讨厌变化；南方人敏锐而多轻薄，凡事喜欢新异。北京、上海的店铺招牌都是院体的字，康熙、乾隆各皇帝自己也学习，并以此为取士标准的欧阳询、赵孟頫、董其昌的书法风格。到了上海则多半是秦篆、汉八分、魏晋楷行，连贴纸的声明也用偏侧奇逸的六朝风格字体。这些虽然是些琐事，却也显露出南北风气的迥异。②

内藤在上海期间与罗振玉讨论了金石拓本和书法问题，当被问及喜欢何种书法时，内藤称自己欣赏六朝书法，并对罗振玉讲："唐人的书法，我国还能找到不少真迹，书法家中也有继承其笔法的人，应该学习。宋人多改变古法，大多不能作为依据。"③ 随后，内藤在旅行期间以杂感的形式发表《书法与金石》一文，文中记载内藤曾拿出唐代流传至日本的雀头笔与严复、罗振玉交流书法技巧，严、罗二人均不得要领，于是内藤认为雀头笔的运笔方法在中国已经失传，继而指出："中国唐代的书法范式都在

---

① 李庆：《关于内藤湖南的"唐宋变革论"》，《学术月刊》2006 年第 10 期。
② ［日］内藤湖南：《燕山楚水·鸿爪记余》，吴卫峰译，中华书局 2007 年版，第 153 页。
③ ［日］内藤湖南：《燕山楚水·禹域鸿爪记》，吴卫峰译，中华书局 2007 年版，第 141 页。

我国继承流传了下来。而中国自宋代以来已经失去了正传，越是后来的时代越缺乏古意，到明清则古法荡然无存了。"① 其中表达了两层意思：一是中国文化的外部传播，即唐代文化传至日本并得到保存；二是中国文化的内部变迁，即书法风格在唐宋之际产生变革，至清代已没落。

这种书法上的唐宋变革与内藤对中国社会发展阶段上的近世转型暗相呼应。内藤认为，中国在唐宋之际形成了社会的大转型，贵族政治衰落而君主独裁政治兴起，中国自宋代开始进入近世时期，直至清朝。内藤将这一过程比作人的生命成长史，就像人会经历幼年、青年、壮年、老年各阶段一样，中国文化也经历了幼年期的上古时代、青壮年期的中古时代和老年期的近世时代。② "唐宋变革论"的意义在于隐含着中国文化自宋代开始便进入近世，中国文化得到空前发展，同时也步入老年期，文化活力降低，不易接受新事物，于是至清代时中国文化逐渐走向"老衰"，呈现出"守旧"之形象。由此可见，在内藤史学的文脉中，"守旧"之中国形象是由于中国自宋代开始"过早"地进入近世，至清代则耗尽了活力，进入垂暮之年，自然呈现出"守旧"气象。即，"守旧"之中国形象是位于以中国文化为中心的"唐宋变革论"的延长线之上，而并非源自黑格尔的以西方文化为中心的"中国停滞论"，尽管其表象类似，但其文脉却并不相同。因此，内藤在指出书法的唐宋变革后感慨道："书法虽然是小道，但探寻它兴衰的原由之后，不能不发出千古之叹。"③

关于"文化中心移动论"，内藤最早是从地势论的角度进行论述。在《地势臆说》（1894 年 11 月 1、2 日）一文中，内藤首先论述了地势与人文的因果关系："地势与人文相关，或以地势为因，而人文为果；或以人文为因，而地势为果。"④ 随后，内藤在赵翼地气论的基础上，认为中国的地势发于冀豫两州之间，进而从洛阳移至长安，再移至北京，同时东北的地气也十分旺盛，而人文中心则移至江南，当下地势则在岭南。内藤认为"中国的存亡是坤舆的一大问题"，所以尝试在地势论中"思考文明大势的移动方向"。⑤ 因此，内藤在中国旅行期间十分注意对中国南北地势与文化

① ［日］内藤湖南：《燕山楚水·鸿爪记余》，吴卫峰译，中华书局 2007 年版，第 167 页。

② 严绍璗：《日本中国学史》，江西人民出版社 1991 年版，第 391—393 页。

③ ［日］内藤湖南：《燕山楚水·鸿爪记余》，吴卫峰译，中华书局 2007 年版，第 168 页。

④ ［日］内藤湖南：《地势臆说》，载《内藤湖南全集》（第 1 卷），（東京）筑摩书房 1970 年版，第 117 頁。

⑤ ［日］内藤湖南：《地势臆说》，载《内藤湖南全集》（第 1 卷），（東京）筑摩书房 1970 年版，第 125 頁。

差异的考察，在对房屋构造的分析上，内藤说：

> 这里我要阐述一下自己独断的历史理论：南方的人种本来和我国相同，都是从热带来的茅屋人种；北方的汉族从住在洞穴进化到住在土石的房子里；因为文明的传播是自北朝南，后来南方人也逐渐住到土石的房子里，木造的房子也越来越模仿土石房屋的结构。①

也就是说，内藤认为中国文化的中心始于北方，后来经过文化传播，逐渐移至南方。这一点在南北画风上表现更为突出，内藤认为"画的南北之分，不过是始于南宗一派以'顿渐'来区分士大夫和职业画家的画品"，② 画风的南宗北宗并非由于南北画风的差异，北宗画根本无法与南宗画媲美，给予南宗画以极高评价。也就是说，在内藤史学的文脉中，南方已经成为中国文化的中心。总之，内藤在中国旅行之前已经基本形成了以地势论为基础的"文化中心移动论"，并在此次旅行期间通过对中国南北地势与文化差异的亲历性观察与体验，自然形成了"北衰南兴"之中国印象，恰好印证了内藤自己所提出的中国文化中心由北向南移动的理论。

由上可见，内藤在中国旅行期间形成的"守旧"之中国与"北衰南兴"之中国印象分别源自于内藤史学之两翼的"唐宋变革论"与"文化中心移动论"。与文明论者以西洋文明作为评判标准进而将中国置于"停滞"的认知框架之中相对，内藤是从"中国"视角出发在"文化中心移动"中追寻中国文化内部的"活力"，形成了对"中国文明停滞论"的理论"抵抗"。从近代日本汉学转型上看，在文明论与脱儒论③的双重挤压下"人们对中国的蔑视所带来的轻视中国研究的倾向"④使日本的传统国学与汉学面临着强大的生存压力，产生了共通的危机意识，这种从"中国"视角出发研究中国史的方式便是为了在源头上给予了日本汉学以合法性。但是，如果分别沿着上述"以中国文化为中心"的内藤中国观的两个"中层"理论继续走下去，却发现二者存在理论交叉，而这一交叉点竟然成为窥探内藤中国观"里层"的"钥匙"。

---

① ［日］内藤湖南：《燕山楚水·鸿爪记余》，吴卫峰译，中华书局 2007 年版，第 153 页。

② ［日］内藤湖南：《燕山楚水·鸿爪记余》，吴卫峰译，中华书局 2007 年版，第 162 页。

③ 韩东育：《从"脱儒"到"脱亚"——日本近世以来"去中心化"之思想过程》，台大出版中心 2009 年版，第 387 页。

④ ［日］子安宣邦：《东亚论：日本现代思想批判》，赵京华编译，吉林人民出版社 2004 年版，第 175 页。

三　内藤中国观的"里层"："日本天职论"

内藤在中国旅行期间曾从书法的角度表达了唐宋转型的观念，认为宋以后的书法未能继承唐的精髓，以致造成了文化断层。但内藤的另一层意思是，虽然中国未能延续唐代的书法精髓，但日本却通过遣唐使制度学习并继承了唐代中国的书法奥妙，即唐代书法传至日本并得到保存，日本才是唐代书法的真正传承者。由上可知，内藤所谓的"唐宋变革论"与"文化中心移动论"均存在两个维度的解读：其一是中国文化的内部传承（移动），其二是中国文化的外部传承（移动）。关于中国文化的内部传承（移动），如上所述，内藤主要从"宋代近世论"与"南北地势论"的角度进行阐述，此处不再赘述。以下主要从内藤对中国文化的外部传承（移动）的论述上进行分析。

从中国文化的外部传承上讲，内藤认为："从整个东洋来考虑，有中国这样一个大文化中心，它的文化传播四方，逐渐引发了周围各国的文化，使之形成了新文化。"① 与此同时，"日本国内没有什么现成的文化种子，而是先有可以成为文化的成分，依靠别国文化的外力，那些成分渐渐集合起来，然后形成一种日本文化的。"② 又因日本地处东洋，而东洋文化历来以中国文化为中心，所以日本是在中国文化的刺激下形成了自身文化。内藤指出，日本天平时代的文化在由中国文化扩展而形成的周围各国文化中可以说是最为重要的，以遣唐使的派遣为中心，日本学习了唐代的三省六部官职制度、律令格式法令制度、书籍输入、诗文素养、雕刻绘画和书法书风。

> 总之，天平时代日本所拥有的文化几乎全部是中国文化的输入，但当时的人们不仅成就了其他各国所无法模仿的事业，而且日本人还拥有了自己的国语，创作了日本语文学，这是非常了不起的。③

所以，日本通过遣唐使的派遣尽得唐代中国文化之精髓，成为唐代中国的"文化"承绍者。

---

① ［日］内藤湖南：《日本文化史研究》，储元熹、卞铁坚译，商务印书馆1997年版，第61页。

② ［日］内藤湖南：《日本文化史研究》，储元熹、卞铁坚译，商务印书馆1997年版，第11页。

③ ［日］内藤湖南：《日本文化史研究》，储元熹、卞铁坚译，商务印书馆1997年版，第82页。

从中国文化的外部移动上讲，内藤起初主要是从文化中心在中国的内部移动上进行阐述，但到后来，这一文化中心的移动却不以国界为限，他认为：

> 文化中心这个东西单在中国内部而论也是逐渐流动的，同一个地方，文化并不总是繁荣。在中国，起初是北方渤海湾沿岸地方文化最发达，后来逐渐向南扩展，现今南方成为文化的中心。这一文化中心之逐渐移动，与国境无关。①

在相关著述中，内藤更加明确地指出：

> 因为文化中心的移动不因国民的区域而停顿，而是继续前进，所以在接受中国文化上决不比广东迟缓的日本，今日将成为东洋文化的中心，相对中国文化形成一种势力，并非不可思议。②

既然文化中心不以国界为限而是逐渐移动的，那么作为东洋文化新中心的日本文化也将"以同样的方式开始向中国反射文化，这就是日本文化在东洋的真价值"。③ 所以，日本通过传承发扬东洋文化又通过明治维新吸收学习西洋文化，已经形成了新的世界文明中心，那么东洋的文化中心在地理空间上必然从中国移向日本，并且将以日本为中心在地理空间上向中国"反射"，成为东洋"地理"的承绪者。

从以上分别对"唐宋变革论"与"文化中心移动论"的"文化"承绪和"地理"承绪的角度进行分析之后，可以看出作为内藤史学之两翼的"唐宋变革论"与"文化中心移动论"在"日本"这一因素上形成了理论的交叉。即唐宋变革之后，中国的"文化"承绪出现断裂，在内部从繁盛走向老衰，但与此同时日本却通过遣唐使制度引入中国文化并将之保存、发扬，成为新的中国"文化"承绪者；另一方面，中国文化中心的移动不仅仅限于国界之内，从东洋文化中心移动的角度，其文化中心在地理空间上将超出中国国界移向日本，日本将成为新的"地理"承绪者，并向中国

---

① ［日］内藤湖南：《日本文化史研究》，储元熹、卞铁坚译，商务印书馆1997年版，第62页。

② ［日］内藤湖南：《新支那論》，载《内藤湖南全集》（第5卷），（東京）筑摩書房1972年版，第509页。

③ ［日］内藤湖南：《日本文化史研究》，储元熹、卞铁坚译，商务印书馆1997年版，第12页。

"反射"，形成地理空间上的逆向"一统"。在内藤看来，若将此二者进行综合思考，便是他所谓的"日本的天职"。

丰岛海战后，日本和清政府在1894年8月1日正式宣战，但此时尚未爆发大规模的战役，战争局势并不明朗。在这种情况下，日本国内对这场战争产生了不同的认识。内藤在《所谓日本的天职》（1894年8月25日）一文中，先后否定了"和好论"与"征服论"，认为前者不会得到国民舆论的支持，而后者基于"进化之大则"主张征服中国、解决日本剩余人口与资金的观点则是策士虚谈。最后内藤从"天职论"的角度重新认识这场战争的意义：

> 日本的天职即是日本的天职，它不是以西洋文明为中介传给中国，再弘扬于整个东方，也非保持中国陈旧的东西尔后传给西洋，而是让我们日本的文明、日本的趣味风行天下，光被坤舆。我们在东方立国，东洋诸国以中国为最，因此要成就这一事业，就必须以中国为主。①

显然，内藤将这场战争作为一种日本文明发展的必然性予以对待，回避了征服论和殖民论的侵略意味，获得了"正义"的解读。随后，内藤将这种理论用之于对坤舆（世界）文明中心转移的研究上，他认为埃及、印度、希腊、罗马等坤舆文明相继而起。

> 当时它们最有力量宣扬人道与文明，因此在其整个发展过程中，可以看到它们都为尽其责而出力。文明的中心之所以与时移动，其因即在此。今又将大移，识者实知此间肯綮，日本将承其大命。②

即日本的天职是"应天受命"，学者的任务是稽古揆今、因循损益，宣扬人道与文明，创造出新的思想。内藤将日本文明的兴起与坤舆文明中心的转移结合起来。但这绝不意味着内藤的天职论是"通过提高学术、文化来复兴东方"，③ 而是有着深刻的政治用意。内藤在《新支那论》中认为

---

① ［日］内藤湖南：《燕山楚水・禹域論纂》，载《内藤湖南全集》（第2卷），（東京）筑摩書房1971年版，第135頁。

② ［日］内藤湖南：《日本の天職と学者》，载《内藤湖南全集》（第1卷），（東京）筑摩書房1970年版，第130頁。

③ ［日］内藤湖南研究会编著：《内藤湖南的世界》，马彪等译，三秦出版社2005年版，第102页。

中国物产丰富却不知利用，"可谓暴殄天物，而其近邻日本却为人口过剩苦恼"，① 转变为自己先前所反对的"利源论者"，进而希望通过日本小商人在中国的经济运动，"根据日本的经验，有必要从中国经济组织的基础做起，日本人改革中国的使命即在此处"。②

在这种无限制地将"中国"进行地理空间隔离、文化虚化与经济一体化的中国"解放"策略下，内藤直接主张"以日本的力量加诸中国，无论是促其革新，还是其自发革新，最好的捷径便是在军事上进行统一"。③ 内藤中国观中的日本"主体性选择"④ 要素在此已不再遮掩，并终于走到前台，"与军国主义的大陆政策在知识论上有所合谋"。⑤ 至此，内藤不但在理论层面上，而且在实践层面对"日本的天职论"予以具体化，形成了没有"中国"的中国观，产生出一种"奇妙的倒错"。⑥ 进而认识到，作为"诞生于对西洋不加批判的文明史观与狭隘化的国学流史学的峡谷之间的内藤史学"⑦ 的主要目的是挽救日本的汉学与确认"日本的天职"。

《燕山楚水》作为内藤湖南第一次中国旅行的游记文本，恰好在上述三个层面上反映了内藤的中国观。在《禹域鸿爪记》中，内藤通过中国旅行期间的观察，形成了"守旧"之中国与"北衰南兴"之中国印象，可谓内藤中国观的"表层"。这一表层印象虽与黑格尔所谓的"停滞"之中国像有几分相似，但其中国像的生成文脉却是不同的。在《鸿爪记余》中，内藤通过对中国书法的分析，展示了"守旧"之中国与"北衰南兴"之中国形象分别位于作为内藤史学体系之两翼的"唐宋变革论"与"文化中心移动论"的延长线之上，这两者可谓内藤中国观的"中层"。当进一步阅读《禹域论纂》时，却发现内藤中国观的两大"中层"理论存在一个交叉点——"日本"，进而可知位于内藤中国观"里层"的竟然是中国不

① ［日］内藤湖南:《新支那論》，載《内藤湖南全集》（第5卷），（東京）筑摩書房1972年版，第513—514頁。

② ［日］内藤湖南:《新支那論》，載《内藤湖南全集》（第5卷），（東京）筑摩書房1972年版，第516頁。

③ ［日］内藤湖南:《新支那論》，載《内藤湖南全集》（第5卷），（東京）筑摩書房1972年版，第517頁。

④ 刘岳兵:《近代日本人中国认识的原型及其变化机制》，《历史研究》2010年第6期。

⑤ 石之瑜、李圭之、曾倚萃:《日本近代中国学:知识可否解放身份》，《中国社会科学》2007年第1期。

⑥ ［日］野村浩一:《近代日本的中国认识》，张学锋译，中央编译出版社1999年版，第59页。

⑦ ［日］葭森健介:《漢学から東洋史へ——日本近代史学における内藤湖南の位置》，《東アジア文化交渉研究》2008年第3期。

在场的"日本天职论"，而这一因素却从根本上决定着内藤中国观的形式与内容。

第二节　日本中心论：《燕山楚水纪游》与山本宪的中国认知

山本宪所著《燕山楚水纪游》被誉为明治时代三大汉文体中国游记之一。山本的中国之行使其获得了一次对文化记忆中的"诗意中国"进行现场体验的机会，但吊诡的是，他首先形成的却是"脏乱、贪婪、沉迷、虚饰"的现实中国印象。进而，山本从甲午战后的东亚时势论、中国制度改革论、中日两国儒教论等方面提出了需对中国进行外科手术的改革论调，凸显了山本对中国文化的断裂式、停滞化认知。通过对山本文本之外的中国观的梳理可知，"排宋推汉"是在文化层面解构传统东亚秩序的理论话语，"提携同仇"是在政治层面重构东亚新秩序的现实构想，而山本宪思维中强固的"日本中心主义"，方是规定其中国观的主体性要素。

山本宪（1852—1928 年），字长弼，号梅崖，别号梅清处主人。生于日本土佐藩高冈郡，其祖父和父亲均为当地著名儒学者。受家学影响，山本自幼习儒，汉学基础深厚且对儒学推崇备至，其代表著述有《四书讲义》《论语私见》《慷慨忧国论》《梅清处咏史》《梅清处闻钞》等。山本曾开办汉学塾"梅清处塾"，接收过包括康有仪在内的数名中国留学生，并与康有仪等戊戌变法人士有书信往来，[1] 且给戊戌变法失败后亡命日本的康有为和梁启超予以过援助，其相互影响，不可谓菲。

虽然《燕山楚水纪游》与《栈云峡雨日记》（竹添进一郎）和《观光纪游》（冈千仞）并称为明治时代三大汉文体中国游记，但是目前国内外学界对其游记的关注与研究尚不多见。布施知足在中日交流视角下对该游记的内容进行了简单的提要介绍；[2] 远藤光正从社会风俗、文学与政治思想等方面对该游记所描述的甲午战后的中国进行了概括与评论，并着重分

---

[1] 吕顺長：《康有儀の山本憲に宛てた書簡（訳注）》，《四天王寺大学紀要》2012 年第 54 期；吕顺長：《康有儀の山本憲に宛てた書簡（訳注・その2）》，《四天王寺大学紀要》2012 年第 55 期；吕顺長、小野泰教：《康有儀の山本憲に宛てた書簡（訳注・その3）》，《四天王寺大学紀要》2015 年第 60 期；吕顺長、小野泰教：《康有儀の山本憲に宛てた書簡（訳注・その4）》，《四天王寺大学紀要》2015 年第 61 期。其相关撰述，亦可参考吕顺长《日本新近发现康有仪书札选注》，《文献》2015 年第 5 期。

[2] ［日］布施知足：《遊記に現はれたる明治時代の日支往来》（東亜研究講座第 84 輯），（東京）東亜研究会 1938 年版，第 58—64 頁。

析了山本与戊戌派人士的交往，但他对山本"真情论"① 的归结却有待商榷。张明杰指出了山本游华的两点动机：其一为"游曲阜""征旧仪"；其二为"广交名士，提携同仇，以讲御侮之方"。② 通读游记可知，山本并未行至曲阜，后者方为其真正动机，此动机之复杂背景及思维方式恰恰是解读山本游华行动的关键所在。

山本于 1897 年 9 月 22 日至 12 月 1 日在中国旅行，游历了北京和上海以及长江中下游部分地区，参观了长城、明十三陵、万寿山、碧云寺、玉泉山、枫桥等著名景观，与汪康年、罗振玉、梁启超、章炳麟、蒋式惺、张謇等中国知名学者频繁接触，并记述了其游华见闻、旅行体验与时政评议。本节以该游记为中心，通过对山本由异文化体验所形成的现实中国印象，并以此作为日本汉学家对中国时局与文化的观察与"诊断"，分析其文本层面的中国观，进而在山本"提携同仇"的现实论和"排宋推汉"的儒学观之交汇处探寻其文本之外的中国观，以揭示隐蔽在山本思维深处的"日本中心主义"对其中国观的潜意识规定。

一　脏乱、贪婪、沉迷、虚饰：山本宪的现实中国印象

山本很珍惜他的中国之行，因为这等于为他提供了一次对原本只存在于文本与想象中的"中国"进行现场体验和细致观察的契机。游华期间，山本对中国的卫生状况、国民性、风俗习惯等发出诸多感慨，尤其是中国式厕所的脏乱、挑夫的鲁莽、吸食鸦片者的沉迷，以及中国人对待葬礼的态度等"异国风情"，都令山本印象深刻，并形成了对现实中国的第一印象。

在游记中，山本感叹中国"风景虽佳，殊欠清洁"，③ 并对中国旅行中的卫生状况、客栈服务意识、景观凋敝等流露出不满情绪，频发"旅苦"之慨。厕所被认为是近代文明的标志之一，山本反复提及当时的中国并未建造近代化的厕所，因此给此次中国之旅带来诸多不便。他认为，在中国投宿客栈，"先使人心不爽者"就是厕房。如在北京游览时，山本便因"北京无厕，故辨馆别设净器"，而提出"邦人始来者，颇觉不便"；④ 到

---

① ［日］遠藤光正：《山本梅崖の見た日清戰爭後の中國——〈燕山楚水紀遊〉を中心として》，《東洋研究》1987 年第 2 期。

② 张明杰：《明治汉学家的中国游记》，《读书》2009 年 8 月。

③ ［日］山本憲：《燕山楚水紀遊》卷二，（大阪）上野松龍舍 1898 年版，第 15 頁。

④ ［日］山本憲：《燕山楚水紀遊》卷一，（大阪）上野松龍舍 1898 年版，第 8 頁。

了南方，"或设净器，以腰安器上而辨，每朝有人为业者，来洗净器，或屋外小舍设厕"，状似日本的"小农家"。① 其次，山本对于中国客栈内众人滥入他人房间且妄弄他人行李而不以为怪的做法，以及询问他人所携杂物价格，又妄弄他人衣服问其价格而不以为无礼的行为也表示出厌恶之意。② 不仅如此，中国旅馆无被褥，山本所用被褥均需自带，故使行李加重，遂知中国诗人所言"旅苦"云者并非虚构，而在"东羁西旅，就馆如归，毫不觉旅苦"的日本，则日本诗人所谓"旅苦"者反而为虚。③ 山本还比较了中日旅馆服务意识与景观名胜维护上的差别，他写道：在日本，若客人抵达旅馆，旅馆主人"必为客指示名胜旧迹，虽车夫马丁，无不辨其处，又有胜地属荒废，醵钱修理，不使归湮灭"；而在中国，"（寺庙）堂坏门倾，败瓦狼藉，僧十余辈守寺，皆不解字"，至其名胜旧迹，到处残破，人亦毫不爱惜，"上下殆不解名胜之为何物，虽至湮灭无迹，夷然不顾，其乏雅趣若此夫！"④

综观近代日本知识人的游华记录，其对中国国民性的记录与分析几乎是共享着同一种话语，即中国人的贪婪与麻痹，其表述方式上也惊人的一致，诸如"挑夫"、"轿夫"、"乞丐"等社会底层角色屡遭贬损与唾弃等，这在山本游记中亦鲜有例外。在天津车站时，山本看到挑夫"喧聚争行李"，便斥责其"如恶犬猖猖，直肩行李而走"，又因门外有渡，舟蚁集结，而时感"争客喧哗"，并慨叹"似无制度"，原无"大国之风"。⑤ 在去往濂溪的途中，山本更是因为轿夫贪钱而对其叱斥，并放弃乘轿而改以步行。⑥ 一些叫卖商品的售货者以及乞食的丐儿，纷至沓来，却无官吏管理，如此纷乱的场景均让山本心下不快。⑦ 山本或当时的游华日本知识人，多数有意将旅行中所见的中国少数人群的混乱、贪婪而又绝望的生存实况作为一种低等国民性的象征而加以渲染，却缺少了一种对纷乱社会中劳苦大众"众生相"的同情理解之心境。当然，鸦片战争以降，日本人对于鸦片带给中国的危害亦颇感沉重，这在游华日人的记录中屡见不鲜，山本亦浓墨重彩地描绘了中国人吸食鸦片的场景：

① ［日］山本宪：《燕山楚水纪游》卷二，（大阪）上野松龍舍 1898 年版，第 15 页。
② ［日］山本宪：《燕山楚水纪游》卷二，（大阪）上野松龍舍 1898 年版，第 20 页。
③ ［日］山本宪：《燕山楚水纪游》卷二，（大阪）上野松龍舍 1898 年版，第 15 页。
④ ［日］山本宪：《燕山楚水纪游》卷二，（大阪）上野松龍舍 1898 年版，第 25 页。
⑤ ［日］山本宪：《燕山楚水纪游》卷一，（大阪）上野松龍舍 1898 年版，第 7—8 页。
⑥ ［日］山本宪：《燕山楚水纪游》卷二，（大阪）上野松龍舍 1898 年版，第 16 页。
⑦ ［日］山本宪：《燕山楚水纪游》卷一，（大阪）上野松龍舍 1898 年版，第 7 页。

> 船中屡见吸鸦片者，两人对卧，且燎且嘘，昏然如醉，鸦片者举国上下所以为命，入寺观，僧道吸之，至学塾，师弟吸之，妓楼酒馆，无处不备烟具，怡怡自得，不复以邦国之安危，生民之休戚为念。①

山本眼中之中国，举国上下已均被鸦片烟雾所缭绕，妓楼酒馆，寺观学塾，都备有烟具，甚至在张謇家与其笔谈时亦发现其家中备有吸食鸦片的器具。山本认为此时的中国，无论是官弁走卒，还是知识精英，都有沉迷于鸦片而无法自拔者。

山本对旅行途中观察到的中国社会风俗以及中国的南北差异也颇为留意，时常引发中西、中日比较之言论。例如对于清人的缠足习俗，山本认为与欧美人的"紧腹"一样，均为"陋习"，因此在看到中国正在成立"不缠足会"时，山本觉得会一扫陋习之风而感到可庆。在对待葬礼的态度上，山本认为日本人不但重视自己父祖之墓，亦对他人之墓重视有加，并会对其赠以花卉或矗立巨碑，而在中国虽口头上表示重视葬礼，但实际中常常去而不顾，子孙对待父祖之墓尚且如此，而对待他人坟墓更是"蹂躏之"。由此，山本似有所悟地嘲讽道："汉土重葬礼云者，亦非真心重之，而虚饰诳人者，非耶。"② 在看到北方农夫收获高粱的景象时，山本指出中国的播种方法与日本不同，认为"此等农法，本邦所不见也，愿本邦农人，皆尽地力"，正由于这种不同，使得山本所见中国之"高粱高不下二丈，观播麦法，比本邦每伐数陪（倍）"。③ 而在江南，山本看到水田及其运输方式，认为和北方大相径庭，且南方的村落和水田的景况，也"大不似北方"，却"与本邦相似"。④

从以上对山本游华过程中对现实中国形象的描述中不难看出，与通过传统经典文本所感知和想象的"诗意中国"形象相比，在作为汉学家的山本眼中，现实中国的脏乱、贪婪的国民性、对鸦片的沉迷、社会陋习之顽固等，都令其叹息儒家精神在中国的丧失。不过，对现实中国的不满与批判并非山本最关心处，其积极联络维新人士并宣扬"提携同仇"之策，才是他此次游华的主要动机。

---

① ［日］山本宪：《燕山楚水纪遊》卷二，（大阪）上野松龍舍 1898 年版，第 13 頁。
② ［日］山本宪：《燕山楚水纪遊》卷二，（大阪）上野松龍舍 1898 年版，第 17 頁。
③ ［日］山本宪：《燕山楚水纪遊》卷一，（大阪）上野松龍舍 1898 年版，第 13 頁。
④ ［日］山本宪：《燕山楚水纪遊》卷二，（大阪）上野松龍舍 1898 年版，第 7 頁。

二　山本宪对中国时局与文化的观察与"诊断"

山本宪游华期间，恰为甲午战后因中国战败而造成清末知识分子心理动荡最激烈之时，当时他们正在酝酿谋变图强之策，即戊戌变法半年前。故而，山本在记录现实中国印象的同时，对甲午战争的评价以及对中国应当如何迅速维新变法并与日本共同抵抗西方侵略的言论颇多，即山本分别从甲午战争后两国关系定位与东亚形势的时事论、中国的官制与科举及教育制度等制度改革论、中日两国的儒教论等方面，阐述了作为日本汉学家对中国时局与文化的观察与"诊断"。

从对甲午战争的总体定位上看，山本认为这场战争只是中日两兄弟国家之间的"偶有睚眦"。这一有意遮掩日本挑起战争谋取私利的"手足论"是基于山本对亚洲时势的整体认知：对于亚洲的西方势力，山本强调西人"狡狯，巧蛊惑人心"，①且"务美外观，而内实有丑状不可言者"，"碧眼人觊觎东亚也久矣"。对于东亚，山本则凸显其主体性："东亚自有东亚风气，何必拾西人唾馀。"②山本还将此时的东亚局势与中国战国时期的形势相比拟，他认为俄国似强秦，中国同日本犹如韩魏赵，只有两国联合，才能抵拒俄国的南侵之路。故此，中日两国应该互相提携，共同抵御"碧眼人"。山本认为甲午之战正是警醒"清人"的最佳契机，中国对日本开始生畏敬之心，改变了之前"无东向亲善之意"，唯此方可使中日两国以兄弟相待，以忠信相孚，则"唇齿辅车之势，可期而待矣"。③这种日中提携、共御西方的思想也反映在山本途经朝鲜时的观感上。山本初入朝鲜，便看到韩人在"难辨民舍豚棚"的脏乱条件下"怡然起卧"，但他并未觉不妥，反而谓此行仪为"殆不免羲皇之风"，且引以为手足，直呼"何得笑韩人陋丑，韩人我兄弟也"！相反，山本遥望巍然耸立在悬崖上的西洋人大厦时，却将其视为"我与韩人之同仇"。④对于西洋人在中国和朝鲜的势力扩张，山本更是极为愤慨。在仁川，山本对于日本当局者选择规模至小之居留地，而被洋人占据后山大面积土地致使日本人"不复可扩张"而感到怅惜。在朝鲜各埠，山本听闻韩人与日本人交流时皆操日语，设想

---

①　［日］山本宪：《燕山楚水纪游》卷一，（大阪）上野松龙舍1898年版，第10页。
②　［日］山本宪：《燕山楚水纪游》卷一，（大阪）上野松龙舍1898年版，第24页。
③　［日］山本宪：《燕山楚水纪游》卷一，（大阪）上野松龙舍1898年版，第28—29页。
④　［日］山本宪：《燕山楚水纪游》卷一，（大阪）上野松龙舍1898年版，第3页。

若能"东至亚米利加,西至欧罗巴,使邦语无不通之地,不亦快乎!"① 对于日本在中国的势力,山本同样表示忧虑,例如"租界",山本慨叹道:甲午战后,"租界虽成,犹不成也,且如苏州,战役后以邦人之手开埠,而邦人住者不过十人,而一半苏纶纱厂所雇佣,领事馆殆苦无事",而日本国内却专注于政权斗争,"无复着目外事者,常为欧人着先鞭,岂不可发慨耶"!② 可见,山本正是在所谓"东亚提携,同仇西方"的"大义名分"下定位甲午战争与日中韩三国关系的。

甲午战后,中日不少知识人都将这次战败的深层原因归结为清朝的政权衰弱,因此主张变革的思潮几如潜流涌动。山本宪也积极与具有变法思想的中国知识分子频繁接触,认为清朝的科举制、官制、学制等应仿效日本实行维新。山本对于代表旧制的清朝科举制度抱持负面的态度,在其游记中多次提及科举制度的弊端,例如他分析道:"(科举)议论空灵,而考据该博,竟无补世用,虽多亦何为,且科举之制,远在汉魏以上,似出于周公遗法,其意未必恶,后世失圣人之旨,有司误其用,遂至不堪其弊","况清之科举,出于愚天下耶","欲得俊杰其人,犹北辕求适楚耳"。③ 除了科举制改革,山本在与蒋式惺笔谈时还提出了他对于"议院之制"与"处士横议"的奇特主张:

> 议院之制,虽非不可,行之者在人,苟不得其人,亦不免为徒法。弟窃谓,士君子苟欲有为,不必待议院之制,宜各抒所见,以议当局者得失,昧者或目以处士横议,然此非横议,苟食其国之粟者,当以其国之安危休戚为心,处士是非当局者得失,固欲忠乎其国而已,且国家非有司所得而专,使所谓处士横议者盛行,有司亦必有所愿虑矣,敝国三十年前,处士横议,以能除德川幕府,而立维新伟业,近年议院之制,亦出于处士横议之馀也。④

也就是说,山本认为清朝知识分子与其纠结于如何设立"议院之制",不如立刻行动起来,通过"处士横议"促成政治变革。山本极度关注中日的政治形势,因此当蒋式惺提及北京道路不如日本道路清洁并向山本咨询对策时,山本并未像同时期其他游华日本知识人一样对中国的卫生问题过

---

① [日]山本宪:《燕山楚水纪遊》卷一,(大阪)上野松龍舍 1898 年版,第 3—5 页。
② [日]山本宪:《燕山楚水纪遊》卷二,(大阪)上野松龍舍 1898 年版,第 34 页。
③ [日]山本宪:《燕山楚水纪遊》卷一,(大阪)上野松龍舍 1898 年版,第 11 页。
④ [日]山本宪:《燕山楚水纪遊》卷一,(大阪)上野松龍舍 1898 年版,第 24—25 页。

分苛责，他首先略带不屑地反问道："道路洁不洁，奚足以问？"继而指出，若能够刷新朝廷制度法令则"胜道路洁清万万矣"，且中日两国同处亚洲，"久焉同文之邦，且同奉孔教，宜永存唇齿辅车之势，以谋世运泰明"，这才是当下最为重要的"急务"。① 在山本不乏情绪化的回答中或许正隐含了其对中日提携的急迫期待远远超过中国本身的社会改革问题，即山本将中日"提携同仇"置于对中国来讲至为重要的"近代化"问题之前。不过，针对应该如何"诊治"中国的"病症"，山本也提出了自己的"处方"。他说："天下之至奇，求之至险之地；天下之至功，求之至难之馀也。"② 求至奇亦为至险之事，须有极大之决心，因此在人们所论改革诸法（改官制、改科举制、改学制）中，山本将社会问题重重之中国比喻为身患重疾之人，"譬诸疾笃，非寻常汤药所以能救，独有手术一法耳"。③ 在山本看来，对中国各项制度之"痼疾"必须施以外科手术式之大胆疗法方可痊愈。

作为一名汉学家，山本在游华期间与中国知识分子进行笔谈或交往之际，围绕儒学观的问答成为最经常性的话题之一，其内容主要集中在对汉唐儒学与宋代儒学的定位、日本汉学的思想脉络、"正统"华夷观等方面。山本延续其家学传统，所崇奉的儒学为孔圣之道，而对于宋代儒学者，如朱熹、周敦颐、程颢、程颐等人的儒学思想并不推崇。在这一点上，山本与蒋式惺互有共识。在蒋问山本平日授徒何书时，山本答曰"专读论语，又以专取汉唐诸家"，而蒋也表示自己也"少读朱注"。④ 山本在与罗振玉笔谈时，同样提及了这一问题，罗问山本所治经学为汉学抑或为宋儒时，山本回答"专从汉唐说"，并特意点出荻生徂徕与太宰春台二人，"排宋推汉，又别开生面，是弟平日所宗也"。⑤ 这一点，在山本所编撰的《四书讲义》及《孟子讲义》的序言中，也曾有所提及：

> 四书之称，始自程朱，非汉唐之旧。大学中庸为礼记一篇，程氏抄出，各为一书。竟变易其章句之次第，无复旧来之面目。……朱熹注论语，独见邦本，不见皇本，故往往章句难通者。乃据太宰纯之定所，专发明古义，经义奥妙，愈说愈深。今以国字解之，文字冗长，

① ［日］山本宪：《燕山楚水纪游》卷一，（大阪）上野松龍舍 1898 年版，第 23 页。
② ［日］山本宪：《煙霞漫録》，（大阪）久保财三郎 1893 年版，第 8 页。
③ ［日］山本宪：《燕山楚水纪游》卷一，（大阪）上野松龍舍 1898 年版，第 29 页。
④ ［日］山本宪：《燕山楚水纪游》卷一，（大阪）上野松龍舍 1898 年版，第 25 页。
⑤ ［日］山本宪：《燕山楚水纪游》卷二，（大阪）上野松龍舍 1898 年版，第 3 页。

固不足发明经义之千一，是特为童蒙设之。①

在山本看来，日本与中国同时尊奉孔教，因此山本希望罗振玉能够振兴孔教，将其"行之宇内"。对于"明清鼎革"，山本也从正统华夷观的角度发表了具有普遍性的日本式评论。在结束北京旅行之时，山本将其对北京城的印象总括为"所观城郭邑里，园池寺观，莫物不壮大，而莫物不坏败"，而"其壮大可以征明以前之盛，其坏败可以验清以后之衰也。"在山本看来，不仅是作为三朝首都的北京在景观上的凋敝，更可悲的是人心、风俗、制度的颓废，而"举国坏败"的根本原因就是康熙、乾隆所代表的爱新觉罗氏推行的政策，即"以胡族入代朱明，禹域民庶，势索力诎，难不得已而服，常以恢复为念，动易背畔"，正因如此，山本所观察到的明清鼎革后之中国"风俗果败坏，人唯知爱身，而不知爱国；唯知重利，而不知重义；元气沮丧，节义拂地，无复抛身命，以恢复前朝者；上下皆以辫发胡服为当然，不知风俗当变通，不知制度当更张，偷安苟且，以涉岁月而已。康熙乾隆之意，于是乎始达矣"。② 此种略显悲哀与愤懑的评述正是山本日本式儒学观与"正统"华夷观的鲜明表达。

由上可见，山本在游记中对现实中国印象的描绘如果还只是作为一名异文化体验者的直观感受的话，那么他对中国制度与文化层面的有意识观察、比较及提出"诊断"处方的行为，则凸显了作为一名日本汉学家对中国文化的断裂式、停滞化认知。在山本这种程式化的表述中，日本"儒学正宗"和"明治近代"相互交织的优越意识已初现端倪，而这一优越意识背后起到支撑性原理作用的，显然是不便明说的"日本中心主义"。

三 "日本中心主义"的中国观

若单从山本的游记文本来看，其内容主要展示了他眼中的现实中国印象以及他对文化中国的观察，这种对现实中国与文化中国进行"双重凝视"的行为，集中体现了山本在文本层面上的"中国观"。不过，对山本中国观的探讨似乎不应止步于此，还应对山本的政治经历与政治意识作一番考察，进而在"提携同仇"的现实论和"排宋推汉"的儒学观之交汇处考察山本在游记中那条若隐若现、超越文本的"中国认知"线索，即文本

① ［日］山本宪：《孟子講義》例言，（大阪）藤谷虎三1893年版，第1—2页。
② ［日］山本宪：《燕山楚水紀遊》卷一，（大阪）上野松龍舎1898年版，第27页。

之外的中国观。

山本宪早年曾任职于工部省，西南战争之际虽作为政府军参战，但出于对西乡隆盛的同情，最后辞官并成为新闻记者。山本曾先后担任过《大阪新报》《稚儿新闻》《中国日日新闻》《北陆自由新闻》等报刊的记者或主笔，① 对素怀经世抱负的山本来说，这只是意味着将阵地由"官场"转移到"论坛"而已。山本还曾加入自由党，并与自由党左派核心人物大井宪太郎、小林樟雄等过从甚密。山本在 1882 年壬午兵变时期就对朝鲜"开化党"持同情态度。② 1884 年 12 月，日本帮助朝鲜开化党发动的"甲申政变"失败后，金玉均等人流亡日本并图谋东山再起。于是，大井宪太郎等人积极策划协助开化党人渡海至朝鲜举行暴动，试图在朝鲜建立独立政权，后因计划败露，在大阪和长崎有 139 人被捕，其中山本被判入狱近四年，此即自由民权运动中有名的"大阪事件"。事后，菊池侃二在《大阪事件志士列传》的"序言"中对此种"处士横议"的行为大加赞赏："士之所贵，气概也。国之所要，元气也。……支那世界之侮蔑，何故？皆是其国人士之懦弱而乏气概。"③ 在大阪事件中，由山本起草的《告朝鲜自主檄》反映了此时以他为代表的日本左派知识人对朝鲜、清朝、日本三者的政治与文化定位。

檄文起首便明确宣示："日本义徒，檄告宇内人士：朝鲜自主之邦也！"表明朝鲜"本自为邦"，但是"清人藉其兵力，夺为属邦。俾受封册，俾奉朝贡；杀其国权，攘其自由，待命于己。朝鲜单孤，不能相扞"，更何况"清人犬羊为性，蠢若豚彘，顽冥弗灵，倨傲诞慢。自称为华，孰知非夷？梗塞宇内文明"，因此日本"义士"可效仿法国助美国十三州脱离英国殖民之"义举"，"我徒今为天吏，代天将威，尚何问境土异同乎哉！"④ 该檄文特点有三：其一，肯定朝鲜是自主之邦，但实力不足；其二，讽刺清人的华夷观，并将其作逆转表述；其三，必须协助朝鲜，脱离清朝宗藩统治。此时，若与前文所述山本在游华之际极力主张的"东亚提携，同仇西方"相比较会发现，在甲申政变之后，面对强大的清朝势力，山本将朝鲜视为提携伙伴而将清朝作为抵抗的对象，极尽贬斥清朝之能事；在甲午战争之后，面对更为强大的西方势力，山本却一反常态，将先前称为"犬羊豚彘"的清朝视为提携伙伴而将西方作为东亚之灾害，将西

① ［日］山本宪：《梅崖先生年谱》，（大阪）松村末吉 1931 年版，第 14—16 页。
② ［日］山本宪编：《朝鲜乱民襲擊始末》初编，（冈山）弘文南舍 1882 年版，第 1—2 页。
③ ［日］菊池侃二：《大阪事件志士列傳》序，（大阪）小塚義太郎，龍野周一郎 1887 年版。
④ ［日］山本宪：《梅崖先生年谱》，（大阪）松村末吉 1931 年版，第 20—21 页。

方文化进行妖魔化。其不同阶段的"提携同仇"论，在现实思维方式上何其相似乃尔；而在"提携同仇"幌子下逐步吞噬东亚邻国的目的，又何其昭然若揭——山本看到日本人在朝鲜奴役韩人搬物，并对之挥拳殴打时，认为不如此韩人则不勤，甚至觉得此法切实可取，日本人亦完全可以效法俄国，对外施行殖民政策！① 可以说，山本针对甲申政变后的朝鲜和甲午战争后的清朝的一系列"同文同种""提携同仇"的煽情式言论，都暗藏着山本"一切为了日本"的现实指向。

然而，如果说山本袒露于游记文本之外的中国认知为人们展示了一条政治层面的显性线索（"提携同仇"的现实论），那么其在文本之外文化层面的中国认知（"排宋推汉"的儒学观），则构成了一条他审读中国时用以借题发挥的隐性线索。

作为一名汉学家，山本在游华之际十分注意孔庙、汉唐儒学与宋代儒学在清朝社会中的样态，以此作为评判中国儒教文化状况的一个标尺。蒋式惺曾对山本慨叹："敝国三百年来，讲经学者，汉宋纷争，莫肯相下，诸君只为名耳。其于自修教人之道，盖未曾一念及下，此真孔门之罪人也。"② 而山本"专读论语，又以专取汉唐诸家"的儒学取向与其极力推崇的荻生徂徕之"排宋推汉"思想倾向紧密相关。在日本近世思想史中，日本的"古学派"发端于山鹿素行，中经伊藤仁斋继承发挥，最后由荻生徂徕集于大成，成为近世以来"日本中心主义"的代表性思潮，其在儒学观上的鲜明特征是"对宋学的反动与批判"③ 以及"复古"，即反对宋儒对儒家经典的解释而主张回到儒家的古典诠释，即"古学派所提倡的古学，则是借助先秦儒学经典，与朱子学相比对，进而摆脱掉朱子学对原始儒学的误读，而不是简单地回归到孔孟之学。"④ 而在近代化价值大行其道的明治初期，"朱子学"又被日本学者视为与近代化原理相悖的思想体系。⑤ 从渊源上看，山本所推崇的"排宋推汉"的儒学观位于日本近世古学派的学术脉络之上，而古学派典型的以"批判朱子学"为手段进而建构"日本中心主义"的基本思维结构也被山本宪一并承绍下来。

那么，被朱子学误读甚至歪曲了的真正儒学，还在中国吗？山本在游

---

① ［日］山本宪：《燕山楚水纪游》卷一，（大阪）上野松龍舍 1898 年版，第 4 页。
② ［日］山本宪：《燕山楚水纪游》卷一，（大阪）上野松龍舍 1898 年版，第 25 页。
③ 黄俊杰：《东亚儒学史的新视野》，华东师范大学出版社 2008 年版，第 124 页。
④ 董灏智：《伊藤仁斋的古学思想形成脉络探析》，《东北师大学报》（哲学社会科学版）2011 年第 3 期。
⑤ 韩东育：《战后七十年日本历史认识问题解析》，《中国社会科学》2015 年第 9 期。

记中曾屡屡提及清朝的孔庙荒废、儒学衰颓、佛道活动频繁、神仙思维兴盛等状况。他在与汪康年笔谈时，当看到汪氏率尔称"本朝政法，号为崇奉孔教，故不知孔教之日衰"后，山本则根据自己的游华体验回答道："贵国到处有圣庙，春秋行释奠，此似崇奉孔教。然庙宇颓圮，荆棘没偕，无乃释奠皆属虚饰耶！且贵国学者，虽称崇孔教，观其诗文，屡见神仙等字，儒者甘心神仙等字，太为无谓！"① 在游至苏州时，面对颓废狼藉的孔庙与香火不断的佛道淫祠，山本感慨道："清人不敬孔教，一至于此矣，奚翅清人，孔子之教，不行于汉土也久矣。"② 如果作为孔教的起源之地未能有效保持儒学传统的话，那么真正的儒教又在哪里呢？山本认为孔教在中国虽随处可见，但却呈"日衰"与表里不一的状况，相对而言，日本虽然"奉佛教者，十之七八，神道教次之，儒教次之，耶教次之"，然而"至论伦常，虽佛徒亦不能出儒家樊篱也"。③

在中国儒教的衰落与日本早已通过遣唐使传承了儒教真精神的逻辑勾连下，山本得出了如下结论："世人往往目汉土以儒教国，汉土非儒教国也！虽谓夫子生地，夫子之教未行，何得称儒教国耶？夫子之教善行者，宇内独有我邦而已！彝伦明于上，纲常行于下，本邦之所以冠于万国也。其如此，可以称儒教国矣！"④ 在推崇汉唐的主张与日本遣唐使历史作用的合流中，山本版"日本正宗"的儒学观亦终于浮出水面。正如子安宣邦所言："只有把与自己的异质性强加给中国及其文化，也就是强有力地将中国他者化，才可能来主张日本及其文化的独立自主性。"⑤ 不仅如此，日本精神高于儒教思想的价值判断也时而体现在山本的评论之中。例如，山本对"邦人之作诗文，务拟汉土人口吻"的习惯，驳斥道："日本诗人，宜作日本之诗；日本文人，宜作日本之文。欲每事拟汉土人口吻，则其诗文皆伪也。所谓和臭者，素为无妨焉。以日本人，欲去和臭，虽毕生从事，岂可得耶？且日本人之有和臭，固其所也。特其有和臭，可以谓日本人诗文而已矣。"⑥ 这种"日本正宗"的意识与本居宣长"祛除汉意"的国学思想若合符节。

---

① ［日］山本宪：《燕山楚水纪游》卷二，（大阪）上野松龍舍1898年版，第31页。
② ［日］山本宪：《燕山楚水纪游》卷二，（大阪）上野松龍舍1898年版，第8页。
③ ［日］山本宪：《燕山楚水纪游》卷二，（大阪）上野松龍舍1898年版，第5页。
④ ［日］山本宪：《燕山楚水纪游》卷二，（大阪）上野松龍舍1898年版，第8页。
⑤ ［日］子安宣邦：《东亚论：日本现代思想批判》，赵京华编译，吉林人民出版社2004年版，第78页。
⑥ ［日］山本宪：《燕山楚水纪游》卷二，（大阪）上野松龍舍1898年版，第48页。

在旅行中，山本面对中国广大的版图，常常"动不免外寇觊觎"之慨。他还用唐宋变革的史实作为例证，指出其游华之际的形势与唐宋明之时不同，尤其是"欧米诸国，欲拓地东亚，风云之变，朝不测夕，忧世之士，岂遑自顾地位权势哉"！而在他看来更为重要的是："沿江各埠，素不待言也。至大都小邑，到处必见邦人，岂非当今之急务耶！人种既不殊，文字亦同，朝发夕至，与国中不殊，此既胜欧米人万万矣。若一致意于此，其为泰西人所不能为，亦容易耳。"① 山本这种难以自抑的急迫期待恰恰表明，觊觎与垂涎中国广大版图的最大野心国正是日本！其所谓"排宋推汉"，不过是为论证日本乃儒学正宗所建构的话语前提；而所谓"提携同仇"，亦不过是日本殖民目标的行动掩体。正是这两者的交汇，才逐渐钩织出山本宪在游记文本之外的中国认知，即"日本中心主义"的中国观。而这一点，亦大体折射出这一时期日本来华者的主流心态。

①　［日］山本宪：《燕山楚水纪遊》卷二，（大阪）上野松龍舍1898年版，第34—35頁。

第四章　文明反思:日俄战争至大正初期日本人的中国认知

　　1904 年 2 月 8 日，日本偷袭驻守在旅顺港的俄国舰队，发动日俄战争，其目的是为与俄国争夺朝鲜及中国东北，确立日本在东北亚的霸权地位。日俄战争持续近两年的时间，以日本胜利而告终。通过日俄战争，日本不但攫取了中国东北地区的"南满特殊权益"，而且最终确立了其在东北亚的霸权地位。日俄战争是日本近代历史上具有划时代意义的重大事件，战后日本的国民心理与自我认识均产生巨大的变化，开始以东方文明的代表者自居，不但蔑视中国，而且认为日本在一定程度上还具备了对抗西方的能力，建立了"世界一等国"的意识,① 文化与政治上的东洋盟主意识逐渐显在化。早在甲午战争时期就出现的"东洋盟主论"在日俄战争后得到更进一步的强化，日本不满足于仅仅是移植西欧文明，而认为亚洲的文明化和近代化中应当包含日本文明的要素。日俄战争提高了国际社会对日本的评价，一定程度上刺激了亚洲民族进行民族解放运动，但是另一方面则是大大增强了日本对中国的蔑视感。日俄战争后，中日关系进一步趋向恶化。

　　小林爱雄、夏目漱石等人的游记显示，他们或将文化中国一分为二，或将现实中国区别对待，都凸显了其在文化与政治层面"若即若离"的中国体验，这一矛盾情结源于近代日本意欲通过中日文化上的兴替将中日政治上的联合相连接的用意。日本来华者身份多样，包括藩士、政治家、外交官、军人、儒学者、历史学者、记者等。通过对小林爱雄和夏目漱石等文艺学者的游记解读，可以部分地映射出日本文艺学者的中国观，从而也使近代日本学人的中国观更为立体化与多样化。小林爱雄在中国旅行期间

---

　　① 王美平、宋志勇著，杨栋梁主编:《近代以来日本的中国观》第四卷（1895—1945），江苏人民出版社 2012 年版，第 136 页。

（1908 年底至 1909 年初）正是清王朝垂暮挣扎与革命潜流奔涌的交错时刻，小林爱雄预感到："在不久的将来，当中国人到了自觉崛起的时候，新旧思想的冲突将会尖锐地涌出吧。"① 小林爱雄通过自己的切身体验，看到了中国文明的"活力"，这种观点与当时在日本学人中流行的"中国文明停滞论"大异其趣，因此也就有了更大的研究价值。

第一节　文明的停滞与进步：《中国印象记》与小林爱雄的中国体验

在近代日本学人的中国认知谱系中，小林爱雄对中国的观察和论述颇具特色。在其《中国印象记》中"残酷现实与美好梦幻"的概括反映了他对中国的总体认知。然而倘若仅用"蔑视中国论和侵略中国论"来统括小林爱雄的中国观，虽不乏简明，但却无法完整映射出其中国认识话语背后的深层意涵和潜在逻辑。事实上，小林爱雄以"文明论"为底色的中国观，既显现出了他"中国文明停滞论"的论调，亦潜伏着"西方文明中心论"的文明进化史观。

一　小林爱雄的旅行动机及游踪

小林爱雄（1881—1945 年）出生于日本东京，毕业于东京帝国大学英文科，一生经历明治、大正、昭和三个时期，是日本的诗人、作词家和翻译家。他作为最早推动和创立日本的歌剧者之一而广为人知。1906 年 5 月，小林爱雄与小松耕辅、山田源一郎成立了"乐苑会"，致力于东西方音乐与歌剧的研究和创作。同年 6 月 2 日该会创作的歌剧《羽衣》在东京神田会馆进行公演，成为日本最早公演的歌剧。② 1907 年，彩云阁出版了小林爱雄的个人诗集《管弦》。自 1911 年起，小林爱雄就职于帝国剧场洋乐部，开始大量翻译外国歌剧作品。1916 年 3 月，小林爱雄与大田黑元雄等 12 人创刊了《音乐与文学》杂志。此后，小林爱雄主要致力于音乐、歌剧与文学的翻译、研究与创作，出版、编集了多部著作，如《春愁》（1916 年）、《现代的歌剧》（1919 年）、《诗歌、音乐与舞蹈》（1924 年）、

---

① ［日］小林爱雄：《中国印象记》，李炜译，中华书局 2007 年版，第 43 页。
② ［日］增井敬二：《浅草オペラ物語：歴史、スター、上演記録のすべて》，（東京）芸術現代社 1990 年版，第 126 頁。

《歌剧的研究》（1925 年）、《活着的尸体》（1926 年）等。小林爱雄晚年曾就任早稻田实业学校校长（1941 年 9 月至 1942 年 3 月）一职。1945 年 10 月 1 日去世。

小林爱雄的来华旅行与其他日本人不同，不带有调查使命和考察色彩，而纯粹是个人行为。因此他的游记主要是个人体验，对所见所闻直抒胸臆，毫不遮掩。尤其是他在游记中对中日文明的比较与对日本的某些批评，更显露了小林爱雄内心的真实情感与价值认知。

小林爱雄于 1908 年 12 月 21 日晚八点从神户湾出发，23 日进入长崎，25 日抵达上海港，对上海及苏州进行了参观游览。12 月 28 日，从上海到达南京，停留了七天，游览了明孝陵、紫金山、昭德碑、古鸡鸣寺、北极阁、清凉山、莫愁湖、半山寺等地。在秦淮河畔度过了阳历除夕夜（1908 年 12 月 31 日）。1 月 5 日，到达安庆、九江。在旅行中，对苏东坡、陶渊明、白居易等古代文豪进行了缅怀。6 日，到达具有"东方纽约"之称汉口。7 日到汉阳，下午去武昌。9 日到达北京，游览了观象台、喇嘛庙、雍和宫、孔子庙、玉泉山、亲王府、勤政殿、七重古塔等地，13 日离开北京去天津。15 日继续向北，经山海关、锦州、到达奉天，在接近零下 30 摄氏度的天气里，参观了北陵、故宫、崇政殿、凤凰殿等景点。17 日抵达大连、营口、旅顺。19 日，告别中国大陆，结束旅行。

小林爱雄的中国认知与其在中国的旅行活动关联甚深。易言之，在 1908 年底至 1909 年初为期一个月的中国旅行活动是其中国论述展开的事实前提。小林爱雄在旅行途中，途经上海、苏州、南京、镇江、九江、汉口、北京、天津、奉天（沈阳）、旅顺、大连等主要城市，拜访了盛宣怀（邮传部右侍郎、商务大臣）、端方（两江总督、南洋大臣）等中国名人，参观了南京洋务局、汉阳铁政局与北京东交民巷等新生事物，游览了张园、愚园、明孝陵、秦淮河、金山寺、洞庭湖、黄鹤楼、天坛、孔庙、颐和园、旅顺港等名胜古迹。在旅行期间，他既目睹了中国苦力的生存状态，也体会了中国仆役的狡黠自私，引发诸多感慨。1911 年，敬文馆出版了小林爱雄的《中国印象记》一书，森林太郎（森鸥外）、服部宇之吉、佐佐木信纲等为之作序。在这本游记中，小林爱雄以生动而真实的笔触记述了中国旅行途中的所见所感，在即将离开中国的时候，小林爱雄写道："今天是和中国大陆告别的日子。一个多月的旅行日程已所剩无几。丰富了我的智慧和情感的中国，向我展示了残酷现实与美好梦幻的中国，让我看到了自己国家所没有的广阔原野和大江等壮丽景观的中国，让我目睹了以前仅在诗文中听说过的名胜古迹的中国，奇异的国度、神秘的国度、烟草的国度、美酒的国度，从今天起，这个国家必定会成为我永久追忆的对象。"① 小林爱雄以"残酷现实与美好梦幻"作为对中国印象的整体概括，这种中国观察与夏目漱石以及大正时期的日本作家们"在文本与现实之间"② 形成的中国观既有类似之处，却也不尽相同。本节拟以此为切入点，来探讨和发掘埋藏于小林爱雄精神世界里的中国观。

《中国印象记》的中文译者在"译者序"中对小林爱雄的中国观进行了概括："小林爱雄的《中国印象记》中体现出的中国观可以用两方面概括：蔑视中国论和侵略中国论。这并非是小林爱雄的个人观点，而是当时日本占主流的一种中国观。"③ 笔者认为，如果以此来统括小林爱雄的中国观，虽然简明扼要，却略失公允。这种概括只说明了小林爱雄眼中那个"残酷现实"的中国，却未能解释另一个"美好梦幻"的中国印象。另外，个人虽然会受到时代思潮的影响，但是时代思潮却并不一定能决定个人观点，个人对不同的时代思潮也有选择。仅就小林爱雄的中国观而言，还要以他本人的论述为基础，进而探究潜藏于其话语背后的深层意涵和潜在逻辑，否则便容易将视线集中在《中国印象记》"非议中国"的只言片语上，④ 从而造成对小林爱雄整体中国观的误读。

二 中国文明停滞论与"残酷现实"的中国

近代以前，由于中国拥有高度发达的农业文明与礼仪文化，日本虽然曾试图以发动战争的形式挑战中华文明的主导地位，但均未成功，其中国观也主要表现在"仰慕中华、效仿中华、追赶中华"三个方面，而以"仰慕"为主线。从幕末到甲午战争之前，由于"西力东渐"与日本"文明开化"政策的确定，日本对华观开始由"仰慕"中国向"蔑视"中国转变。⑤ 福泽谕吉在《脱亚论》中将中国文明视为"耳闻目睹文明事物却不为心动，留恋古风旧习之状千百年未变。……由内而外皆为虚饰，道德扫

① ［日］小林爱雄：《中国印象记》，李炜译，中华书局 2007 年版，第 131—132 页。
② 李雁南：《在文本与现实之间——浅析日本近代文学中的中国形象》，《天津外国语学院学报》2005 年第 1 期。
③ ［日］小林爱雄：《中国印象记》，李炜译，中华书局 2007 年版，第 9—10 页。
④ 苏明：《"诗意"的幻灭：中国游记与近代日本人中国观之建立》，《学术月刊》2008 年第 8 期。
⑤ ［日］芝原拓自：《对外観とナショナリズム》，芝原拓自、猪饲隆明、池田正博校注，《日本近代思想大系：对外観》，（東京）岩波书店 1996 年版。

地、残酷又不知廉耻，尚傲然自尊毫无反省之念。"① 福泽谕吉 "中国观的主流则是将中国视为一个停滞的落后的老大帝国"，② 完全是一种 "中国文明停滞论" 的论调。但是由于中国在东亚地区的传统中心地位，日本对华观中也包含着 "畏惧" 的因素，可以说是 "蔑视" 与 "畏惧" 并存，"其'蔑视'对象主要体现于精神文明领域，而'畏惧'则主要体现于物质文明领域。这种精神观与物质观的分裂，是基本贯穿甲午战前日本对华观的重要特征。"③ 在 1894—1905 年的短短 11 年间东亚地区发生了两场意义重大的战争，即甲午战争与日俄战争，这两场战争深刻地影响了近代日本的对华观。日本在物质文明领域对中国文明的 "畏惧" 在甲午战后便失去了现实的基础，"蔑视" 中国的对华观开始一枝独秀并且通过战争中的报道进一步将中国文明的 "故步自封" 与 "自满心理" 定型化，认为正是由于中国文明的停滞才导致清朝 "一击即溃"。甲午战后，日本的 "东洋盟主论" 甚嚣尘上，虽然在 1896 年遭遇了三国干涉还辽，但是日俄战争的胜利使 "东洋盟主论" 更具有了 "现实" 的依据，日本对华观也演变为 "中国亡国论"。生长在这种大的社会文化观念下的小林爱雄在来中国旅行之前，也受到这种对华观的影响，正如小林爱雄在《中国印象记》的 "自序" 中所言，感觉自己去中国就像是 "巨人" 去 "小人国" 一样，充满了文明进步的自信与心理优越感。而小林爱雄在中国接触到的中国官员、民众、历史景观与文化表征，也恰好 "验证" 了他在日本时形成的中国文明停滞的印象。

小林爱雄到达中国的第一个城市是上海，上海是当时中国最早的通商口岸之一，经过五十余年的发展，已经成为中国最近代化的城市。小林爱雄在上海逗留期间，拜访了以兴办洋务而久负盛名的盛宣怀。但小林爱雄进入盛宣怀的宅邸之后，他就发觉："室内中央摆放着紫檀桌子，桌子四周放着几把紫檀椅子，连书架都是镶嵌了贝壳的紫檀制品。在并不太明亮的室内，所有的家具都散发着黑光，心中涌上一种莫名其妙的不快，四处很难找到有生机的东西。握手寒暄后，主人拿出雪茄和香烟，向客人敬烟，仆人擦着火柴。这些结束后，香槟被端了上来。据说这是中国有身份

---

① [日] 慶應義塾编：《福沢諭吉全集》（第 10 卷），（東京）岩波書店 1960 年版，第 239—240 頁。

② 高增杰：《福泽谕吉与近代日本人的中国观——思想史和国际关系的接点》，《日本学刊》1993 年第 1 期。

③ 王美平：《甲午战争前后日本对华观的变迁——以报刊舆论为中心》，《历史研究》2012 年第 1 期。

地位的人的待客方式。"① 很明显，小林爱雄将室内昏暗的光线、家具凝重的颜色与中国文明"缺乏生机"联系在一起，在精神上感到中国文明的沉郁与压抑。小林爱雄记录了一段盛宣怀向日本医生询问自身病情的片段：

> 在这里，当青山兄为盛大人看病时，他接二连三地问了许多问题："这是什么病？是要命的病吗？几天能痊愈？"等等。我还听说过一个奇谈，入泽博士以前曾为某位大官诊病，初诊后过了两三天去复诊时，没想到大官发了一大堆牢骚，说上次处方中的药一点不管用。他们好像深信药物是万能的，能像广告中说的那样迅速治愈。不过想想这也难怪，因为他们是甚至会派人到深山中寻找不死灵丹的国家的公民。青山兄为盛大人诊病后，教给他如何服用吸入式药剂。那时吃惊地发现他左手小拇指的指甲竟然有两寸多长。或许这是无须劳动的贵人们引以为豪的样子。②

这一情景让小林爱雄觉得中国官员既贪婪又可笑，在死气沉沉的环境中生活却又畏惧死亡，真是绝妙的讽刺。在盛宅第一次吃中国菜的时候，同桌人用自己的筷子热情地给小林爱雄夹菜，却令他深感不快，而且他还留意了那双筷子：

> 特别是筷子，虽是银制的，好像已有数百年的历史，前端带着黑色的被牙齿咬过的痕迹，既然这能代表身份的显赫，所以一联想到曾经是怎样的亡灵咬过的筷子，我就不禁觉得筷子上冒鬼气，真是毛骨悚然。而且，这位从日本归来的洋气十足的大人，竟然满不在乎地把鱼骨直接吐到洁白的餐桌布上，看到这情景，感觉倒是加了点滑稽色彩。之所以说中国菜的味道复杂，或许不单是因为饭菜本身，而是由于添加上了这些心理因素。③

通过筷子上的咬痕便觉得鬼气阵阵，如果不是在知识背景中对中国文明有偏见，岂能在宴席之上联想到如此阴森恐怖之事？与这种压抑、阴森相匹配的便是中国的停滞，当小林爱雄看到上海租界的街道时感慨道：

---

① ［日］小林爱雄：《中国印象记》，李炜译，中华书局 2007 年版，第 40 页。
② ［日］小林爱雄：《中国印象记》，李炜译，中华书局 2007 年版，第 40 页。
③ ［日］小林爱雄：《中国印象记》，李炜译，中华书局 2007 年版，第 41 页。

上海开化已有六十余年，在此期间，租界的西式建筑从三层变成了六层，宽度从四米变成了八米，但中国的街道依然一成不变。在此体现了新旧文明的激烈对抗。在不久的将来，当中国人到了自觉崛起的时候，新旧思想的冲突将会尖锐地涌出吧。①

在租界这个中西文明对比鲜明的场域，租界内西方事物的急剧变化更加衬托出中国文明的泥古不变。与阴森、停滞相对的则是四马路（烟花柳巷）的快活风情，这里能让人暂时忘掉一切。"看四马路之虚幻景色，四马路之美妙就在于此。将生命溶入到四马路的红光中顺江而流。"② 在小林爱雄看来，中国官员与上层人士将在药物中乞求来的生命都挥洒在了这种虚幻的美妙之中了。

中国的官员是如此景象，民众又如何呢？在姑苏城外，当小林爱雄看到落日的时候在想："尽管落日会无言地向大家传递着'今日又将夜幕降临'的信息，处于沉睡之中的民众们对此会做出何种理解呢？又有谁能听出包含在静寂中的悲哀呢？""正如在这个荒败国度所看到的落日，我想尚未看到极尽悲壮美的戏剧大结尾。"③显然，与贪鄙的官员相对的是麻木的民众。在南京街头，抽完大烟后神情恍惚的老人不顾亡国与否，不问国家事态，沉醉于梦幻之中。在镇江商店，悠然抽着香烟的店员，对生意的萧条也满不在乎。在明孝陵，"连这座在明代极尽华丽的陵墓也已经完全腐朽，现在只能从身着补丁衣服的卖瓦女子的箱子中追忆当时的场景了"，而昭德碑"现在只是徒然遭受着风吹雨打"。④"凤凰殿好容易被翻修一新，但其后好像一直无人管理，任凭鸽子自由居住，连御座旁都沾满了鸽子粪，令我不禁哑然。这幅情景足以反映当今中国的某些侧面。"⑤ 与明孝陵售瓦类似的情形也发生在北京的祈年殿：

只要塞给看门人一美元，他立刻会撬下几片瓦给你拿来，这真是可爱之极又浅薄之极的行为，他们的眼中根本没有国家，确切地说，或许根本没有精力去考虑自己以外的任何事情。中国人极端个人主义

---

① ［日］小林爱雄：《中国印象记》，李炜译，中华书局2007年版，第43页。
② ［日］小林爱雄：《中国印象记》，李炜译，中华书局2007年版，第45页。
③ ［日］小林爱雄：《中国印象记》，李炜译，中华书局2007年版，第48页。
④ ［日］小林爱雄：《中国印象记》，李炜译，中华书局2007年版，第54页。
⑤ ［日］小林爱雄：《中国印象记》，李炜译，中华书局2007年版，第123页。

的务实倾向，从这些看门人身上也能体现出来。①

这正如尾崎行雄所说，中国人"尚不知国家为何物，焉有国家思想乎？"② 在北京的日本使馆，某人也认为："中国人的国家观念淡薄，完全是个人主义。这也没什么，不过好像还没有形成固定的文明思想模式。"③ 可以说，这既是小林爱雄对这一观点的认同，也是当时多数日本人对中国民众的集体印象。

中国的官员与民众既然如此贪鄙与麻木，那么中国的历史景观与文化表征在小林爱雄的眼中自然也呈现出一片荒废与衰败的景象。小林爱雄在游览中国的历史景观与名胜古迹时，虽然也有"豪壮"与"敬畏"的感觉，但是最突出的感觉就是一切皆颓废不堪：枫桥的"肮脏"、寒山寺的"荒废"、明孝陵的"腐朽"、甘露寺的"灰尘"、鹦鹉洲的"漂浮物"、凤凰殿的"鸽子粪"等。古代中国素以礼仪之邦著称，儒家文化与礼乐文明长期影响着东亚地区，但在小林爱雄看来，这种情形已经发生了很大变化。在两江总督府用完饭之后，小林爱雄看见数十个仆人直接在同一餐桌上用同样的餐具吃着主客们的剩饭剩菜，他感到主从之别只在于时间的先后，中国学已经衰退。在天坛，天子祭天的地方，小林爱雄更为感慨："纲纪一旦松弛就会变得松懈无度。如此一来，即便向上天祈祷，是否也没有太大效果呢？"④ 在孔庙，小林爱雄发现孔庙的黄瓦正以四美元的价格在销售，由此联想到孔子的教义，儒家文化的衰败感油然而生：

> 这个中国道德的大法则现在具有多大的权威？就像与汹涌澎湃的近代思潮相对的宗教，由于无法阻挡的新思想的存在，孔丘的教义最终会像黎明的星光一样消失。从中国南方到北部的都城，我看到各地都涌现了西方思潮，与之相反，这个国家原有的儒教及来自于印度并曾风靡于这个国家思想界的佛教的影响力，却在渐渐地减弱。⑤

小林爱雄面对着中国官员的贪鄙、民众的麻木、历史景观的荒废与文化表征的衰败，在这些景象中不断地积累并深化着中国是一个"荒败国

---

① [日] 小林爱雄：《中国印象记》，李炜译，中华书局2007年版，第95—96页。
② [日] 尾崎行雄：《支那处分案》，（东京）博文馆1895年版，第18页。
③ [日] 小林爱雄：《中国印象记》，李炜译，中华书局2007年版，第97—98页。
④ [日] 小林爱雄：《中国印象记》，李炜译，中华书局2007年版，第94页。
⑤ [日] 小林爱雄：《中国印象记》，李炜译，中华书局2007年版，第102页。

度"、"沉滞国家"、"衰老大国"的印象，这便是小林爱雄眼中那个"残酷现实"的中国。

三　中日文明比较与"美好梦幻"的中国

虽然小林爱雄受到"中国文化停滞论"的时代思潮影响，而且在中国旅行中的所见所闻似乎也"验证"了上述观念，但是作为一个有独立思想的文艺学者，他并没有完全信奉这种预设的观念，而是通过旅行途中具体而微的体验与对比，感受着另一个"梦"的中国。"梦和梦中的灵魂又是一种超越现实的存在"，① 这个中国在衣食住行、生活方式与思维方式上与日本相比都有其独特的一面，甚至超过了日本。

旅行之初，小林爱雄乘坐的轮船在长崎港等候旅客前往中国，当他看到日本煤炭船上的小商人乱作一团、拼命叫卖的情形，又看到三等甲板上日本人的杂乱摊位时记述道："我想让那些咒骂下等中国人肮脏的日本人看一看煤炭船和这些商人。如果对这些商人做出公平的判断，如果单从外表看，不得不说中国人还稍好一些。"② 由此可见，小林爱雄并没有形成日本文明一定比中国文明优越的固定思维，而是就事论事，并不为日本的不文明行为遮遮掩掩，而且在接下来的旅行中小林爱雄根据自己的切身感受，从多个方面对中国和日本文明进行了比较。

在衣食住行上，中国的大国气象让小林爱雄赞叹不已。在汉口的日本旅馆，薄薄的纸拉门、漏着缝隙的门窗与储存垃圾的榻榻米都让小林爱雄感到寒冷、寂寞与不快。不但如此，即使穿着西服还要像蜘蛛一样行礼，让他感觉十分可笑，所以，"在衣食住方面，中国比日本还要先进，更接近于欧洲，这让我羡慕不已。"③ 在顺德府（河北邢台），小林爱雄看见中国的毛皮商人身上挂满了熊、狐狸、老虎的毛皮在车站销售，还有站台上各式各样的小吃摊位，都让他感觉中国的广大。而且他还发现这一带的土地开发得很好，美式的大农主义，田间小道稀少，感觉悠闲自在。在北京，正阳门车水马龙，城墙高耸，"大街上的道路甚至比东京的还要好"。④ 在南京市内，小林感慨道：

---

① 高阳：《梦与现实之间》，《东北师大学报》（哲学社会科学版）2012 年第 5 期。
② ［日］小林爱雄：《中国印象记》，李炜译，中华书局 2007 年版，第 29 页。
③ ［日］小林爱雄：《中国印象记》，李炜译，中华书局 2007 年版，第 81 页。
④ ［日］小林爱雄：《中国印象记》，李炜译，中华书局 2007 年版，第 92 页。

欧美人正在向这片荒野无限地扩张着势力,不断地筹划着各种企划,这让我不由想到日本国人可悲的样子,他们受雇于师范学堂等处,只知道把一百二百的钱宝贝似地积攒起来,和学生一样吃着每月八元的饭菜,结果只招来中国人的冷笑。①

在生活方式上,中国人的忘我豪情与自然质朴深深地吸引着小林爱雄,勾起无限遐想。"如果生活在这样的国家里,或许不必去深切体味人世间的痛苦与甜蜜。也无须追寻错综复杂的缘分。我能想象出这个国家的人们内心的那份安宁。"在秦淮河畔,虽然不知亡国为何物的中国人依然陶醉于莺歌燕舞之中,但是小林爱雄由此体会到在这样的国家里,人们不必去深切体味人世间的痛苦与甜蜜,也无须追寻错综复杂的缘分,只需享受内心的安宁。"是否真有如此幸福的民众,能够脚踏荒落不堪的明陵碎瓦片却可以忘我地尽情饮酒?"②"无论国家是否要灭亡,无论事态将如何发展,现在只是生活在梦幻中,这种烂醉如泥不省人事的样子难道不可爱吗?难道不美丽吗?"③当小林看到江边的乞丐以及捡拾他扔给的铜钱的孩子和老人时,认为"他们去掉了所有的粉饰(当然目前的处境使他们不得不去掉),看到这些自然的人们,想到充满了虚礼虚饰的世道,让我不禁发自内心地喜爱他们。"④这种破落中的忘我豪情是以国家主义为目标的日本人不曾体会到的。这也并非是小林爱雄的讽刺笔法,反而是长久浸润在国家主义的宏大叙事之下突然发现人性的本真一面时透露出的几分艳羡之情。当小林爱雄看到中国人将马桶里的东西倒入大海或掘土掩埋,将之归于自然的时候,他感慨道:"竟然还有如此太古的国家。竟然还有如此自然的国家。我不禁沉醉于中国这个国家了。"⑤这种自然主义式的审美观,使小林爱雄在面对着表面"沉滞"的文明时,也表现出对返朴归真的留恋。

在思维方式上,中国比日本更接近西方的曲线审美与中国对东西方思想的融合都令小林爱雄在一定程度上改变了"中国文明停滞论"的原有观念。在旅行途中,从长江一带的石桥构造到天坛的外观,小林爱雄注意到中国对曲线的审美水平远远超出了日本,这与以直线美为主的日本建筑形

---

①　[日]小林爱雄:《中国印象记》,李炜译,中华书局2007年版,第57页。
②　[日]小林爱雄:《中国印象记》,李炜译,中华书局2007年版,第67页。
③　[日]小林爱雄:《中国印象记》,李炜译,中华书局2007年版,第52页。
④　[日]小林爱雄:《中国印象记》,李炜译,中华书局2007年版,第85页。
⑤　[日]小林爱雄:《中国印象记》,李炜译,中华书局2007年版,第60页。

成鲜明对比,"中国的审美倾向比日本更接近于西方"。① 这只是一个中国接近西方的具体事例,小林爱雄在北京的日本使馆里与某人的对话,更是毫无保留地表达了这种观点。当某人发表准备"热心引导"中国的宏论时,小林爱雄说道:"反正我们不能忘记以前日本曾经恭恭敬敬地向中国派遣唐使的历史。今天的富者未必是明天的富者。不过,现代的中国思想和欧洲的近代思维相似,这倒颇有意思。或许中国已经出乎意料地充分解释并融合了西方的思想。"② 小林爱雄根据自己的体验依稀地感受到在中国正在发生着"新旧文明的激烈对抗",尽管还不清楚这种对抗的结果,但是"岛上的人(日本人)所苦恼的东西文化融合之类的问题,在那里好像能马上解决。"③小林爱雄的这种观点表明他原先所听闻的"中国文明停滞论"逐渐失去了现实的指导意义,变成了一种似真似幻的参照语。小林爱雄在中国看到很多人抽大烟时的"陶醉"状态,有感而发,赋诗一首,即《大烟》:

南京春天的中午,
街角向阳处墙根下的柳荫,
草地上一位老者独自一人伸着茅草似的腿,
痴迷于大烟的味道。

身背行李的人看他一眼后走过。
汽车驶过。马走过。憔悴的马上贵人,
羡慕地望着老者。女人行匆匆,
抱着红白的衣服微笑着目不斜视。

烟雾悠然飞舞的街角。
白色胡须的嘴唇里紧紧叼着银烟管,
从迷恋的烟管里溢出——如入天堂——
花纷纷落下,音乐奏起,快活,少女在跳舞。

市场上杂乱的蔬菜鱼肉买卖声,
也有和狗混杂在一起,把肠子堆放在秤上的人们。

---

① 〔日〕小林爱雄:《中国印象记》,李炜译,中华书局 2007 年版,第 95 页。
② 〔日〕小林爱雄:《中国印象记》,李炜译,中华书局 2007 年版,第 98 页。
③ 〔日〕小林爱雄:《中国印象记》,李炜译,中华书局 2007 年版,第 16 页。

沙哑的叫卖馒头的声音，推推攘攘，拥挤不堪，

拼死拼活的喊叫声。

烟丝在柳树间缠绕的街角，大烟的味道，

不管过去还是来世，大烟的味道，

沉迷于痴恋的香气五十年，大烟的味道，

不知生命会持续到何时，大烟的味道。①

所以，小林爱雄才会在秦淮河畔发出这样的感叹："我自己也想留在此处吸大烟，不再回到那个人人都变得像老鼠一样两眼发光的狭小国家了。"②

除了"残酷现实"的中国，小林爱雄还感受到中国在衣食住行上的大国气象、生活方式上的忘我豪情与自然质朴、思维方式上的西方倾向与东西融合，这些印象都促使小林爱雄不断地修正与反思着之前的中国印象，形成了小林爱雄眼中那个"美好梦幻"的中国印象。

四 以"文明论"为底色的中国观

日本在明治维新之初便确立了"西洋文明中心观"。福泽谕吉在《文明论概略》中将世界文明的进程看作是"野蛮→半开化→文明"这样一种单线进化图式，将欧美各国归于文明，将中国、日本等亚洲国家归于半开化，将非洲、澳洲各国归于野蛮。此后，文明的进化史观风靡日本。小林爱雄更是将之奉如圭臬。当小林爱雄刚登上德国露以士公司 8500 吨的 BULOW 号五层轮船时，就立刻被西洋的"文明"所折服，把自己称为"参观德国的土老帽"，甚至憎恨自己的肤色出卖了自己，"我自己在身高上并不逊色于西方人，但可悲的是，肤色无论如何也无法改变"。③ 作为东方人，小林爱雄感觉自己即使在白种人的服务员面前也低人一等。他还将吸烟室的味道称之为"文明的香气"，甚至在厕所里也看出了"人文水平的高低"，淋漓尽致地表达了其崇拜西洋文明之相，唯"文明"是从。正因为小林爱雄是以"文明论"作为最基本的思维方式，而且认为日本与中国一样，尚未达至"文明"的阶段，所以他在游记中多次表达了对中国文明停滞的叹息、对东洋文明的不满与对日本人行为的厌恶。也正因此，才表

---

① ［日］小林爱雄：《中国印象记》，李炜译，中华书局 2007 年版，第 61—62 页。

② ［日］小林爱雄：《中国印象记》，李炜译，中华书局 2007 年版，第 67—68 页。

③ ［日］小林爱雄：《中国印象记》，李炜译，中华书局 2007 年版，第 22 页。

现出小林爱雄与大正时期的日本作家们的"中国情趣"①之间的不同，即小林爱雄是站在西方的东方主义的立场，将中国和日本均归为"东方"，而"中国情趣"的作家们则是站在日本的东方主义的立场，仅仅将中国归为文化上停滞落后的"东方"。小林爱雄在秦淮河畔听中国的歌妓弹奏吟唱之时感慨道：

> 不过，在此听不到喧闹而凄凉的中国音乐，对我来说倒是无比的幸事。能让人感觉到亡国的悲调以及即将消失的那份寂寞的，正是中国的乐声。可如果回顾日本过去的琴声及歌声，难道不同样只是在贪图渺小太平之梦的时候才奏响的乐音吗？啊，即将消亡的事物的声音，正是不幸的东洋乐音。②

在这里，小林爱雄将中国的乐声与日本的琴声一起归之为东洋音乐，并将之视为即将消亡的事物，既表示中日文明水平相差无几，也表示西洋文明的扩展必将淹没东洋文明。这种悲凉的歌调正是东洋文明衰败的前奏，文明的进化史观跃然纸上。

在"文明论"的标准下，小林爱雄不但对中国文明的停滞表示了叹息，同样对日本人的"不文明"行为予以严厉批判。在小林爱雄即将离开中国的时候，大连港的日本人没有握手、没有拥抱、没有接吻的送别场面让他十分愤懑："如果说西方人夸大了人情来炫耀，那日本人则泯灭了人情在伪装。情意上孰厚孰薄暂且不论，但看到那冷漠的态度，至少让我觉得有些不满足。哪怕是假装的也可以，真希望对方能表露出自己的情感。"③ 只是根据送别方式的不同便对东方式的人情大加褒贬，不得不说小林爱雄的西方文明中心观是如此固执。在马关，日本海关关员的无礼行为也让"对于一直悠然自得地享受着风月的我（小林爱雄）来说，这种龌龊的根性"厌恶到了极点。

需要指出的是，在"文明论"中处于文明进化史观延长线上的却是"帝国主义"与"殖民主义"，而以单线进化的"文明论"为底色的中国观中必然包含着"与列国竞争"与"开发中国"的观念。在北京日本使馆中，小林爱雄与某人的共同话语便是"东洋文明新建的理想"，对话记录

---

① ［日］西原大辅：《谷崎润一郎与东方主义——大正日本的中国幻想》，赵怡译，中华书局2005年版，第12—13页。

② ［日］小林爱雄：《中国印象记》，李炜译，中华书局2007年版，第66页。

③ ［日］小林爱雄：《中国印象记》，李炜译，中华书局2007年版，第133页。

了如下:

（某君）"这里很冷吧？中国的严寒还在后面呢。都说'春风如猛虎'。而且夏天气温很高，说是'酷暑冰冻'。"

（小林）"真不愧是中国，表达得真好。日本人经常说中国人愚蠢，我倒是觉得中国人很聪明，您怎么想？"

（某君）"的确不能小瞧他们。有些日本人对中国人的看法和某些西方人的相同，这是不对的。如果说德国在北京城内建造 KETTORERU 的谢罪门，那的确可以说痛快，但我们不应该替德国人出谋划策。"

（小林）"加大在朝鲜的力度无可厚非，但日本应该有更多的名士来中国。"

（某君）"确实如此。中国人的国家观念淡薄，完全是个人主义。这也没什么，不过，好像还没有形成固定的文明思想模式。这么说来，或许在西方看来日本同样如北。总之，在这方面，中国更加严重更加混乱。所以，作为东洋人的我们，需要开拓中国，同时不断研究，手拉手地对他们加以热心引导。"

（小林）"反正我们不能忘记以前日本曾经恭恭敬敬地向中国派遣唐使的历史。今天的富者未必是明天的富者。不过，现代的中国思想和欧洲的近代思想相似，这倒颇有意思。或许中国已出乎意料地充分解释并融合了西方的思想。"

（某君）"总之，作为东洋的财富之源，作为一片空地，西洋对中国的认识以及活动都非同小可。"

（小林）"是的。无论从长江各国轮船的竞争看，还是从列国在北京的格局看，还是从各国商人在各大都会的活动状况看．都应该有更多更多的日本人研究中国，来中国开发事业。"

（某君）"东洋文明新建的理想……"

（小林）"东洋文明新建的理想……要达到这个目标路途还很遥远，可是，每年以五六十万人的速度增长的日本人，将来埋放骨灰的青山，除了中国还有哪呢？"

（某君）"你回到日本后，一定要告拆我们的同胞，赶快研究中国，赶快来中国，赶快在中国开发事业。而且一定要热爱中国。"

（小林）"热爱中国……中国的确应该被热爱。"[1]

---

① ［日］小林爱雄：《中国印象记》，李炜译，中华书局 2007 年版，第 97—98 页。

从以上对话中不难看出,表面上的与中国"手拉手"一起前进,实则是妄图将中国作为日本人的埋骨之地,其侵华之心昭然若揭。在南京,小林爱雄感觉到欧美人正在向广阔的中国扩张势力,而日本人却贪图眼前小利,可悲可怜。在九江港口,小林爱雄看到英国与日本停泊场的巨大差别之后疾呼道:"当我们安心于日英同盟的时候,英国人飞速地吞占了巨大利益。实心眼绝不是最好的商业战略。年轻人必须来这样的地方检验自己的才能。必须有在洞庭湖畔建水庄的气概。"① 这不仅是一个日本文艺学者的抑郁愤懑之言,更十分生动地展现了日本处于劣势时"与列国竞争"的急迫心境,这种心境在小林爱雄参观东交民巷时再次出现。

小林爱雄的中国观与当时流行的"脱亚论中国观"和"兴亚论中国观"② 与"亚洲一体论中国观"③ 以及随后在大正时期流行的"中国情趣"既有不同又有牵连,其思维方式更加接近于中江兆民那种"温存稳健派"④的中国观。小林爱雄并不单纯以"蔑视中国"或"连带中国"为指归,而是在进行以"文明论"为底色的中国文明解读。所以他既看到了一个"残酷现实"的中国,同时也形成了一个"美好梦幻"的中国印象。最重要的是,在小林爱雄的眼中,日本与中国一样,都尚未达至"文明"的阶段,所以他在叹息中国文明的停滞时,也毫无遮掩地批判了日本文明,这也是他与日本同时代的其他中国观察者之间最大的不同之处。但是,小林爱雄在单线进化的"文明论"思维下,未能跳出"帝国主义"与"殖民主义"的藩篱,表达了"连带"与"开发"中国的隐蔽侵华观。在文明的进化史观下,小林爱雄认为中国文明正在与西方文明进行激烈的对抗与融合,当中国南方革命军的战报传到他的耳边时,他感觉中国文明的自觉崛起也为时不远了。

第二节　殖民与道德的碰撞:《满韩漫游》与夏目漱石的中国认识

日本著名的国民作家夏目漱石自幼受汉文化熏陶,汉学积淀深厚,曾就读于三岛中洲创立的汉学塾二松学舍,后又进入东京帝国大学学习英国

---

① 　[日]小林爱雄:《中国印象记》,李炜译,中华书局 2007 年版,第 80 页。

② 　严绍璗:《20 世纪日本人的中国观》,《岱宗学刊》1999 年第 2 期。

③ 　史桂芳:《简论近代日本人中国观的演变及其影响》,《首都师范大学学报》(社会科学版)2007 年第 4 期。

④ 　刘家鑫:《日本近代知识分子的中国观》,南开大学出版社 2007 年版,第 17 页。

文学，并赴英国伦敦留学二年有余。由于"汉学中的所谓文学与英语中的所谓文学，最终是不能划归为同一定义之下的不同种类的东西"，① 夏目漱石的思想深受东西方不同文化的影响，具有一定的双面性，并在其中国旅行的游记之中有所体现：一方面，夏目漱石对满洲铁道株式会社的成绩大加赞誉，这正是他殖民主义意识的表现；另一方面，他又对满铁剥削中国劳动人民的行为进行了批判，这又是他作为现实主义作家的真实情感流露。产生这种矛盾印象的原因就在于进行此次中国旅行的既是作为"满铁代言"的夏目漱石，又是作为"现实作家"的夏目漱石，他无时无刻不用双重判断标准来对待日本与中国的事务。虽然夏目漱石在"殖民与道德"中略显纠结，但日俄战争后，日本在文化与政治层面居高临下的"文明与近代反思"这一中国体验模式的日居主流，却是不争的事实。

一 夏目漱石的旅行动机及路线

夏目漱石（1867—1916 年）原名夏目金之助，是日本近代批判现实主义作家、英国文学研究家，被日本人誉为"伟大的人生教师""日本文学之母""塑造了日本人灵魂的文学大师"，其作品以深厚的思想性和高超的艺术性在日本文学史上占有重要的地位。夏目漱石一生曾两次踏上中国的土地。第一次是 1900 年乘船前往英国留学时途经中国所做的短暂停留，9 月 13 日到达上海，17 日到达福州，19 日到达香港，期间参观了南京路、愚园、张园、福州炮台和皇后大道、太平山等地。② 第二次是在 1909 年 9 月到 10 月间，夏目漱石受学生时代的好友、时任满铁总裁的中村是公的邀请，到当时的中国东北与朝鲜旅行，《满韩漫游》便是他此次旅行留下的游记。

夏目漱石，原名夏目金之助，1867 年 2 月 9 日生于江户一个名主家庭。这一年恰是日本进入近代社会的标志——明治维新的前一年，可以说，夏目漱石是日本近代社会的同龄人。漱石曾在随笔《玻璃门内》中自述其身世：作为在父母暮年时出生的所谓"幺弟"，其降生被母亲认为是"难为情"的事情，于是出生后不久就被双亲送到乡下一对靠买卖旧器具为生的贫困夫妇家中，后来又被送到另一个名主盐原昌之助家里当养子，八九岁时因养父母离异，他又重返老家，但始终没有像一般的"幺弟"那

① ［日］夏目漱石：《文学论》，王向远译，上海译文出版社 2016 年版，第 4—5 页。
② ［日］夏目漱石：《漱石日记》，平冈敏夫编，（東京）岩波书店 1990 年版，第 8—10 頁。

样深得双亲的钟爱。①

　　夏目漱石自幼喜爱中国文化，汉诗、汉文修养也很高。在其所作《木屑录》中，第一句话便提及："余儿时诵唐宋数千言，喜作为文章，或极意雕琢经句而始成，或咄嗟冲口而发，自觉澹然有朴气。窃谓：古作者岂难臻哉？遂有意于以文立身。"②　"漱石"这一笔名亦取自于中国的典籍，即《孙楚传》中"所以枕流，欲洗其耳；所以漱石，欲砺其齿"一句。为了学习汉文，1881 年夏目漱石转入二松学舍进行学习。但是，在日本社会将学习西方成为大势所趋、人心所向的风气下，夏目漱石又不得已改变初衷，开始从事西学研究，并于 1890 年进入东京帝国大学英语专业学习。然而英国文学并没有激发漱石的兴趣，认识到东西方文化存在巨大差异后，他曾因此而感到徘徊，有学者认为从漱石的文学活动实践来看，对其文学的影响仍然是东方的胜过西方的，中国的胜过英国的。③ 1900 年，夏目漱石被文部省选为公派留学生赴英国伦敦留学，他曾向校长及教头提出"没有特别想去留洋的意愿"，最后被迫因"没有固辞的理由"而勉强应允。④由于助学金的微薄，他未能进入名牌大学听课，而主要是靠自修。受中国传统文化熏陶的夏目漱石，留学期间目睹英国的社会现状，看到了资本主义制度的弊端，他认为欧洲文明的"失败"就在于贫富差距过于明显，而继续下去他很担心会使国家的发展艰难。⑤ 同时，在英国留学期间，夏目漱石的生活十分拮据，还经常受到欧洲人的鄙视，加上繁重的学习任务，他得了严重的神经衰弱，于 1902 年 12 月 5 日离开英国，翌年 1 月 24 日回到东京。回国以后，夏目漱石为了照顾家庭，调离了保送他去留学的熊本第五高等学校，回到母校东京大学从事并不十分喜欢的教师工作，同时开始从事文学创作。在夏目漱石作为作家的短暂的十二个年头中，留下了《我是猫》《哥儿》《虞美人草》《三四郎》《矿工》等十五部长篇和中篇小说，还有七篇短篇小说、两部文学理论著作及 208 首汉诗、大量俳句、小品文、诗歌、评论、讲演稿、谈话稿、书信、日记等。中国的学者经常将夏目漱石与鲁迅先生进行对比，将其誉为"日本的鲁迅"。⑥

---

　　① ［日］夏目漱石：《玻璃门内：夏目漱石小品四种》，吴树文译，上海文艺出版社 2012 年版，第 160—161 页。

　　② ［日］夏目漱石：《木屑錄》，载《漱石全集》（第 14 卷），（東京）精興社 1936 年版，第 439 页。

　　③ 刘介人：《夏目漱石与中国》，《日语学习与研究》1986 年第 6 期。

　　④ ［日］夏目漱石：《文学论》，王向远译，上海译文出版社 2016 年版，第 1 页。

　　⑤ 何少贤：《日本现代文学巨匠夏目漱石》，中国文学出版社 1998 年版，第 3 页。

　　⑥ 李光贞：《20 世纪中日两国夏目漱石研究述评》，《山东外语教学》2007 年第 3 期。

对于 1909 年 9 月至 10 月夏目漱石在中国旅行的原因，他在旅行记录《满韩漫游》的开头中这样描写道：

> 南满铁道会社到底是个什么机构？满铁总裁看我一本正经的样子，满脸愕然，他回答说：你真够迂腐的！是公说我迂腐没有什么可怕，不值得放在心上，我沉默不语。于是，是公笑着说：这次带你一起去怎么样？很久没有听到是公说这样的话了。（中略）所以，也就应声附和说：好啊！总裁听了我不以为然的回答，非常恰如其分地指出：你可以跟我来看一看海外的日本人都在干些什么？像你这样啥都不懂还自以为是的人会让别人不舒服。听是公说他在马关还是什么地方的旅店留下了一笔很可观的"茶钱"，真想跟他去看看那笔庞大的"茶钱"给旅店的老板和佣人们带来了怎样的影响。于是，我就对是公说希望跟着他到满洲转一转，他回答说随你的便，不想一起的话可以单独行动。①

满洲铁道株式会社的总裁中村是公是夏目漱石大学预备校时的同学，夏目漱石的"满州"旅行正是由他邀请和全程赞助的。南满洲铁道株式会社，简称"满铁"，作为特殊的"公司"，是日本帝国主义在中国进行政治、经济、军事等方面侵略活动的指挥中心，是执行日本国策的地方机关。日俄战争后，日本根据《朴茨茅斯条约》，攫取了中国中东铁路南段（长春至大连）及经营抚顺煤矿等特权。1906 年，"满铁"在大连创立，以经办铁路、开发煤矿、移民及发展畜牧业等作为其经营方针。后藤新平出任第一任总裁，而中村是公经其举荐任满铁副总裁。1908 年，后藤新平升任通信大臣兼职铁道院总裁后，中村是公接任满铁总裁，并袭蹈后藤新平的经营方针，依据"文装性武备"的统治原则推进满铁的殖民事业。同时，中村是公为扩大日本本土向"满洲"的移民并笼络本土人才，加大了宣传的力度。而当时作为朝日新闻社专职作家的夏目漱石，已经凭借《我是猫》、《哥儿》等多篇小说而越来越受读者的好评，在日本文坛具有举足轻重的地位。此时中村是公的邀请，也正是希望夏目漱石能够来满铁负责办报及新闻宣传一类的工作。从此以后，邀请文化人考察旅游就成为满铁的一项活动。②

---

① ［日］夏目漱石:《满韩漫游》，王成译，中华书局 2007 年版，第 153—154 页。
② ［日］夏目漱石:《满韩漫游》，王成译，中华书局 2007 年版，第 143—144 页。

夏目漱石 1909 年 9 月 2 日从东京出发，3 日早乘坐大阪商船会社的"铁岭丸"前往大连，6 日到达大连后开始了他的满韩漫游。在大连期间，夏目漱石参观了中央试验所、电气公园、南满铁道会社、电气化工厂等满铁经营的企业与试验的设施。10 日，抵达旅顺，参观了日俄战争遗迹，包括战利品陈列馆，鸡冠山炮台等地。随后，又去了营口、汤岗子、奉天、抚顺、长春、安东等地，其参观内容主要包括发电厂、工厂、医院、学校等，同时也游览了千山、北陵等地。28 日，夏目漱石抵达平壤，随后在朝鲜半岛参观游览了京城、仁川、开城等城市，并于 10 月 17 日返回到东京。10 月 21 日起，夏目漱石开始在《朝日新闻》上连载游记《满韩漫游》，连载至 1909 年底中断，共计 51 回，其内容只涉及旅行中游览抚顺之前的部分城市，而长春、安东等地及朝鲜部分的旅行尚未付诸报端，可从其满韩纪行日记中获知一二。

《满韩漫游》停止连载的原因，曾有多位专家学者专门对此做以研究。夏目漱石本人在抚顺之行结束后的游记中写道："在报上连载至此已经到了除夕，跨越两个年度不甚正常，暂且决定停止连载。"① 不难看出，这不过是夏目漱石的推托之辞。而多数学者把《满韩漫游》的中途辍笔与伊藤博文在朝鲜被刺杀的事情联系在一起，其中比较有说服力的观点是认为伊藤博文被暗杀后，日本国内军国主义思想空前高涨，这时担任《朝日新闻》社会部长的涩川玄耳开始连载自己在朝鲜访问时的见闻《恐怖的朝鲜》。夏目漱石在《满韩漫游》的记载中政治立场模糊，内容是以轻松幽默的笔调来描述自己在"满洲"的见闻，其中还穿插了很多和老友之间的回忆。因此，无论是题目还是内容，涩川玄耳这篇以纪实报道的手法描写的朝鲜见闻都更能吸引读者。或许，夏目漱石也已经意识到满洲游记连载之后，再用同样的手法来描述自己的朝鲜见闻，可能不会像涩川玄耳的报道那样具有时事性，因此只好借故结束了连载。

由于深受东西方两种文化的影响，夏目漱石的思想比较复杂。他一向追求平等、自由、博爱，这使他对一切事物的批判多过于歌颂。他一方面以西方的现代意识批判东方的落后面，另一方面又以东方的传统批判西方的资本主义文明。② 夏目漱石矛盾的思想在《满韩游记》中仍可见一斑：一方面，他站在文明进化的立场上讽喻民众的愚昧无知，另一方面，他又站在道德与民主政治的立场上指责官僚的专横；一方面，他对满铁的成绩

① ［日］夏目漱石：《满韩漫游》，王成译，中华书局 2007 年版，第 252 页。
② 何少贤：《日本现代文学巨匠夏目漱石》，中国文学出版社 1998 年版，第 6 页。

大加赞誉，这正是他民族主义意识的表现；另一方面，他又对满铁剥削中国劳动人民的行为进行了批判，这又是他作为现实主义作家的真实情感流露。也就是说，夏目漱石在中国旅行期间形成了"满铁"的二重映像。如前所述，产生这种矛盾印象的原因就在于进行此次中国旅行的既是作为"满铁代言"的夏目漱石，又是作为"现实作家"的夏目漱石。

二　对满铁的赞誉与殖民主义意识

夏目漱石的旅行是受满铁总裁中村是公的邀请，那么为其代言，宣传满铁的建设成就便是顺理成章的事情了。但是，作家出身的夏目漱石，以其文学性的描写和含蓄隐喻的笔触，并没有明晃晃地大肆鼓吹，而是从细节之处着力强调"满洲"优越于日本的地方。当迎接夏目漱石的满铁马车出现在他眼前时，他顿觉眼前一亮，写道："有两辆新颖豪华的马车，即使在东京的大街上也很难见到。马车夫穿着气派的制服，脚蹬锃亮的马靴，手里攥着马缰绳，操控着膘肥体壮的哈尔滨产高头大马。"[①] 看到"满铁公司修建的靠电气驱动的娱乐设施"电气公园时，他也慨叹到"内地（指日本）也还没有。"[②] 满铁的电车采用"最新式的铺轨方法"，由于漱石对此表现出来的"无知"而被中村嗤笑，他也自嘲道："难怪从内地来的被看成是乡巴佬。"夏目漱石肯定满铁的建设能力，所以在他走过黄土飞扬的郊区时，心中暗暗地觉得"过不了多久，这里也会变成旅馆前边那样坚固的马路吧！"[③] 在研究所（中央实验所）里，他静静地欣赏着满铁最新的科研成果：黄豆正被炼成便宜而效果几乎与橄榄油相同的用于烹调的豆油，如"双重蝉翼，而价格只需要一半"的丝绸，还有肥皂和高粱酒。看着中村是公得意的样子，夏目漱石更是无限度地发挥其想象："如果在这个试验场里能够生产出威士忌，是公一定会举杯痛饮的！"[④] 在抚顺，夏目漱石对其建筑大加赞赏，认为这些建筑可以刊登在 Studio 杂志（夏目漱石喜欢阅读的一本英国的美术杂志）上，不管是教堂、剧场、医院、学校，还是当地煤矿职工的住宅，都可以与东京上层阶级的住宅区"山之手"相媲美，夏目漱石还进一步强调了这些各具特色、富有变化的独特设计全部都是出自日本建筑师之手。重要的是，

---

① ［日］夏目漱石：《满韩漫游》，王成译，中华书局 2007 年版，第 160—161 页。
② ［日］夏目漱石：《满韩漫游》，王成译，中华书局 2007 年版，第 167 页。
③ ［日］夏目漱石：《满韩漫游》，王成译，中华书局 2007 年版，第 168 页。
④ ［日］夏目漱石：《满韩漫游》，王成译，中华书局 2007 年版，第 169—170 页。

在这样一个充满独特现代建筑的城市里，还有更加具有诱惑力的一面：抚顺"随处一挖就是一片煤田，要想挖干净得需要一百年或者二百年。"① 就这样，在夏目漱石涓涓流水般的述说中，一个充满活力、技术先进、资源富绰的"满铁"跃然纸上，令彼时的日本读者自然地产生神往之情亦在情理之中。

夏目漱石不仅仅对满铁的建设成就大加赞誉，对"满洲"的自然风光更是多溢美之言，甚至觉得"大连的太阳的确比日本的太阳耀眼，空气清澈。"夏目漱石坦言"满洲的确是一个辽阔的地方"，在这里"高空的太阳映照出的褐色和黄色，有时变成条状，有时变成阶梯状，有时变成花纹，在彩霞的映照下朦胧飘渺，与云彩连接，覆盖着平原大地"。甚至在这东北地区，夏目漱石还看到了一幅有趣的南国画卷：弯弯曲曲的河缓缓流淌，河对岸有五六棵大柳树，柳树里面似乎有一个村子，五六头牛马涉水走过来，距离太远，移动的影子很小，但是，可以看清颜色，那几头牛马全都是茶褐色，它们正向柳树下靠拢。他又看到"高高的柳树把细细的叶子全部收拢到树枝上，纹丝不动，完全是一派中国风景，"在路途中"忽然一条巨大的山脉撞入眼帘……汉语里有崔嵬或者嶙峋等用来形容这种山峰的词语很丰富，但是在日本一个也找不到。"不难看出，此时夏目漱石眼中的"满洲"世界已经是一派欣欣向荣的景象，而如此描绘，其目的无外乎在强调："满洲"具有自然上的优越条件，"满铁"的"建设成果"及"未来发展"更是前景无限。这时，就连"满洲"的女佣因能够用专业用语回答夏目漱石的问题都得到了他的大力称赞，称其"不愧是满洲的女佣"。②

在夏目漱石和桥本离开大连北上继续旅行的时候，中村是公邀请他们坐上了有生之年头一次坐过的火车。当漱石和桥本被中村带到火车上的一个小包间时，漱石和桥本即刻被火车中奢华的设施震惊了。"这个包间买了高级车票，还要付二十五美金才能进来。的确，表格内写得很清楚，这是一个带专用厕所、洗脸台、化妆室的豪华包间。"在如此奢华的包间中休息甚至让夏目漱石已经"忘记了胃疼"。③漱石在英国留学期间，曾在给妻子夏目镜子的信中提及英国人坐火车的情形："火车上如果没有座位，即便是看上去下等的劳力也会给你匀出个位置。在日本，却还有一人占据

---

① ［日］夏目漱石：《满韩漫游》，王成译，中华书局2007年版，第251页。
② ［日］夏目漱石：《满韩漫游》，王成译，中华书局2007年版，第217、167、218页。
③ ［日］夏目漱石：《满韩漫游》，王成译，中华书局2007年版，第213页。

两个位子而扬扬自得的蠢货。"① 可以看出，英国留学时的夏目漱石心中，火车作为代表近代文明的公共空间，还是大众平等出行权利的显现。但是，此时在中国旅行的夏目漱石，享受着日本殖民者在满铁运营的豪华列车，所谓的平等大概早已被其置之脑后了。

这些描写处处流露出夏目漱石对大日本帝国在海外的"欣欣向荣"的发展势态的无限自豪感，而这份自豪感的由来正是他内心中的民族主义意识和"大日本帝国公民的爱国之情"。早在 1904 年 2 月 10 日，日本对俄国宣战，日俄战争爆发之时，夏目漱石就在同年 5 月 10 日的《帝国文学》上发表了一首所谓鼓舞士气的诗歌《从军行》：

> 吾有寇仇，朦朣怒吼。不饶寇仇，男儿意气。
> 吾有寇仇，貔貅成群。寇仇勿逃，勇士胆魄。
> 色如浓血，扶桑之旗。中有杀气，不照仇敌。
> 天子之命，吾去复仇。尽臣之责，奔赴远方。
> 行军百里，绝不回首，一二千里，期待胜利。
> 璀璨北斗，高挂天空。吾去复仇，傲立北方。②

不难看出，诗文呼唤日本男儿去沙场复仇，是一首彻头彻尾的宣传鼓动诗，表现了夏目漱石空前绝后的狂热的"爱国"热情。有日本学者认为当时日本的审查制度严格，存在大众传媒信息的不足与过剩、当时日本社会科学研究等尚不发达以及受制于渗入其自身内部的"忠君爱国"的"国家主义"等原因，夏目漱石的《从军行》与《满韩漫游》只是其偶尔为之的"不适宜的判断或表述"。③ 但是，夏目漱石在 1905 年 8 月接受记者采访时发表的《战后文坛之趋势》的谈话中依然可以窥探他对待日俄战争的立场与当时的日本国人并无大异，他强调：日俄战争爆发以来，日本取得了非凡的胜利。对欧洲第一流的强国俄罗斯的连战连胜，不仅仅是指击沉敌舰等物质上的胜利，而对精神的鼓舞也是非常巨大的。国民的伟大力量和价值亦在战争的胜利中有所显现。人们对战争的胜利暗自期待，如今期待成真，长期被压抑的日本魂，真正发出来自信自觉的呐喊。这种自信自觉一旦形成，便会影响到方方面面。甚至，因为日本在日俄战争中的胜

① ［日］原田胜正：《日本车站史：作为公共空间的近代铁路》，叶晓瑶译，社会科学文献出版社 2022 年版，第 15 页。
② ［日］夏目漱石：《漱石全集》（第 14 卷），（東京）岩波书店 1936 年版，第 510—514 頁。
③ ［日］水川隆夫：《夏目漱石と戦争》，（東京）平凡社 2010 年版，第 274 頁。

利，日本的文学方面也受到了影响，从什么都模仿西洋，事事都崇拜西洋、迷信西洋，转向认知日本自身的特性与价值，认为日本文学与西洋相比绝不逊色，甚至是超过西洋的作品。因为战争胜利后的影响，日本自然不再一味以西洋为标准了，文学界的创作也非常活跃，有一种酣畅之感，批评方面也有了自己自由的行动天地。①

在夏目漱石的认识中，俄国所代表的不仅仅是一个国家，而是西方列强的代表。日本在日俄战争中的胜利，正是日本不甘于做西方的奴隶的展示。夏目漱石对日本参加这场战争的支持和对日本胜利的欢呼，也正是其"爱国"主义的表现。他希望日本能够自信自觉，不再一味地模仿西方，而是能够成为被他人模仿的对象，尤其强调了日本人应该在文学方面取得成就，出现伟大的作品。遗憾的是，在其盲目的"爱国心理"的支配下，夏目漱石并没有看清楚这场战争是两个帝国主义国家相互争夺殖民地的本质，也没有把本民族的自强和对其他民族的侵略区分开来。这一思想的形成，正是由于夏目漱石的阶级局限性和思想局限性。

三　对剥削的批判与道德主义情感

夏目漱石被誉为日本近代文学中批判现实主义文学的奠基人，具有强烈的社会责任感，在他的作品中，广泛地描绘了日本明治维新后动荡不安的天皇制国家的面貌，特别深刻地再现了一代知识分子的精神世界。有学者认为，在夏目漱石复杂的精神世界里"儒学思想占据其显著位置"，而"他的作品中表现出的怀忧天下的意识，就是有力的证明。"② 夏目漱石从小接受儒家文化，东方正统文化对其影响较深，后又赴英国留学，一定程度上又受到西方近代思想的影响。吊诡的是，夏目漱石在其文学作品中呈现的对于社会与文明的批判往往具有双重标准：一方面，他试图用东方伦理来批判资本主义社会的风气败坏与人们对道德正义的无视，另一方面，他又希求能够用西方近代价值观来改变日本的陈腐与落后。

夏目漱石思想的复杂和纠结同样体现在对于战争的态度变化上。前文所述，夏目漱石在日俄战争期间一直用自己的实际行动为战争鼓舞士气。然而战争刚刚结束后的第二年，即 1906 年，他就在短篇小说《趣味的遗

---

① ［日］夏目漱石：《战后文学界的趋势》，载《日本古典文论选择近代卷（下）》，王向远译，中央编译出版社 2012 年版，第 647—648 页。

② 刘岳兵主编：《明治儒学与近代日本》，上海古籍出版社 2005 年版，第 256 页。

传》里，描写了日俄战争的场面，反映了战争的残酷与惨烈，一改日俄战争期间的强烈的复仇观点，而出现了厌恶战争的倾向。此后，夏目漱石的多部小说，包括《草枕》《三四郎》《从此以后》等均以日俄战争为小说背景，从不同角度刻画了战争对日本普通人生活的影响，展现了日本人战后的无奈与彷徨。甚至在《三四郎》中借助人物广田先生之口这样评价了日俄战争：凭着我们这副长相，这样软弱，尽管日俄战争打赢了，成为一等强国，也还是无用，日本"终归要亡国"。到1909年，当夏目漱石抵达日俄战争的主战场旅顺时，看到战争后残落的景象，对战争的批判意识跃然纸上。他感到旅顺"跟废墟没有什么两样"，一片荒凉。看到一座"半拉子"建筑，"不晓得工程已经停止几年"，夏目漱石便"一丝伤感涌上心头"，而产生"会不会就这样一直停下去"的疑问。战后的旅顺，连"四周的山全都光秃秃的"，旅馆内虽然应有尽有，但是旅馆外冷清得"虽然是白天但依稀能听到虫子的叫声"，"房间里面和外部的环境截然相反"。① 夏目漱石对旅顺的描述，完全没有先前鼓舞战争士气时的那种兴奋与热烈，而是用悲凉的叙述来表达自己对战争的抵触感。有学者指出，夏目漱石的文人趣味始终具有强烈的现实性，他对国家意识形态的批评，与其本人与国家的从未消失过的紧张关系有关，他对扩张性的民族主义的批判就清楚地显示了这一点。②

战后的旅顺让夏目漱石感到凄凉，而在旅顺参观时导游的介绍让他更加深刻地体味到了战争的惨烈。在随A君游览旅顺的过程中，夏目漱石被告知从自己的脚下"往下挖的话，会挖出大批的死尸"；而另一位导游市川告诉夏目漱石等人"从六月份到十二月份，战士们没在房子里睡过觉，有一次，在齐腰深的水沟里一站就是几个小时，冻得嘴唇的颜色都变了。吃饭也不定时，趁不打枪的时候，随时往嘴里填几口干粮"。以至于现在这些士兵的身体还十分虚弱，"变得就像猫或者狗一样"。战争不但使许多生命受到了迫害，有大量的人员伤亡，还带来不计其数的物质损失。在港口处，河野告诉夏目漱石等人日俄战争中这一带的沉船不计其数，光日本人主动沉到海里的船就很多，以至于战争已经过去这么多年，而"直至今天都没能打捞干净"。③ 这些描述无一不是在揭露战争的残酷本质。

夏目漱石的批判还体现在满铁对于苦力的剥削上。夏目漱石的创作始

---

① ［日］夏目漱石：《满韩漫游》，王成译，中华书局2007年版，第194—195页。
② 林少阳：《"文"与日本的现代性》，中央编译出版社2004年版，第60页。
③ ［日］夏目漱石：《满韩漫游》，王成译，中华书局2007年版，第200、205、207页。

终充满了巨大的现实主义艺术力量,在小说中塑造的主人公形象多是以知识分子为中心,深刻地揭示了知识分子的精神世界。只有 1908 年所写的长篇小说《矿工》,是通过知识分子的眼睛写工人,并且生动地刻画了一幅日本矿工的悲惨的生活画面,充溢着对劳苦大众的同情和对资本主义制度剥削本质的批判。在《满韩游记》中,夏目漱石同样描绘了一幅炼油厂苦力工作的画面:"苦力温顺、健壮、有力、勤快","他们就像没有舌头的人一样,从早到晚默默地背着那沉重的大豆麻袋从一楼到三楼爬上爬下循环往复"。苦力们的"上身强壮魁梧、青筋暴露","从朦胧的蒸汽当中可以看见紫铜一样的肉色因为汗水泛着油光而越发勇猛"。夏目漱石看到此情此景,不由得赞叹说:"那些苦力活儿干得真漂亮,而且,非常肃静。"陪同回答说:"日本人根本做不到。他们一天只花五六分钱吃饭,真搞不明白他们为什么那样强壮。"这里,虽然夏目漱石没有直接揭露满铁对中国工人的剥削,但是通过以上间接的描写,则工人们繁重的工作、微薄的工资、单调的循环往复等,这一切和先前夏目漱石所见的满铁领导们的奢华生活比起来,却是对中国工人遭受剥削与压榨的惨痛境遇的真实描述。夏目漱石为其悲惨的命运慨叹:"他们的沉默和有规则的运动、他们的忍耐和元气简直就像命运的影子一样",并且"联想起了'汉楚军谈'",觉得"古时候,让韩信从胯下钻过去的好汉必定是这样一些人"。① 将苦力们联想成中国古代的"英雄好汉",这样的联想充满了对中国苦力所蕴含力量的敬畏和对满铁殖民统治的担忧。

可以说,夏目漱石的此次东北之行使其对"满铁"在中国的殖民政策有了更为现实的观感,在他之后的文学作品中也不断将此经历投射在众多去满洲的"冒险者们"身上。与旅行之前的作品不同的是,这些作品中的人物不再是因为日俄战争后经济萧条而无奈之下来到满洲,而是多了如《彼岸过迄》(1912 年)中的森本这样不学无术却能混入"满铁"工作的人,《明暗》(1916 年)在朝鲜新闻社就职的小林,以及《门》(1911 年)中坂井的弟弟安井"满洲"梦破碎后继续追随"帝国"侵略足迹前往蒙古谋生的人。有日本学者指出,这些人物在夏目漱石小说中的登场,正是他满洲旅行后的新产物。② 事实上,这种人物书写的变化确实与夏目漱石此次旅行经历不无关联,正是他对"满铁"的实地踏查,使其能够更为真实

---

① [日] 夏目漱石:《满韩漫游》,王成译,中华书局 2007 年版,第 184—186 页。
② [日] 西原大辅:《漱石文学と植民地:大陆へ行く冒险者像》,《比较文学研究》1995 年第 66 卷。

和深刻地了解当时"满铁"在中国的发展情况。虽然这些只是夏目漱石在小说中构建的人物形象,但是夏目漱石的小说一直被认为是其个人思想与生活的部分反应,而他也一直在文学作品中提倡相互尊重个性的自由,这实际上就是自由、平等、博爱的人本主义思想的体现。在明治时代全盘西化时期,夏目漱石却不主张盲目崇拜西方、学习西方,他对日本人跟在大洋彼岸的外国人后头拍手捧场的做法嗤之以鼻。① 后来,他又把这个思想发展为对日本式近代化的批判,认为在开化的西洋潮流的支配下,日本人民却受其影响而产生空虚感,滋生出不安和不满的情绪。②

有学者认为,夏目漱石的批评主要分为两类,一类是对现实社会的直接批评,以社会批评为主,另一类则是通过小说形式所进行的间接批评,以文明批评为主。③ 夏目漱石曾在 1901 年 3 月 15 日英国留学期间的日记中批判了日本的国民性,他写道:"误把日本人说成了中国人有什么可讨厌的呢?中国人是比日本人更有名誉的国民,所不幸的只是眼下沉沦、不振。要是有心的人,与其被称为日本人,倒不如被当作中国人更有名誉呢。即使不能做到这样,也应该想一想,在以往岁月里,日本受到中国多么大的恩惠。西洋人动不动就恭维说,中国人讨厌,日本人好。听到这样的话而感到高兴,那就好像一听说邻居(还是一个照顾过他的邻居)的坏话,就觉得有趣,觉得自己多好一样,是种轻薄的劣根性。"④ 夏目漱石在对平等的追求中,隐现着一位文化人对中日今昔世态的充满良知的内心独白,他超越了眼下的一时荣枯,并开始在一个更大的时空背景下,逐渐接触到了问题的本质。

四 "满铁代言"与"现实作家"

夏目漱石所描写的满铁形象,一方面是对满铁奢华先进的设备的大力赞扬,一方面又有对满铁殖民剥削的批判的流露。产生这样两个方面的原因是,夏目漱石作为中村是公邀请而来的"满铁代言人",具有日本帝国主义的自豪感和军国主义色彩,同时作为"现实主义作家",又有着对劳苦大众的同情。夏目漱石的这种纠结与苦恼与其所生活的时代不无

① [日]夏目漱石:《我的个人主义》,载《日本古典文论选择近代卷(下)》,王向远译,中央编译出版社 2012 年版,第 687 页。

② 何少贤:《日本现代文学巨匠夏目漱石》,中国文学出版社 1998 年版,第 12 页。

③ 高宁:《虚像与反差——夏目漱石精神世界探微》,《外国文学评论》2001 年第 2 期。

④ [日]夏目漱石:《漱石全集》(第 15 卷),(东京)岩波书店 1936 年版,第 54—55 页。

关联。明治维新后，西方文化对日本原有文化体系进行了冲击与洗礼，全面的向西方世界倾倒使得日本近代社会的价值观和道德观都产生了颠覆与扭曲，夏目漱石身处于近代社会，无法摆脱现实生活的影响，但是内心深处又对传统文化中自然与人性的和谐深深向往，他的精神世界因此而愈发矛盾。

在当时的日本人看来，中国东北是远离日本的荒凉之地，是那些在日本本土生活走入绝境的人的逃避之所。正因如此，时任满铁总裁的中村是公才需要邀请夏目漱石为其"代言"，强调满铁建设的中国东北是一块自由创业之地，其经济的发展以及设备的先进与开化在许多方面已经超越了日本内地，这无疑是向日本国内的读者宣传一种崭新的印象。夏目漱石不但向读者展示了满铁在东北所取得的成就，而且将创业者的艰辛也通过客观描写穿插在游记当中。例如夏目漱石和田中参观"鬼屋"时，讲述了满铁公司高层刚到大连时在鬼屋里安营扎寨的事情：

> 那时鬼屋已经破败不堪，连妖怪都不能住，作为一处经受战火后的残垣断壁，像一副骨架一样矗立在那里。安营扎寨的人们拼死拼活地开始了战后与气候、物资匮乏、交通不便的抗争。有的在火车里烧木炭取暖险些送命，有的坐火车点上油灯上厕所时，油灯因为摇晃立刻熄灭了，有的用吸管喝水时，刚喝两三滴，剩余的水全都变成了冰棍儿，所有的这一切就像探险一样。①

夏目漱石就这样于不经意之间强调了历经艰苦创业的开拓者们的功绩，不留痕迹地颂扬了满铁的建设成就，以此来回应中村是公的邀请，尽"满铁代言"之责，也就是说，"漱石的思考始终和国家的发展同脉搏"。②

日本在甲午战争中的胜利影响了日本民众的对华观，使之实现了有史以来首次从"仰慕"到"蔑视"的逆转。③ 而日俄战争的胜利，更是彻底增强了日本民众的"自豪感"，其民族优越感油然而生。近代日本知识人的中国认识与中国观虽强弱明暗略有不同，但其都具有一种相近的特点，即对中国的历史文明、中国的命运前途抱着极大的关心和期望，又在祖国

---

① ［日］夏目漱石：《漱石全集》（第15卷），（東京）岩波書店1936年版，第183—184頁。
② 刘岳兵主编：《明治儒学与近代日本》，上海古籍出版社2005年版，第305页。
③ 王美平、宋志勇：《近代以来日本的中国观》（第四卷1895—1945），杨栋梁主编，江苏人民出版社2012年版，第16页。

日本的国家主义、帝国主义政策面前,不得不在不同程度上进行妥协、屈服。① 夏目漱石也没有完全逃脱时代背景的束缚,其中国观同样受到时代色彩的影响,这一点从其《满韩漫游》中所表现出来的民族主义意识中可略见一斑。夏目漱石将日俄战争看作是日本与欧美列强的对抗,没有意识到是帝国主义国家间争夺殖民地的侵略战争,因此会因战争的胜利而感到自豪,这正是其民族主义意识的展现。在游记中夏目漱石对中国人和俄国人蔑视地称为"清国佬儿"、"俄国佬儿",完全是一幅处于强国地位的优越感。具有欧洲留学经历的夏目漱石,留学期间备受欧美列强蔑视之苦,但是并没有因此端正态度,反而将这种蔑视转嫁于亚洲国家和人民。夏目漱石对满铁所取得成就的承认和迎合,对中国人的蔑视和轻侮,均是因其受到时代的影响及作为"满铁代言"的表征。

但是,在旅行过程中,夏目漱石又多次被"满洲"自然风光和苦力们所震撼,这一方面反映了他对中国大地所蕴藏的力量有一种危机感,另一方面又表现了他作为现实主义作家,对资产阶级的剥削和压迫的批判以及对劳苦大众的同情。在夏目漱石所发现的被意识形态所遮蔽的事物中,首先是对于自然风光的描写,他不仅留恋于田园风光,还曾两次提到了夜空之美:"房顶突出的细长的塔楼伸向夜空,把琉璃色填空染成黑色,初秋的大连,无数的星星在深色的夜空中闪烁,这在内地是看不到的","醉醺醺地走出酒吧,夜色深沉,我头一次在深远的夜空中看到了闪烁的星光"。② 此外,游记的第 33 节还有这样一处描写:

> 从温泉里出来,站在沙地上朝河流的上游眺望,弯弯曲曲的河流缓缓流淌。可以看见河对岸有五六棵大柳树,柳树里面似乎有一个村子。五六头牛马涉水走过来,距离太远,移动的影子很小,但是,可以看清颜色,那几头牛马全都是茶褐色,它们正向柳树下靠拢。赶牛的人比牛还小。这一切仿佛就像一幅人们所说的南画,非常有趣。③

如果说以上的描写是夏目漱石作为培养过汉文学素养的作家,用一双敏锐的文学家的眼睛对"满洲"如此富有古诗韵味的风景的观察,那么,夏目漱石对中国苦力和受伤老人的描写便更是其作为现实主义作家的内心

---

① 〔日〕野村浩一:《近代日本的中国认识:走向亚洲的航踪》,张学锋译,中央编译出版社1999 年版,第 298 页。

② 〔日〕夏目漱石:《满韩漫游》,王成译,中华书局 2007 年版,第 164—166 页。

③ 〔日〕夏目漱石:《满韩漫游》,王成译,中华书局 2007 年版,第 217 页。

世界的情感素描了。如前文所叙，夏目漱石将苦力们联想成中国古代的"英雄好汉"，这样的联想充满了对中国苦力所蕴含力量的敬畏。同时，夏目漱石的"现实主义作家"身份在他描写从北陵回来的路上的经历时表露无遗：

> 从北陵回来的途中，在快要到达旅馆的路上，我们看到了路的左侧聚集了许多人。卖豆腐、包子、豆腐丝的不甚干净的中国小摊儿摆满了路边。从黑压压的头顶往下看，一个六十多岁的老头坐在地上，两条小腿弯曲着伸向前方。右腿膝盖和脚背之间被强大的力量划开一个两寸长的口子，就像剜开的一样，小腿上的肉从骨头上滑下来，往下坢拉皱缩到一起，简直就像一个石榴被砸破后呈现出的景象。即使已经习惯这种情况的导游也有些发抖，他立刻让马车停下，用中国话询问发生了什么事故。我尽管听不懂什么，但是，竖起耳朵反复问：发生了什么事？令人不可思议的是黑鸦鸦聚在一起的中国人看着老人的伤口谁都不回答，连动也不动，更加显得安静。我尤其感到两手向后直支撑着地面，把伤口暴露在人们面前的老人脸上没有任何表情，既没有留下痛疼的印象，也没有表现出痛苦的样子。我所察觉到的是他的眼神，老人用木然的眼神呆呆地望着地面。
>
> 导游告诉我：老人被马车压伤了。我间接地催促说：怎么不叫医生呢？应该赶紧叫医生啊！导游回答说：是啊！会有人想办法的。这时导游似乎恢复了正常的情绪，鞭影很快又闪动起来了。满身灰尘的车夫非常鲁莽地赶着马行驶，根本不在乎车马行人。我的帽子和身上落满了黄土。在旅馆门口下车的时候，我产生一种终于和残酷的中国人断绝了缘分的心情，不由得高兴起来。①

虽然游记中的描述不乏夏目漱石对中国人麻木、自私的国民性的揭露和蔑视，但是如果只看前半部分，我们会觉得夏目漱石是一位具有悲天悯人情怀的现实主义作家，夏目漱石对于受伤老人所表现出来的关怀和对老人对于痛苦的巨大承受力以及对世间冷暖的坦然是超越国界和意识形态的。也可以说，这正是夏目漱石一直以来作为"国民作家"的内心情感世界的一个写照。不过，如果进而阅读后半部分，却冷然发现夏目漱石的悲悯之情只是即时性的，并没有深入他的内心，当他在离开上述"悲悯场

① ［日］夏目漱石：《满韩漫游》，王成译，中华书局2007年版，第240页。

域"之后便立刻感到了精神上的"解脱"，夏目漱石的人道主义就像流星一样，一闪而过，毫无留恋。作为"满铁代言"的夏目漱石，受其所托而不得不为日本在海外事业的发展进行有力的宣传，为满铁在中国东北取得的"建设成就"而颇感自豪；而作为"现实作家"的夏目漱石，面对被日本压迫与侵略的中国人民又不免发自内心的感到同情与怜悯。但可惜的是，夏目漱石尽管拥有一双能够敏锐地发现人性问题的眼睛，但缺少一份具有持久魅力的人文主义情怀，最终陷入了民族主义的泥淖。

综上所述，夏目漱石由于深受东西方两种文化的影响，思想上的矛盾和复杂在其中国旅行中亦有所体现。受时代背景的感染及民族主义意识的影响，夏目漱石的民族优越感在旅行中表现得淋漓尽致，他大肆赞扬满铁的建设成就，不断强调许多方面已经赶超日本本土，以努力完成其"满铁代言"的职责。而另一方面，对中国劳苦大众的同情和对"满洲"自然山水的描绘，又表明其作为现实主义作家，对资产阶级剥削本质的批判和对中国大地所蕴藏的能量的慨叹。这也是夏目漱石的中国旅行体验中为什么会呈现其"满铁"二重映像的原因所在，亦是明治末期日本知识分子"对内民主主义、对外帝国主义"①的思想倾向的具体表现。

---

① ［美］安德鲁·戈登：《现代日本史：从德川时代到 21 世纪》，李朝津译，中信出版社 2017 年版，第 274—277 页。

第五章　幽玄浪漫:大正中期至昭和初期日本人的中国体验

　　日本的大正时代虽然只有短短的十五年时间（1912—1926年），但在日本近代史上却是最为重要的转折时期，也是近代中日关系发展的关键时期。吉川幸次郎曾在回忆录中指出："大正时代日本人对中国的蔑视到了绝顶，或者说是处于低谷，与此相伴是中国方面对日本的感情也非常不好的时期，所谓排日运动到了顶点。"[①] 明治时期日本知识人关于中国的体验与叙述，以及在此基础上所形成的中国认知与中国观，对于大正以后的游华知识人具有相当程度的持续作用和影响。在明治时期来华的日本知识人中，"中国蔑视论"始终占据主导地位，大多数人对于中国的认知都是负面的，是有意对来华前既有的日中"落差"预设所做的现实找寻。但是，大正时代的知识人却在这一大背景下空前地表现出对中国浓厚的兴趣。

　　进入大正时期，东亚的交通网络更为发达，中日之间的海陆交通更加方便，不但中日之间开通了下关—釜山—奉天、门司—上海等路径，满铁公司在中国东北地区建设的铁路、日本船舶公司在长江流域的开发等均为日本人的中国旅行提供了交通上的便利条件。此外，日本的各大旅行社为方便日本人的域外旅行，从1918年起开始发售"日满鲜周游券""日支周游券""日满周游券"等优惠票券，极大地便利并促进了日本人的中国旅行。与此同时，日本知识人对于中国的憧憬以及将之付诸实践而获取的独特体验也随着旅行的开展而日益丰富起来。在大正时代的日本文学中，不得不提及"支那趣味"与"东方主义"。

　　"支那趣味"最早出现于1922年日本名为《中央公论》的刊物中所设的"支那趣味的研究"专栏中，意即大正时代所开始流行的、对于中国的

---

① ［日］吉川幸次郎:《我的留学记》，钱婉约译，中华书局2008年版，第12页。

"异国趣味"。"支那趣味"的文学一方面表达了作家们的一种怀旧情绪，一方面也意味着一种对浪漫的异国情调的追寻。萨义德所提出的"东方主义"，即"东方学"，将欧洲、大西洋诸国与东方各国的地位对立起来，认为进入近代文明的欧洲各国拥有经济霸权及文化霸权，进而形成"西方"的话语体系，而古老的亚洲所代表的"东方"则成为原始、蒙昧、贫困等的象征。有趣的是，在日本文学的演说中，将中国演绎为日本的"东方"，而日本则凭借其在政治、经济及军事上的优势而成为亚洲内部的"西方"。

无论是"支那趣味"的表达，还是"东方主义"的视角，都为日本的知识人来中国找寻远古的神秘和浪漫的异国情调提供了理论支撑与精神支柱。虽然大正时代的日本已经完全受西方近代文明的影响，但是汉文学修养在文化界还依然受到普遍重视。以青木正儿、吉川幸次郎等为代表的日本知识人，通过自身对现实中国的体验，而逐渐取代了记忆中对传统中国的文本幻象，并以游记等方式的记述与追忆，阐明了各自的中国认知。

第一节　幽玄自然:《江南春》与青木正儿的中国感受

在青木正儿的中国旅行记中，无论是其对中国文化的感受、对中国国民性的认识，还是对往昔事物的感怀以及对儒道的阐释，均有其自身的文化判断标准，即"幽玄自然"的道教认识。正因如此，青木正儿的中国认知与日本大正时期其他游华知识人相比呈现出迥异的中国意象。

青木正儿（1887—1964年），字君雅，别号迷阳道人，日本著名的汉学家、中国文学研究家、日本汉学界京都学派的领袖之一。他先后任职于日本东北大学、京都大学、山口大学、立命馆大学等，一生著述颇丰，留下《青木正儿全集》十卷（春秋社，1969—1975年），对中国古典与现代文学的研究功绩卓著。[①] 在京都大学的"支那学派"中，青木正儿上承狩野直喜、铃木虎雄、内藤湖南，下启吉川幸次郎、林田慎之助等，并与小岛祐马、冈崎文夫等过从甚密。目前国内外学界对青木的研究多集中在其文学及戏曲史研究上，有关青木中国认知的研究尚不多见。青木曾于1922年至1926年间三次到中国旅行、留学，并著有中国游记。游记是旅行者第一时间内的现场体验，因此从游记的异文化体验角度全面剖析其中国认知，具有重要意义。青木的中国游记《江南春》，共包括六个部分：第一

---

① ［日］江上波夫编:《東洋学の系譜》（第一集），（東京）大修館書店1993年版，第262—269頁。

部分《江南春》，是其 1922 年 3 月至 5 月第一次到中国旅行的见闻录，刊登在同年 6 月至 8 月的《支那学》杂志上，记述了青木在上海、杭州、苏州、南京、扬州、镇江等地的旅行见闻及游历感受，同时也展现了青木眼中的中国形象与中国认知；第二至第五部分分别为《文苑腐谈》、《拘肆野语》、《绘事琐言》和《竹头木屑》，是青木的一些关于中国文学艺术及生活文化的评论性的文章；第六部分《中国童谣集》记录了一百二十首中国传统童谣。本文以青木的《江南春》①为基本史料，在总结其中国旅行感知的基础上，呈现出青木视角下独特的中国意象，并进一步结合他对中国文学与文化的研究，探究其中国观的理论根源及其现实影响。

一　青木正儿的中国旅行感知

青木正儿"梦幻"般的中国旅行始于江南一带。他沉浸于江南春日的"闲静"之中，细细地体会着一幅幅静谧的画卷。在旅行记中，青木通过对中国文化的感受、对中国国民性的认识，对中国往昔事物的感怀以及对于儒、道的阐释，将其眼中的中国印象生动、形象地展示出来。

青木正儿十分关注中国的文化，在游记中多次提及对于中国文化的认知和感受。在游览西湖时，他认为"西湖的一角就像是中国的缩影，欧式建筑在这里渐渐中国化，在不久的将来肯定会出现与西湖完全协调的景观，中国全国的文化也如此"。青木眼中的西湖已不仅仅是一处风景名胜，而是中国文化的一个象征，他通过改造西湖景观的设想来表达自己对于改造中国文化的设计，寓意颇深。从青木的言论可以看出，他一方面认为中国古代文化具有很强的吸收力与包容性，对其进行考察，便"会发现外来文化是怎样促进了新文化的兴盛"。例如，唐代文化的兴盛要素中西域文化的导入便占有重要位置，而"中华民族的伟大就在于吸收外来文化，以壮大自己"。另一方面，青木又认为到了清朝末期，中国文化已经走到了末路，呈现出衰败的特征，需要欧美文化的渗入与融合刺激。②与多数日本游华知识人不同的是，他对中国文化未来的发展和走向信心十足，认为正是因中国文化所具有的此种包容性，最终会把欧美文化吸收，从而使中国文化得到复兴，并进一步形成更适宜中国发展的新型文化特征。

---

①　本文以 1972 年东京平凡社出版日文版《江南春》的相关内容为主要参考，引文同时参照 1999 年北京光明日报出版社出版的王青所译《两个日本汉学家的中国行记》中关于青木正儿《江南春》的译著部分。

②　[日]青木正儿：《江南春》，(東京)平凡社 1972 年版，第 7 頁。

青木认为中国的国民性中既有"追逐名利""利己主义"的一面，又有"恬静淡泊""乐天主义"的另一面。这样的诠释似乎有些纠结与矛盾，而这又恰好应和了青木整篇游记的基调。在西湖畔人烟稀少的小巷里，青木沉浸于三弦的曲调之中，他认为三弦"柔弱流畅""幽静古典的音色有着南曲幽雅的遗风"，是现代音乐中市井的隐遁者，而此时的"现代中国"音乐中，二胡"尖细的声音"却占据着主导的地位，表达了"追逐名利却又恬静淡泊的中国国民性的一面"。① 青木以三弦代表古代中国文化，以二胡比拟现代中国文化，并用三弦"幽静古典的音色"在二胡"尖细的声音"中逐渐隐遁，表达了自己对于中国古典文化与中国现代文化的认知与评析。此外，青木从中国人食韭菜和蒜这一举动，进一步阐释了自己对于中国国民性的认识：中国人"自己吃（韭菜和蒜）滋味妙不可言，自己不吃，旁边人吃就臭不可闻"。青木认为这就是中国人"利己的妥协主义"。②

在青木正儿的游记中，不时会展现出其对中国古代事物的追思，比如对坟冢的认识。在青木的苏州旅行中，他就曾坐在坟冢上感慨："为什么汉代的诗人们那样悲伤地吟咏累累古冢呢？"他觉得坟冢绝没有阴郁的气氛，特别适于散步，是一种"风物保存丘"，让其"有种莫名的亲近感"。③ 同时，青木还十分垂青于中国的传统服饰，反复在游记中提及古代服饰优美。

> 议论归议论，诗趣却要求我注目古典的事物。穿着筒袖和裤子的妇人看起来很轻快，但我还是认为裙子等传统服饰更好，就像《儒林外史》上写的："见那一船一船乡下妇女来烧香，都梳着挑鬏头，也有穿蓝的，也有穿青绿衣裳的"。乡下人穿老式的蓝衣，肩膀上搭着黄色或红色的袋子，系着同色的带子，袋子上写着"朝山进香"，或者写着某地某氏，成群结队地到灵隐寺和天竺寺烧香。这种情形使诗情顿时涌出。良家女子乘轿，轿后面摇摇摆摆地跟着拿着提篮和银纸钱、红蜡烛、线香的，好像画中一样。④

在戏场看戏时，青木虽然感慨曲子不是其"一直想听的明以来的传统昆曲，而是清中叶以后勃兴的京调"，但还是因为演员的服饰"保留着明

---

① ［日］青木正儿：《江南春》，（东京）平凡社 1972 年版，第 11—12 页。
② ［日］青木正儿：《江南春》，（东京）平凡社 1972 年版，第 169—170 页。
③ ［日］青木正儿：《江南春》，（东京）平凡社 1972 年版，第 22、35 页。
④ ［日］青木正儿：《江南春》，（东京）平凡社 1972 年版，第 9 页。

代遗风，非常典雅"而略感满足。青木还因在苏州的潺潺河水中有华丽的画舫徐徐行进而兴奋不已，他细致地观察和描述着画舫的种种细微之处，并想象着"如果那厢再有女角唱一出昆曲，那吴门一刻值千金的春宵就更添上千金之价了"。①

重要的是，从青木的游记中，人们可以清晰地感受到他对道家的尊崇以及对儒学的鄙夷。在南京雨花台，青木购买雨花石的一幕则是最好的印证：

> 一天，我登上了雨花台，一路被兜售南京名物雨花石的十几个少男少女纠缠不休，他们手中的提篮里放着白色的瓷碗，碗中清水里红白各色的小石像玉石一样鲜艳美丽，我对这些可爱的孩子和美丽的小石很有好感，虽然"要不要""买不买"的兜售让人心烦，但我还是像个淘气的孩子王一样听从了他们的要求。准备付钱，意识到欺骗，价格贵十倍，觉得很生气，掉头走掉，这是我辈常用的应战手法。……温柔的女孩子追上来，妥协价格，她诚实善良的表情显得十分可爱。②

在玄武湖游览时，青木与船夫少年的故事也十分有趣：

> 船在苇丛中和长满了水藻的肮脏的水面上行进了一段路程，便停靠在汀边，将我带到一个小祠堂里。当我再次回到船上，船居然又在沿着原路划去，我觉得其中有鬼。果然，船夫说道："再拿十个铜板就带你周游全岛。"我的语言能力使我无力与他争辩，便压下心中怒气，只命他"快开吧!"
>
> 岛的对岸水深而清澈，紫金山影倒映水面，从东西横贯的古老的城壁上可以看到龙宫一般的鸡鸣寺和北线阁，钓鱼小船只影不见，只有我们的小舟沉浸在一片深深的寂静中，默默划桨的少年早已从小骗子摇身成了诗画的点景人物。我希望就这样任时间流逝，但是少年的头脑中好像只惦记着快到岸上收取船费，眨眼间又回到刚才的汀上，我跳下船，塞给他二十个铜板，少年请求道"再给十个铜板……我带你去了对岸"，我用日语骂了他一句"混蛋"，就跳上车。那少年也不再追究，只是苦笑，旁边几个岛上的女人们也笑了，我也不觉为自己

---

① 〔日〕青木正儿:《江南春》,（東京）平凡社1972年版，第31頁。
② 〔日〕青木正儿:《江南春》,（東京）平凡社1972年版，第39—40頁。

战术的成功而微笑了，那个并不纠缠的小骗子我也觉得有几分纯真和可爱了。①

遭遇了船夫少年的无礼要价后，青木联想到了儒道思想对于中国人思维的影响，他认为船夫少年的高价要求是对于"生的执著"，是中国人自古所传承的"为了自卫，为了对抗自然的威力而持续的努力"，是"现实的实行的儒教思想"；而同时船夫少年的无礼要价遭到了青木的斥责而少年却未纠缠，只有"苦笑"而已，这又体现了中国人"对不可抗拒的事物则采取服从的态度，这就是虚无恬淡的老庄思想"。②

在青木的旅行记中，通过他所游览的景观及其旅行感受，可清晰地发现他所偏爱的是中国古典的事物，喜欢静谧的环境与音乐，沉醉于充满诗情画意的自然景色之中，而以上种种感受均有其独特的文化判断标准，即"幽玄自然"的道教认识。

二 青木正儿"幽玄自然"的中国意象

青木对幽玄事物的钟情以及以老庄思想为核心的道教认识，是其《江南春》的文化基调。这种"幽玄自然"的中国意象，在青木正儿的旅行记中有显著的体现，表现在他对于中国南北风格、戏曲评论、景色与物产，以及儒道认识的态度上。

首先，在中国南北方风格方面，青木认为存在差异。在青木看来，中国北方气候寒冷，风光不甚优美，自然资源也贫乏，这些自然因素使得北方人要为生活付出更多艰辛，因而性格质朴，更加现实与理智，文艺思想也趋于"功利主义"和"现实主义"；南方气候温暖，山水明媚，自然资源丰富，故而南方人生活安乐，沉浸于南国幻想与冥思的悠闲之中，热情而又富有诗意，表现在文艺思想上也趋于"唯美的浪漫主义，有流于逸乐的华丽游荡的倾向"。③青木通过对南北方文化、文学以及国民性的解析，明显地流露出对于南方"幽静自然"的文化氛围的钟情，并认为这种"南北之别"也是"构成中国国民性的基调"。

其次，在对中国的戏曲评论方面，青木认为昆曲是"优美的"妙音，

---

① ［日］青木正儿：《江南春》，（東京）平凡社 1972 年版，第 41—42 頁。
② ［日］青木正儿：《江南春》，（東京）平凡社 1972 年版，第 42 頁。
③ ［日］青木正儿：《支那文學思想史》，（東京）岩波書店 1943 年版，第 3—7 頁。

而京剧则是"喧闹""嘈杂的"。青木虽然想"努力适应那（京调）尖细的声音和旋律，却终究徒劳。"① 昆曲发源于 14 世纪的中国苏州，以曲词典雅、行腔婉转、表演细腻著称，鼓板管弦诸乐器俱备；京剧起源于清朝乾隆年间，伴奏多以夹板、唢呐和锣鼓等，而"毫不用丝竹"。青木在旅行记中关于昆曲的记录亦印证了其在《中国近世戏曲史》中的相关描述：余所欲研究之古典的"昆曲"，此时北地已绝遗响，殆不获听。每有暇辄至徐园，听苏州昆剧传习所童伶演昆曲，得聊医生平之渴也。② 所以，青木不喜欢京剧，却偏爱昆曲，可以看出其喜静厌喧的一面。当青木听到日本的中国戏剧评论家辻听花先生说"昆曲不足观不足听，其佳处都是从京剧汲取来的"时，他感觉"发怵"，认为辻听花先生是京剧的铁杆戏迷，对昆曲却毫无同情与理解，在这方面不足托为其师。③ 青木对梅兰芳所表演戏剧的看法也十分有趣，他认为"狂热捧红女演员的愚辈众多"，"对梅某（梅兰芳）的眼珠大声叫好，令人大倒胃口"，并表示对于梅兰芳所上演的《上元夫人》中那种"浓妆艳抹的女角"毫无兴趣。④ 青木认为这种有违自然的性别角色的转化扮演是反自然主义的，因此对梅氏所扮演的角色嗤之以鼻。

再次，在对待中国景色与物产的态度上，青木更青睐于自然的事物，强调只有面对自然美景时，他才会感到心情舒畅。在苏州旅行时，青木有这样一段描述：

> 我不是画家，但是此时我的脑海里也勾勒出了几幅图画；我不是诗人，但不知何时我的脑海里涌现了长篇的诗歌，二者浑然一体，脑海中翻腾着无义无韵无形无色的艺术的元素。……我喜欢浑然天成的艺术，而不是人为合成的。⑤

道家讲究"道法自然"，在宁静和谐的自然环境中体会纯真自由的精神境界。青木用"无义无韵无形无色"来夸赞眼前的自然美景，正符合了道家的自然思想。当青木面对西湖特产剪子、竹筷、藕粉和龙井茶时，"不知不觉"地选择了剪刀，而备受游人欢迎的竹制的圆筷则令青木"感

---

① ［日］青木正児：《江南春》，（東京）平凡社 1972 年版，第 12 页。
② ［日］青木正儿：《中国近世戏曲史》，王古鲁译，中华书局 2010 年版，第 2 页。
③ ［日］青木正儿：《琴棋书画》，卢燕平译，中华书局 2008 年版，第 196 页。
④ ［日］青木正児：《江南春》，（東京）平凡社 1972 年版，第 173、178 页。
⑤ ［日］青木正児：《江南春》，（東京）平凡社 1972 年版，第 26 页。

到乏味"，因为他觉得此筷"好像南宋道学先生玩的空竹一样束成一把"，实在难以想象虢国夫人曾经用这种筷子吃着御厨八珍。① 这与青木"极端厌恶道学"② 的思想若合符节，也与吉川幸次郎所言之"青木憎恶道学以及道学的文学观"③ 正相吻合。

青木观察中国事物的重要思想特征，仍然体现在价值层面的取舍倾向上。就儒道认识问题而言，青木为旅行中所感受到的道家的明显衰退深感痛惜，同时又因偶然在扬州天宁寺旁听到了期盼已久的道情渔鼓这一体验的"玄风遗义"感到激动与欣慰。"道情"起源于唐代道教在道观内所唱的经韵，是道士为了普化众生而创作的离尘绝俗之语，青木所听为《珍珠塔》，是蕴含喻寓劝诫之意的说唱文学"鼓儿词"，其曲调苍劲、情感丰富，令青木饶有兴趣且激动不已。在杭州葛岭炼丹台，当青木拿出本子，想与守门道士笔谈时，道士却连连摇手表示"不识字"，这让青木感到惊异。道士能够坦然地告白自己"不识字"，青木认为"这坦荡的诚实就是那'道'的神圣所在"。④ 道家的精髓便在于摆脱文字所代表的"逻辑"的束缚，超越文字，通过自身体悟感受其神圣。在青木眼中，这位不识字的小道士正是道教自然主义的体现。此外，青木对商店悬挂的"幌子"亦情有独钟，认为不立文字的幌子"风趣易懂"，而新店所改用的文字招牌则"风流全无"。⑤

通过青木对中国南方的认同、对于昆曲的偏爱、对于自然物景的青睐以及对于"玄风遗义"的追捧等不难看出，青木面对纷繁复杂的中国近代社会，所钟情的均为中国古典事物与自然事物，而对近代社会面貌如若无视甚至大加批判，其"幽玄自然"的中国意象已和盘托出，清晰可现。

三 青木正儿的道家式中国文化认知

青木正儿所处的时期正是日本试图"脱儒"和"脱亚"的时代，儒家文化在西方体系比照下全面破产和彻底崩溃。⑥ 青木作为"支那学社"的

---

① ［日］青木正儿：《江南春》，（東京）平凡社 1972 年版，第 14—15 页。
② ［日］青木正儿：《江南春》，（東京）平凡社 1972 年版，第 64 页。
③ ［日］吉川幸次郎：《青木正儿博士業績大要》，载《吉川幸次郎全集》（第 17 卷），（東京）筑摩書房 1969 年版，第 338 页。
④ ［日］青木正儿：《江南春》，（東京）平凡社 1972 年版，第 38—39 页。
⑤ ［日］青木正儿：《江南春》，（東京）平凡社 1972 年版，第 172 页。
⑥ 韩东育：《从"脱儒"到"脱亚"》，台大出版中心 2009 年版，第 386—387 页。

主要成员之一，在研究观念与方法论上继承了其师长的特点，加强了对日本传统汉学的批评，以寻求新的视角来研究中国，并对中国的将来表现出强烈关心。① 青木别号"迷阳道人"，典出《庄子·人间世》中"迷阳迷阳，无伤吾行"一语。② 吉川幸次郎也曾将青木与阮籍相比较，认为青木与阮籍十分相似，③ 其性格特点均为"狷介""不羁"。④ 吉川还曾提及青木最反对儒学，因此十分推崇民国初年的文学革命，并在《支那学》杂志上刊文介绍文学革命。此杂志得到当时攻击孔子的急先锋吴虞的赏识，因此赠送青木数册《吴虞文录》。甚至在反对儒学这一点上，青木对自己的师长——狩野直喜也有所批评，认为"狩野之人，从自由的观点来看，他还是局限于孔子"，因为狩野在谈及孔子的时候还会使用敬语，青木便认为这种做法是不可行的。⑤

青木在中国文学及戏曲研究中，同样体现了他对道家思想的认同。他认为儒家思想代表入世的现实思想，对待文学时往往律之以道德，劝之以实用功利，戒空想，儒家在文学思想领域里所传承的主要是"鉴戒主义"和"功利主义"，⑥ 这也是因为青木深受"五四"时期的反孔言论影响的结果。⑦ 而道家思想代表出世的非现实主义，奉行者们的处世态度往往带有超脱主义倾向，无为而为，想象自由。这些超脱主义者为了寻找消遣，往往会选择清谈、文艺、自然美和酒，而老庄的超脱思想恰恰掀起了爱好自然美的风潮，于是使得描绘自然的山水画和描写自然景物的文学能够得到很好的发展，青木认为这是"一种引人注目而且又有价值的文艺现象。"⑧ 在《虚无的文艺思想》一文中，青木进一步指出他对道家的理解和认识，他认为道家思想中所倡导的无为无智，指的便是虚无的思想。而这种思想并非直接针对文艺而发，但它成为后世特别是宋代以后文艺作品中所出现的以"超越美丑观念、尽情追求天真"为宗旨的一派思想的先声。⑨

---

① 严绍璗：《日本近代中国学中的实证论与经院派学者——日本中国学家狩野直喜·武内义雄·青木正儿研究》，《岱宗学刊》1997 年第 2 期。

② 王先谦撰：《庄子集解》，中华书局 2010 年版，第 30 页。

③ ［日］吉川幸次郎：《青木正児先生》，载《吉川幸次郎全集》（第 17 卷），（東京）筑摩書房 1969 年版，第 335 頁。

④ ［日］吉川幸次郎：《青木正児博士業績大要》，载《吉川幸次郎全集》（第 17 卷），（東京）筑摩書房 1969 年版，第 338 頁。

⑤ ［日］吉川幸次郎：《我的留学记》，钱婉约译，中华书局 2008 年版，第 27 页。

⑥ ［日］青木正児：《支那文學思想史》，（東京）岩波書店 1943 年版，第 15—16 頁。

⑦ 黄俊杰：《东亚儒学史的新视野》，华东师范大学出版社 2008 年版，第 208 页。

⑧ ［日］青木正児：《支那文學思想史》，（東京）岩波書店 1943 年版，第 348 頁。

⑨ ［日］青木正児：《支那文學思想史》，（東京）岩波書店 1943 年版，第 327—328 頁。

因此，青木认为儒家与道家在文艺思想的表现中"水火不容"，儒家文艺思想主张"功利"，道家思想强调"虚无"，其虚无思想在潜移默化中对于中国古代的文艺思潮起着重要的作用。青木还认为中国人"沉湎于欲望时的尔虞我诈都是'儒祸'所致，而虚无恬淡便是'道福'"。①

在近代日本知识人的中国观类型中，从文艺家小林爱雄的游记《中国印象记》中可获知其中国观是以"文明论"为底色对中国文明进行的解读，他认为中国和日本都尚未达至"文明"的阶段，他在叹息中国文明停滞的同时，也毫无遮掩地批评了日本文明。可以说，小林在单线进化的"文明论"思维下，未能跳出"帝国主义"与"殖民主义"的藩篱，是一种"连带"与"开发"中国的隐蔽侵华观。② 同为京都学派代表人物的内藤湖南，他的中国观的核心是"日本天职论"，在这一因素的决定下，内藤在旅行期间形成了"守旧"之中国与"北衰南兴"之中国印象，但这并非对"中国文化停滞论"的简单复述，而是位于内藤史学"唐宋变革论"与"文化中心移动论"的延长线上的产物。③ 与小林爱雄和内藤湖南相比，青木正儿中国观的理论基础及评价标准更多呈显为"道家自然观"，他认为"儒家思想仅流动于中国文明的表面，流动于其内部的正是道家思想"。④ 在蔑视中国的风潮中，偏爱道家思想的青木被视为"怪人"，⑤ 但也正因为此，青木在《江南春》中所体现的中国凝视才呈现出迥异的中国意象。

在"道家自然观"的影响下，青木坦言只有面对中国的自然美景时才会心情愉悦，他不喜欢京调的音乐和随地吐痰的中国人，尽管青木长期从事中国文学研究，最终他"还是热爱日本的"。⑥ 所以，对于中国的"迷"，仅仅是在趣味上试图接近中国，并不把自己的全部身心投入其中。⑦ 青木对中国的文化感知根源于传统经典，在旅行中刻意找寻内心中所憧憬的画面，来印证自己原有的感知。而这种情形的产生是由于明治维新后，日本急速进入近代化，陷入西方世界的"战争"与"物质"的恶性循环之中，失去了原本很大程度上相像于道家思想崇尚的宁静、恬淡的生活画

---

① ［日］青木正儿：《江南春》，（東京）平凡社 1972 年版，第 42 页。

② 胡天舒、韩宾娜：《近代日本学人的中国观察——以小林爱雄的〈中国印象记〉为中心》，《东北师大学报》（哲学社会科学版）2013 年第 3 期。

③ 胡天舒：《内藤湖南的中国观——以〈燕山楚水〉为中心》，《历史教学》2013 年第 11 期。

④ ［日］青木正儿：《江南春》，（東京）平凡社 1972 年版，第 66 页。

⑤ ［日］名古屋大学附属图书馆：《「遊心」の祝福——中国文学者・青木正児の世界》，（名古屋）名古屋大学附属図書館 2007 年版，第 3—5 页。

⑥ ［日］青木正児：《江南春》，（東京）平凡社 1972 年版，第 33—34 页。

⑦ 孙歌：《竹内好的悖论》，北京大学出版社 2005 年版，第 46 页。

面。青木所找寻的正是这样一种静谧的氛围，实际上也并不代表中国当时的真实情况，而只反映了他对于宁静画面的刻意追寻。正如青木在杭州的清华旅馆住宿时所描绘的感受一致：

> 正逢赏花的季节，"清华旅馆"的周围极其热闹——旅客们叽里咕噜的说话声，悠长的叫卖声、驴马的铃声、轿夫的号子声等等，好像乡下演戏时的幕间，没完没了，让我心烦。但是同时又有一种沉静的情调，让我不禁提起笔来描述它，那就是桌上的茶具和香烟、将我载入梦乡的床、还有隔壁佣人哼着的温柔的摇篮曲，这一切使我感受到家庭的气氛。[1]

因此，在旅行中，青木有意规避中国近代化进程中的种种现实，而不断地援引其先验的"幽玄自然"的中国形象预设来一步步印证自己的中国感知。青木痴迷于中国正月里的春联、春灯谜，认为这不仅"表现了文字大国的风雅"，也让青木这样的"中国癖"十分喜欢，在看到相当于京都的四条、东京的银座的北京前门大街实现电气化后，青木"徒增惘然"，认为这是随着西洋文明的袭来而使得传统风俗渐渐衰落，所以他希望中国"这斯芬克斯一样的老大国仍然像斯芬克斯一样长眠，留着谜让世人去猜"。[2] 返璞归真是道家所追求的生活方式，青木正是在以"道法自然"的道家思想基调的中国认知下，才极力在中国旅行中不断搜寻人性中的自然本质，探究中国社会中存留的宁静、恬淡的生活画面，但这幅画面仅仅是中国近代社会中的一瞥，由此而生成的中国像仅呈现出点状或断片，也并非完整的中国认知。

《江南春》作为青木正儿中国旅行的游记文本，展现了他对中国文化包容性与文化复兴的认识、对"追逐名利"与"恬静淡泊"并存的国民性的感知、对中国古风昔物的追思以及崇道贬儒的"异类"态度。青木在《江南春》中所流露的偏爱南国冥思、喜昆曲厌京剧、沉醉于自然意境、痛惜中国玄风遗义之失传等精神感怀，正是其"幽玄自然"的中国认知观的具体体现。这种"幽玄自然"的理论认知也体现在其中国文学及戏曲研究上，是青木对待中国文化的基本思维方式。与以"西方文明论"和"日本天职论"为基调的中国观相比，这种以道家自然思想为基调的"中国文

---

① ［日］青木正儿：《江南春》，（東京）平凡社 1972 年版，第 3 頁。
② ［日］青木正儿：《江南春》，（東京）平凡社 1972 年版，第 173—184 頁。

化论"，堪称别具特色。青木在游记中塑造的中国形象，来源于其以中国传统经典中熟识的画面，并以此为依托在近代中国的现实社会中留意搜寻，在此过程中道家的自然思想贯彻始终，使青木的中国认知过分凸显了与中国近代现实社会并不相符的"宁静恬淡"的生活画面。产生这种认知偏差的根本原因在于，青木是借"中国"这一他者，意在找寻日本急速进入近代化后所遗失的相仿于道家崇尚的自然生活。

第二节　浪漫女性：《我的留学记》与吉川幸次郎的中国认知

在近代日本知识人的中国认知谱系中，吉川幸次郎所谓"中国天生是我的恋人"的慨叹使其成为日本"亲华"学人的典型代表。吉川在中国旅行中的风景印象、游览见闻及对中国学者气度的描述，展示出一个"美"的中国。这是吉川在日常性、人道主义等文化中国认知基础上，把古典中国投影于现实中国的混合映像。吉川的"恋华论"与同期日本游华知识人的"蔑华论"之间看似构成对立的两极，但吉川对"古典中国"的过度爱恋使其成为一种执拗的历史记忆，而近代中国的缺席正是其中国爱恋的无奈规避。把中国做一种女性化的浪漫想象、将历史记忆和现实世界互渗是吉川作为文学史家所特有的中国认知。

吉川幸次郎（1904—1980 年），字善之，京都大学教授，是日本著名的中国文学研究家。他出生在日本神户的一个商人家庭，自幼爱好文学。因其所住神户是日本著名的开埠商港之一，且有大量华侨集居在此，吉川从小就在相对理想开放的社会环境中成长，并深受到中国文化的熏陶。吉川一生著述等身，见解独特，研究领域十分广泛，几乎涵盖了先秦、唐宋、元明清时期的所有文学领域，他提出的中国文学的"日常性"特征、文化传统上的"持续性""典范性"和"崇高性"等论述，在学界具有较大影响力。目前国内学者主要关注的是吉川的中国学、中国情感及其中国文学论，以"吉川中国学"、[①] "文学史观"、[②] "中国情结"、[③] "异乡情感"[④] 等为代表，均不乏启迪意义。但上述研究对吉川中国旅行记的关

① 严绍璗：《吉川幸次郎与"吉川中国学"》，《学林漫录》四集，中华书局 1981 年版，第 168 页。
② 张哲俊：《吉川幸次郎研究》，中华书局 2004 年版，第 80—112 页。
③ 钱婉约：《吉川幸次郎的中国情结》，《古典文学知识》2011 年第 4 期。
④ 汪涌豪：《吉川幸次郎的"中国乡愁"》，《东方早报》2012 年 6 月 3 日第 T06 版。

注略显不足，尚未能够全面细致分析其旅行记中所体现的中国认知。

吉川幸次郎的中国旅行记共分三部分：① 第一部分《我的留学记》是在 1974 年 3 月和 7 月，荒井健、竹内实、中岛长文、中岛碧及山田庆儿就吉川留学之前和留学期间的种种事情，对其进行访谈的回忆录；第二部分《中国印象追记》是在其留学归国后于 1940—1959 年间陆续写下的有关中国的追忆小品；第三部分《中国文学论》收录了他在 1947—1966 年间关于中国文学的宏观性论述。吉川的中国旅行记并非在中国旅行或留学期间所写，而是归国后时隔有年的持续追忆，于是需要提出的问题是：吉川中国认知的具体形态及认知脉络是什么？其追忆产生在什么样的背景下？为什么吉川在游记中对近代中国的现实影像记录模糊，甚至是被忽略或有意回避？本文尝试在还原、体味吉川中国游历感受的基础上，拟从现场体验、文化认知、历史记忆、认知脉络等角度对吉川的中国认知予以探析，同时在与其同期来华的日本知识人中国观的比对中，揭示吉川视角下独特的中国认知。

一　吉川幸次郎的现实中国观感

吉川幸次郎在入学京都大学前后，曾有两次中国体验。第一次是 1923 年高中毕业即将升入京都大学之前，在青木正儿的建议下，利用春假以学生身份游览了上海、杭州、南京、镇江、苏州等名城，吉川被中国江南的"辉煌"和"富裕"所深深陶醉。第二次是在京都大学毕业后，从 1928 年 4 月至 1931 年 12 月在北京所度过的三年留学生涯。在镌刻于记忆的旅行中，吉川通过对旅行中的风景印象、游览见闻及对中国学者气度的追溯式描述，比较细腻地表现了他的中国现场体验。

中国的风光在吉川眼里显得纤细而明媚。来中国之前，吉川便"非常非常地想见中国，对之向往之至"，正是出于这份期盼，更使吉川的中国之行"兴趣盎然"。多年以后，他对初次江南之行仍记忆犹新、陶醉不已：

---

① 吉川幸次郎日文版的中国旅行记原名《游华记录》，分为留学、追忆、访中感怀三个部分，钱婉约所译《我的留学记》第一部分与《游华记录》一致，第二部分增加了购书怀旧绝句、柳絮漫话、随笔三篇、法隆寺的松、中国思想史上的人、中国人与法则、中国人与宗教、中国人的幻想力、中国人的日本观和日本人的中国观 9 篇相关文章，而第三部分则以吉川的中国文学论代替，《游华记录》第三部分的标题是：访中感怀、出使中国、访中印象三则、乙卯访中日录、访中余录。本文引文以《吉川幸次郎全集》相关章节为主，同时参照钱婉约所译《我的留学记》。

江南最初最深刻的印象就是风景的美丽。那时，我正在学词，有一首《江南好》，是唐韦庄还是谁的词。看了这风景，才知道江南真的是这样惹人怜爱。所以，印象最深的是美丽的风景。自然色彩也要比日本更轻柔、美丽。后来，好像是为了解疑似的，我曾请教过植物学者，他先是吃惊，后来解释说：日本的山植物种类少，所以山色是单一的美丽的绿色。事实正是这样，而且因为山的原因，水色也特别美。柳树正如青木先生说的也比日本的柳美，太阳的光彩也比日本的美。后来我想，略为夸张地说：实际上，那个时候我只知道用功，日本的春天也没有好好地漫步、欣赏过。（笑）这也是原因吧，但自然确实美丽。其次是人多，特别是刚一到上海，看到马路上人多得简直以为是赶上了庙会。而且，那么多人都显得身材魁梧，让我感到这一定是个丰足富裕的国度。还有，人们说话声音都很大。原来所谓的吴语，即江苏一带的语言，浊音很多，而且说话嗓音大，我这个独自旅行的日本青年大有被压倒的态势。总之，对中国人的富裕十分钦佩，对他们说的话，虽然是片段的，但总还能听懂一些，这也令人感到有兴趣。……对任何与日本不一样的东西都感到兴趣盎然。简直是饮酒微醉的感觉。①

这种"诗意般""梦幻般"的中国印象，正是在这次旅行中被确认、被定型、被再生产。吉川认同青木正儿的感受，反对一般人所谓日本风景纤细而中国景色豪壮的认知，并且与青木一样对中国的柳树情有独钟，在其旅行记中多次提及。早在吉川的初中时代，便因老师关于"与日本的柳不同，中国的柳是飞絮的"的讲解而对中国的柳絮产生了好奇心。随后进入高中，中国古典文学中关于柳絮的描写（唐刘禹锡的《杨柳枝》等）更引起了吉川对于柳絮所包含的"外国情调"的兴趣。所以，在吉川初入扬子江口，看到两岸一望无尽的柳树时，便立刻断言：无论取其中的哪一棵柳树，其细致的美感都是压倒日本的柳树的。② 在游览西湖时，吉川再次提及西湖的"水之色，柳之色，都比日本的更明艳、更细腻"。③ 在吉川看来，中国是美丽的化身，犹如中国古典文学那样引人入胜。在高邮之行

---

① ［日］吉川幸次郎：《我的留学记》，钱婉约译，中华书局2008年版，第40页。

② ［日］吉川幸次郎：《留学まで——質問に答えて》，载《吉川幸次郎全集》卷22，（東京）筑摩書房1975年版，第355頁。

③ ［日］吉川幸次郎：《雷峰塔》，载《吉川幸次郎全集》卷16，（東京）筑摩書房1970年版，第547頁。

中，吉川看到"大运河中河水荡漾，泛着茶色"，"高邮湖的水却呈现出清冷冷的光洁，远远地闪烁在遥望的视线中"，此景恰与清代渔洋山人诗中所吟别无二致，更使得吉川频繁赞叹高邮风光"明媚""纤柔"，[①] 并被这种"日本所没有的江南的纤细的自然美而魅惑"。[②] 在看到雷峰塔虽然已失去了外观的骨架，只留下高大的灰褐色的砖头的堆积物时，吉川觉得它像一位老禅僧，静静地伫立着，"似乎更加显示出人的艺术欲望"，使吉川产生了诗中不曾有的体验。[③] 这意味着，吉川对中国的实地踏查，既验证了他之前的想象，又激发出新的体验。

对游览中的见闻捕捉，也极具有吉川的个性色彩。在吉川眼中，中国不仅景色宜人，就连中国人也是美的。在江南，吉川看到那里的人大都穿着丝绸，使得城市的"街道上流动着光彩"；苏州的美女也让吉川不禁感叹："原来竟有这么美丽的人"；在钱塘江坐竹轿，吉川感觉轿夫非常好，并把这段记忆当做"一生中最幸福的时刻之一"。[④] 在杭州西湖，当他游览雷峰塔（此时的雷峰塔尚未倒塌）时，"一个乞丐走来，不停地摇着手说着什么，我给了他钱，他还对我摇手，好像在对我说着什么。"[⑤] 后来他才知道，这个乞丐过来告诫他雷峰塔有倒塌的危险，不要靠近，同时还担心他被雷峰塔周边的蝮蛇咬中，警告他当心蝮蛇。尽管吉川和乞丐只是短暂的接触，但是他从中感受到了中国人的善良和友好。不仅如此，吉川对曾被多数游华日本人贬斥的中国警察的印象也极佳。在北京留学时期，吉川的朋友大渊真慧（日本留学生）在逛街时，不小心把一家店里的瓷器花瓶打碎了，店主提出了离谱的价钱要求赔偿，而真慧的汉语又不太好，因此打电话向吉川求助。吉川来后，店主仍是不依不饶，非要其高价赔偿，最后只能到警察局理论。

演说以"我们警察的任务是排难解纷"开始，继而劝告双方和

---

① ［日］吉川幸次郎：《高邮旧梦》，载《吉川幸次郎全集》卷16，（東京）筑摩書房1970年版，第574頁。

② ［日］興膳宏：《吉川幸次郎》，砺波護、藤井讓治编：《京大東洋学の百年》，（京都）京都大学学術出版会2002年版，第262頁。

③ ［日］吉川幸次郎：《雷峰塔》，载《吉川幸次郎全集》卷16，（東京）筑摩書房1970年版，第547—548頁。

④ ［日］吉川幸次郎：《留学まで——質問に答えて》，载《吉川幸次郎全集》卷22，（東京）筑摩書房1975年版，第367—369頁。

⑤ ［日］吉川幸次郎：《雷峰塔》，载《吉川幸次郎全集》卷16，（東京）筑摩書房1970年版，第548頁。

谈、协商解决争端。他说,这个花瓶本应该值多少钱,古董店老板所说有所不实;但另一方面,因为你的过失打破了花瓶,作为安抚,是否应该赔偿古董店老板比一般卖价稍为更高一些的金额,这个赔偿金额应是这么些,请双方知晓、认同。大渊君很痛快地接受了,古董店老板也勉强地答应了。案子了结后,古董店老板徒步回去的背影,至今仍在我的眼前。

一场纠纷解决了。当时我非常感动,不,即使到今天,也仍感动不已。那个主任说:我们警察的任务是排难解纷。我感动的不是他能引用《史记·鲁仲连传》中"排难解纷"这样的古典语言,而是他把人民的和平生活放在心头,遇到纷争,去化解人们的恶意,使之趋于平缓,而不是去激化矛盾,增强恶意,他把这视为警察的任务,令我感动。这是任何国家的警察都应该具备的理想。①

这位穿着黑色中山装、矮胖胖的警察出面为他们调停,并将"排难解纷"当作己任。② 这件事令吉川感动不已,久久不能忘怀。

在中国留学及旅行期间,最让吉川心生敬意且印象深刻的乃是中国学者的气度。吉川在北京留学期间与中国学者交往频繁,除在北京大学旁听时与马裕藻、钱玄同、朱希祖等有所交流外,吉川还曾专门拜访过陈寅恪、黄侃等著名学者。吉川认为陈寅恪敏锐,黄侃豪爽、快捷,两人均与日本著名哲学家西田几多郎(1870—1945 年)有些相像。在旅行记中,吉川详细地追述了对黄侃先生的拜访经过:

黄氏的宅邸,在中央大学之西,我诚惶诚恐地递进去名片,受到了热情的接纳。黄侃高高的身材,蓝色的长袍大概是新年的服装吧。小小的金丝边眼镜下面,是精锐的目光,一副年轻的西田几多郎先生的风貌。话锋也如西田几多郎那样豪爽、快捷。我问:听说先生写了《尔雅》疏?黄氏回答:还没有写,只是有十来条心得,想把它写出来。谈及北京的诸位学者,不时有辛辣的批评,对乃师章太炎的学风也不无微辞。还说:你们国家的狩野君山的学问是最好的。他的这些谈话我并不能全部听懂,但能感到他的爽快。……我在中国留学三

---

① [日]吉川幸次郎:《我的留学记》,钱婉约译,中华书局 2008 年版,第 145—146 页。

② [日]吉川幸次郎:《中国の警察》,载《吉川幸次郎全集》卷 16,(東京)筑摩书房 1970 年版,第 563—565 頁。

年，似乎第一次遇到了像学者样的学者。①

吉川还专门记录下《黄侃给予我的感动》，这种感动也是源自吉川对黄侃在学术上的钦佩。例如，吉川对《经典释文》中《谷梁传》的部分有几处疑问，在北京问过好多先生，或没有清楚、满意的答案，或干脆不被理会。但黄侃没有看原书就立刻作出判断，为吉川做了解答，这让吉川觉得黄侃是很了不起的学者，尊称其为先生。并且，随着话题渐渐展开和深入，吉川更加感到黄先生才是真正认真读书的人。② 这恐怕也是他何以会发出"第一次遇到了像学者样的学者"之类感慨的缘由。除此，吉川还在关于 C 教授（钱稻孙）的追忆小品中，淋漓尽致地表达了自己对于钱家的敬重之情，认为钱家是"一个只有在特定的地域中、经历了好几代文化的传承才能造就出来的、对他人充满善意的尊重和信赖的家庭"，甚至认为，与之交往会"使日本家庭所特有的野蛮也得到几分矫正和改善"。③

在当时多数游华日本人的眼中，中国景象是肮脏、落后、颓废的，中国人是贫穷、愚昧、奸诈的，整体上是一种被拒斥的负面形象。而吉川在中国旅行与追忆中对中国风景、中国人都是美好的、正面的形象描绘。这种"美"的印象深深地定格在吉川的脑海中，不但难以忘怀，在饱含情感的追忆中反而变得愈加清晰，这与吉川对中国文化的认知不无关联。

二　吉川幸次郎的文化中国认知

中国文学承载着中国文化。吉川是中国文学研究领域中的巨擘，他在中国文学研究中提出了"日常性""人道主义"等著名论点，在对中国的宗教分析与哲学评价中，吉川也有自己独到的见解。因此，在吉川的文学论中能或明或暗地映射出他独特的文化中国认知。

吉川认为自己形成中国文学研究志向的明确动机是因为喜欢中国古典文学的"日常性"。吉川认为在中国最早的文学作品《诗经》中，已经早早地以凡人日常生活的悲欢为素材。中国的文学作品素材取自实际的经历特别是取自日常的经历。即便在新开创出的文学领域——虚构的文学中，

---

① ［日］吉川幸次郎：《我的留学记》，钱婉约译，中华书局 2008 年版，第 121—123 页。
② ［日］吉川幸次郎：《留学時代——質問に答えて》，载《吉川幸次郎全集》卷 22，（東京）筑摩書房 1975 年版，第 399—401 頁。
③ ［日］吉川幸次郎：《C 教授》，载《吉川幸次郎全集》卷 16，（東京）筑摩書房 1970 年版，第 553—554 頁。

注重日常性这一文学本性也仍然起着作用。吉川指出：在文学领域，"像中国这样只注目于现实世界，只注目于人，而抑制对神的关心的文学，在其他文明地域确实是无与伦比的"。① 无论从小学时读翻译成日语儿童读物的中国经典文学作品《西游记》《通俗三国志》《水浒传》，还是到中学时代学习相当于《史记》选粹那样的汉文教科书，吉川始终认为中国文学作品重视非虚构素材，其主流多取材于日常生活，较之于西洋文学更加具有"日常性"和"现实性"。正是由于吉川被中国文学中的"日常性"所吸引，认为中国文化的"可爱之处"便是可以从日常生活的细致描绘中显现出美感，所以在其旅行记的描述中所关注的重点亦为日常现实生活的画面：从寄宿在延英舍的日常生活到去北京大学当旁听生，从去琉璃厂的来薰阁琴书店购书到两次江南旅行，吉川所记录的都是一些日常生活的情境，与其他游华日本人多按图索骥关注中国的风景名胜以及强调近代中国的"破落"截然不同。这种游记与回忆的叙述方式，显然与吉川对中国文学与文化的"日常性"认知密不可分。

对于中国古典文学中毫不做作的"人道主义"，吉川同样大加赞赏。他从大学时代开始读《论语》《礼记》，并为《礼记》中《檀弓》之类的篇章所深深吸引，认为那是"充满了贴近人生的人道主义色彩，而不是死死板板的苍白语言"。② 在吉川看来，中国文学正是在饱含人道主义精神的中国文明范畴之内发生、发展和演变的。欲探讨中国文学的特质，必须先了解中国文明的特征。吉川对中国文明特质的概括是"彻底的人本主义"，唯有人才是世界的中心，世界的枢纽。吉川的这一概括，不失为真知灼见，反映了他对中国文化的准确把握。正因为吉川从中国古典文学中发现了和善、亲切的人道主义倾向，因此他才会被为其"排难解纷"的矮胖胖的警察和善意地提醒他雷峰塔附近有危险的乞丐感动不已，才会对在西湖乘船时，向他将一只手翻了三番，又加上两个手指头来表示自己十七岁的船夫少年感到"兴趣盎然"。在吉川眼中，"人道主义"或"人本主义"是中国传统思想文化的重要特质，而这种特质也随时随地在中国人的身上显露出来。

关于中国的宗教与哲学问题，吉川也发表了自己的看法。他认为中国

---

① ［日］吉川幸次郎：《一つの中国文学史》，载《吉川幸次郎全集》卷1，（東京）筑摩書房1968年版，第71頁。

② ［日］吉川幸次郎：《留学まで——質問に答えて》，载《吉川幸次郎全集》卷22，（東京）筑摩書房1975年版，第354頁。

的文明是"无神的文明",① 中国古代便缺乏宗教和哲学,中国人"幻想力的贫乏"和"抽象能力的贫瘠"是因为"对于感觉世界的执着",② 中国的文学也是"抑制对神、对超自然的关心,而只把目光集中在地上的人",吉川进而提炼出中国人关于人生的基本思想,即"人的拯救不是靠神而只能是靠人自己,这是中国文明的精神所在,也是中国文学的精神所在"③。在这种宏观思想背景下,吉川将中国文学史的发展状况概括为"希望的中国"与"绝望的中国",并按照历史发展将其分为三个阶段:在先秦时期,无论是现存文学作品中东亚世界里最早出现的诗集《诗经》,还是此后产生于南方扬子江流域的《楚辞》,"希望"都是其中最基本的出发点;汉代以后,中国文学中出现了吟唱"绝望"的诗的传统,并从三国时代加以强化且一直延续至唐初,这段时间内,中国文学的"底色是绝望";至唐以后,又"回复到人原本应该是幸福的这样的古代乐观主义时期",这不仅在李白、杜甫等为代表的唐代诗人的文学作品中得以体现,在以苏轼、陆游的作品为代表的宋代诗词中与唐相比"悲哀更为淡薄"。④ 所以,当吉川1975年访问中国时,对多数日本人难以理解的"文化大革命"的种种现象"并没有那么惊异",反而认为"自力更生"这一口号是"人类的拯救只能靠人自己"的历史思想的延续,"文化大革命"的中国是充满"希望"的中国。⑤

由上不难发现,吉川旅行记的凝视对象、叙事格调与旅行记忆等内容,均与吉川中国文学研究的基本思路息息相关,吉川旅行中所见、所闻、所感、所记的"古典之中的中国形象",⑥ 更符合吉川在中国文学研究中呈现的古典中国,而并不等于吉川看到的真实中国。吉川虽置身于现实的近代中国,却又意欲跳脱近代中国,而在其中全力找寻与古代中国相同或相似的要素。吉川眼中的这种古典中国像,可以说是他在日常性、人道

---

① 〔日〕吉川幸次郎:《神様のいない文明といる文明》,载《吉川幸次郎全集》卷19,(東京)筑摩書房1969年版,第3頁。

② 〔日〕吉川幸次郎:《支那精神史序説》,载《吉川幸次郎遺稿集》卷1,(東京)筑摩書房1995年版,第229—230頁。

③ 〔日〕吉川幸次郎:《中国文学に現われた人生観》,载《吉川幸次郎全集》卷1,(東京)筑摩書房1968年版,第110—111頁。

④ 〔日〕吉川幸次郎:《中国文学における希望と絶望》,载《吉川幸次郎全集》卷1,(東京)筑摩書房1968年版,第88—104頁。

⑤ 〔日〕吉川幸次郎:《訪中印象三則》,载《吉川幸次郎全集》卷22,(東京)筑摩書房1975年版,第456—458頁。

⑥ 吴光辉:《日本的中国形象》,人民出版社2010年版,第105頁。

主义等文化中国认知基础上，把古典中国投影于现实中国的混合影像，即缺席的"近代中国"正是吉川"古典中国"的暗色调，而这一完美但残缺的中国像的诞生，实有其学术渊源与政治诉求。

三 作为历史记忆的"古典中国观"

吉川在《我的留学记》中所展示的"古典中国观"与理解中国的方式，既有学术上的渊源，也有对中日政治形势的现实关照。《我的留学记》既是历史记忆的产物，也是对现实政治形势的适应。因此，吉川在历史记忆中塑造的古典中国像，与其所代表的京都学派的研究旨趣和吉川本人的政治意识之间，存在着微妙的关系。

京都大学中国学研究所抱持的与中国人一样的思考方式，是对江户汉学的"反动"。这种"反动"用吉川自己的话来说，就是"把中国作为中国来理解"。而吉川的这一中国理解方式深受其师狩野直喜以及内藤湖南的影响，在一批京都学人的努力下奠定了京都大学中国学研究的"实证主义"新学风。尤为重要的是，在这一学风的推动下，京都学派强调研究中国学的学者必须要亲身力行地去体验中国文化及中国本身。吉川认为："京都的支那学是以与中国人相同的思考方法、与中国人相同的感受方式来理解中国作为基本学风的"。吉川之所以提出"把中国作为中国来理解"，并将其作为京都大学中国学研究的治学态度，理由有二：其一，狩野直喜与内藤湖南反对江户儒者对中国作日本式解释的汉学研究，认为江户时代的汉学是一种民族主义的东西，"把中国作为中国来理解"是"一种新的学问"，这与明治维新之后日本学术界所盛行的"对已认识的事物进行再认识"的历史学的研究倾向相一致；其二，京都大学的成立是为了打破东京帝国大学唯我独尊的局面，其学风与教学体制与东京大学不同，在"不要输给东京大学的意气中成长起来"的吉川，在中国学研究方面有强烈的"把中国作为中国来理解"的倾向。[①] 从中国研究的方法论上讲，这在当时是难能可贵的。自甲午战争和日俄战争之后，中国的形象与地位在近代日本人心目中一落千丈，"中国蔑视论"甚嚣尘上，而京都学派却反其道而行之。可以说，吉川旅行记中以"恋华论"为基调的"古典中国观"与京都学派有重要关联。

---

① [日] 吉川幸次郎：《留学まで——質問に答えて》，载《吉川幸次郎全集》卷22，（東京）筑摩書房1975年版，第331—336頁。

1972 年中日两国政府发表联合声明，标志着中日邦交正常化，两国关系从战后的紧张状态趋向于缓和；1974 年 3 月和 7 月，荒井健、竹内实、中岛长文、中岛碧及山田庆儿就吉川留学之前和留学期间的种种事情，对吉川进行访谈；1975 年 3 月，吉川作为日本政府学术文化访中使节团团长访问阔别四十余年的中国。从这一系列历史事件与当时中日的政治形势来看，吉川旅行记的成形时间恰恰位于中日邦交正常化与日本文化团访问中国这两件事之间，其中学术主张与政治身份的关联并非难以理解。对于吉川的政治态度，正如在提到中国隐者的精神时他所表述的那样，"隐者的非政治的态度是最具政治性的"，"本人的立场或许正与此相近"。[①]

吉川在《我的留学记》的回忆中，对中国的赞叹和对中国文化的赞美随处可见，这与该书是访谈式回忆录而非即时旅行记不乏干系。吉川本人也强调："记忆这东西，三十年过去了，仍保存着那消失不掉的部分。"[②] 经过岁月的沉淀，吉川回忆中的中国旅行，既有他记忆中最在意且最深刻的画面，也有他进行回忆的历史现场的潜在规制，即 1974 年吉川在记忆的断片中搜寻和呈现的中国，应该是且必须是"美"的中国。因此吉川在《我的留学记》中借助回忆所描绘的中国像，既有贯穿于他历史记忆与文学研究中的古典中国像，也有顺应政治诉求而着力建构的应然中国像。这也是吉川与同期日本游华知识人的现场记录迥然不同的重要因素。

在这一时期来华的日本知识人中，"中国蔑视论"始终占主导地位，大多数人对于中国的认知都是负面的，是有意根据来华前既有的日中"落差"预设所进行的现实找寻。与内藤湖南主张"停滞的、衰微的中国"相比，吉川的中国观更加突出对中国古典文化的喜爱和崇敬。例如在同样游览了西湖之后，内藤湖南认为西湖虽然在中国是最"明媚秀丽"的景色，但是如果和日本比较起来，还是"略显暗淡"；[③] 而吉川则认为西湖的"水之色，柳之色，都比日本的更明艳、更细腻。如此细腻的风景，日本却是没有的"。旅行中的同一审美客体并无多大变化，但由于审美主体（内藤与吉川）的差异凝视，特别是中国观的不同，因此便发生了截然相反的凝

① ［日］吉川幸次郎：《留学时代——質問に答えて》，载《吉川幸次郎全集》卷22，（東京）筑摩書房 1975 年版，第 424 頁。

② ［日］吉川幸次郎：《雷峰塔》，载《吉川幸次郎全集》卷16，（東京）筑摩書房 1970 年版，第 546 頁。

③ ［日］内藤湖南：《燕山楚水》，载《内藤湖南全集》卷 2，（東京）筑摩書房 1971 年版，第 69—71 頁。

视感受和认知结果。① 此外，包括吉川在内的京都学派"大多对'新的中国'即辛亥革命以后的中国，尤其是对文学革命以后的新文化没有表示出关心和兴趣"，其理由既包括他们认为中国新文化粗糙、不成熟，也在情感上存在"反对现代中国的方面"。② 所以，吉川的中国旅行及留学时间虽为 20 世纪初期，但是他仍然沉浸在古典中国之中：身穿中国旧式长袍，坐驴车去北京西山，认为与轿夫的相处是一生中最幸福的时刻之一，初入天津看到"热闹繁华的灯火"也觉得"始料未及"，不由感叹：中国"不愧是一个具有古老文化传统的国度啊！"凡此种种，都不外是吉川古典中国观的独特表现。

但需要指出的是，吉川所见之中国，尽是美好的画面，这明显与近代中国的真实景象龃龉不合。这种有意忽略近代中国之缺点，而在近代中国之中全力寻找古典中国影像的方式，既可看做对近代中国的情感式宽容，也可以理解为他不愿直视近代中国。吉川虽没有以西方中心的价值体系简单地臧否中国事务，却有意凸显中国风光的"明媚"和"纤柔"，从而在对中国的欣赏与赞美中把中国定性为娇弱的女性，抽离了中国的阳刚之气。因此，吉川的"恋华论"与同期日本游华知识人的"蔑华论"之间看似构成对立的两极，实则吉川对"古典中国"的过度爱恋却变成一种执拗情感，仅希望她存留于美好的历史记忆之中，而近代中国的缺席正是其中国爱恋的无奈规避。把历史记忆和现实世界相剥离，以致在历史延续的虚构中忘却近代的忧伤，可以说这是一种变调的"文明停滞论"。

这意味着，只有将吉川幸次郎《我的留学记》归纳为以下三个层次，才能较为完整地把握吉川真实的"中国观"：其一，通过吉川在中国旅行中的风景印象、游览见闻及对中国学者气度的描述，我们看到一个"美"的中国；其二，"美"的中国是吉川在日常性、人道主义等文化中国认知基础上，把古典中国投影于现实中国的混合影像；其三，吉川的"恋华论"与同期日本游华知识人的"蔑华论"之间看似构成对立的两极，但吉川对"古典中国"的过度爱恋使其成为一种执拗的历史记忆，而近代中国的缺席正是其"恋华论"的无奈规避。把中国做一种女性化的浪漫想象、将历史记忆和现实世界两相剥离，已构成了文学史家吉川幸次郎所特有的中国认知。

---

① 李泽厚：《华夏美学·美学四讲》，生活·读书·新知三联书店 2013 年版，第 273 页。
② ［日］丸山昇：《日本の中国研究》，《桜美林大学中国文学論叢》1999 年第 24 期。

结语 近代日本游华知识人的中国体验与"双重中国认知"

　　游记作为建构异域想象的主要载体，是旅行过程中的实录，从而能较为客观地展现与旅行地异文化碰撞下旅行者的真实心路历程。虽然旅行主体、旅行客体以及旅行媒介是旅行世界的共同内容或要素，但串联着这三种要素的核心主线乃是观光体验。[①] 旅行者的体验是构成旅行现象的结构性要素。同一时期的旅行者因旅行主体的时代文化背景相同，在异文化体验上会形成一定的共性。但是，同一时期的旅行者也会因自身的知识和经验不同，把原有的记忆和知识背景融入自己的游记中，因此游记又是旅行者的个人内心情感世界的反映，具有个性化特点。通过对幕府末期至昭和初期部分日本游华知识人的中国旅行记录的研究，可以清晰地看到，他们既存在相似的一面，也存在相异的一面。

　　1875 年 1 月，日本三菱会社在上海创设支店，开通横滨—神户—长崎—上海的定期航路。1885 年 10 月 1 日，三菱与共同运输两社合并，即日本邮船会社创立并开始营业，在继承三菱会社以来的定期航行外，至1886 年 3 月，又开创了长崎—芝罘—天津间的航路，以华北方面为发展目标。大阪商船会社自 1898 年 3 月起，开始经营上海—汉口间的航路。次年1 月，又在汉口—宜昌间开航，一直向华中内地发展。同时，大东汽船会社也自 1898 年 9 月起，在上海—苏州与上海—杭州间的支线上，开辟了航路。1903 年 6 月，日本邮船会社收买了英国麦边公司所办的上海—汉口之间的航路。同年 10 月，湖南汽船会社，在日本政府的补助之下，创办了长江上游的汉口—湘潭之间以及汉口—常德之间的航路。[②]

　　与此同时，京汉铁路自 1898 年起兴建，1906 年 4 月 1 日全线正式通

---

① 谢彦君：《旅游体验——旅游世界的硬核》，《桂林旅游高等专科学校学报》2005 年第 6 期。
② ［日］东亚同文会编：《对华回忆录》，胡锡华译，商务印书馆 1959 年版，第 421—428 页。

车,自北京正阳门车站至汉口玉带门车站,全长共计 1214.5 公里,沿线经过河北、河南、湖北三省,其干线"自北京南行,经保定、正定、石家庄、顺德入豫境,历彰德、新乡逾黄河经郑州、郾城、信阳入鄂境,经应山、孝感、黄陂而抵汉口之玉带门"。[①] 这些线路的开通客观上方便了日本人的中国旅行。尤其是明治前期的日本虽已开启明治维新的道路,生产方式及生活习惯开始西化,但是汉学的影响仍然较为深厚,旅行者在旅行中都不约而同地选择中国古典文化中所吟咏的经典景观,期待将书本中所读到的中国幻象在现实的中国进行印证。

第一节　近代日本游华知识人的身份与出行动机

近代以来,中日之间的官方、民间交流,以多种形式、多种途径,在不同的层面上展开。踏上中国国土目睹中国社会及文化的日本人与日俱增,他们中既有游历访古的作家、学者、留学人员、记者,也有出于事务性目的的实业家、宗教界人士以及越来越多的从事情报调查的官员和军人。他们亲身体验了近代中国急剧的社会动荡,在中国的器物层面、制度层面、行为层面和精神层面获得了鲜活的动态印象,并把这些印象诉诸文字。其内容广泛涉及中国的政治、经济、文化、军事、地理、历史、风土人情、自然风光、名胜古迹等各个方面。

近代日本游华知识人留下的这些卷帙浩繁的文献,既为我们全面、系统地认知中国当时的社会状态与社会变迁提供了翔实的记录性资料,又能从中窥探近代日本游华知识人在历史进程中的中国认知演变轨迹,此二者也是一体两面之关系。在近代日本人与近代中国社会接触的过程中,在对中国大大小小几百个城市和无数农村的经济生活、社会风俗、自然风光、人文景观以及中国时局、历史命运和近代中国文化的社会状况的立体认识基础上,由一系列个别"中国印象"累积而成了全方位、多层次的"中国像"。若将林林总总的游记综合到一起,已不啻一部生动而丰富多彩的晚清民国社会的再现图画。这些游记作者因受各自使命、历史条件等因素影响,其所记载的内容有着极强的个人色彩,再加上这些人的学识与观察视角的差别,也使得近代日本人对当时的记录存在着巨大差距,即使对同一时期同一城市的看法亦迥然有别,从而呈现出一个实像与虚像相叠加的近代中国社会形态。

---

① 曾鲲化:《中国铁路史》,文海出版社 1973 年版,第 692—693 页。

幕末至昭和初期以知识人为主体的日本游华人士或出于公事，或由于私意，或偶遇机缘，这些不同身份的日本知识人踏上了中国这个神往已久的国度后，用他们的眼睛注视着这片既熟悉又陌生的土地，并用精粗不等的笔触描绘出了一幅幅他们眼中的"中国像"。

一　幕府末期中国行的日本人身份与出行动机

幕府末期，日本被迫打开国门，在了解西方文化的同时，也关注着鸦片战争后中国社会所呈现的变化。一方面，开国初期的幕府了解到西洋商人利用日本锁国之机，在中国上海到日本长崎之间进行的贸易往来，其利润高达所投入资本的 70 倍，致使日本金银大量外流；另一方面，上海商贸发达的消息也随着英美两国所开辟的"上海—长崎"的定期航路而传入日本，使得幕府将上海锁定为出航清朝的最佳目标。

1862 年，日本政府在幕府实行锁国体制二百余年后，第一次派遣官方船只"千岁丸"访问中国上海，一方面企图探索西方国家与中国的贸易模式，另一方面也想与中国进行试验性的通商。"千岁丸"的船长为英国人亨利·理查多松，船上诸如驾驶等事宜均由英国人掌握，所搭载的日本人共计 51 名，包括由九名幕府官吏组成的使团正式成员，即御勘定（勘定奉行下辖的重要官员）根立助七郎、调役并（审查官）沼间平六郎、支配勘定（御勘定下属官吏）金子兵吉、御徒士目付（中级按察官员）锅田三郎右卫门、长崎会所定役（主管）中村良平、御小人目付（低级按察官员）盐泽彦次郎与犬塚鑅三郎、长崎会所挂调役（编制外官员）中山右门太以及长崎会所吟味并役（审判官代理）森寅之助，由包括高杉晋作、日比野辉宽、纳富介次郎、名仓予何人、中牟田仓之助等在内的各藩武士担任的官吏随从 13 人，还包括松田屋伴吉等三名长崎商人及其从仆、翻译、医生、炊夫、水手等。① 需特别指出的是，"千岁丸"上的从臣高杉晋作、中牟田仓之助以及以水手身份登船的五代才助日后均成为明治维新的先觉者，这与此次上海之行的关联不可小觑。

高杉晋作（1839—1867 年）出生在长州藩的中层武士家中，从小接受正规武士教育，并深受儒家名分论和忠孝观念的影响。1857 年 10 月，高杉因被吉田松阴所提倡的尊王攘夷及富国强兵的思想所吸引而投奔其主持

---

① 冯天瑜：《"千岁丸"上海行——日本人 1862 年的中国观察》，商务印书馆 2001 年版，第 54—55 页。

的松下村塾，成为吉田松阴的门生。吉田松阴虽于1859年的"安政大狱"中被处以死刑，但其门下弟子诸如久坂玄瑞、木户孝允、山县有朋、伊藤博文等均为明治政府所重用，被"赠位""赠爵"的松下村塾弟子多达37人。深受吉田松阴思想影响而深怀忧患意识的高杉晋作，自上海回国后将思想倾注于如何避免日本重蹈中国之覆辙、抗击西方势力的入侵上来。上海之行作为包括高杉晋作在内的"千岁丸"幕末志士的思想转捩点，对于幕末志士国家危机意识的觉醒以及开国思想的确立发挥过重要的作用。

此次"千岁丸"的上海之行拉开了近代以来日本对中国访问的序幕，但"千岁丸"的出行并没有使中日之间就双边贸易达成具体协议。于是，1864年日本政府又派出"健顺丸"出使中国。"健顺丸"于1864年3月16日从日本兵库出发，3月28日抵达上海，5月14日返程回日。与"千岁丸"不同的是，两年后日本再次派出到上海的"健顺丸"所搭载的50人左右的船员全部是日本人，使节团的正使为箱馆奉行所的山口锡次郎，船员的纪行记录被结集为《黄浦志》。此次"健顺丸"出行的目的之一是为了摆脱荷兰在中日两国的中间商角色，真正实现与清朝的正式化通商道路，另一目的则是为秘密处理"生麦事件"与在上海的英国官吏进行交涉。但事实上，"健顺丸"的上海之行也未能与清朝建立正式的商贸关系。此外，1865年4—5月与1867年2—3月，幕府分别派外交事务官员石川岩司、杉浦爱藏和西吉十郎组成使团搭乘英国邮轮"北京号"，曾参加过"千岁丸"上海行的名仓予何人率领的来自浜松藩和佐仓藩的9名藩士组成的使节团搭乘英船"恒河号"再次出使上海。①

除使团外，幕末时期也有个别日本人出访中国并留有个人记录，如日本新闻记者、实业家、教育家岸田吟香（1833—1905年），1866年为协助美国传教士詹姆斯·柯蒂斯·赫本印行日本第一本日英词典而渡航上海，翌年五月返回日本，并留有《吴淞日记》。无论是使团成员的中国行记载，还是个别日本人的出访日记，无疑成为锁国两个多世纪以来日本人实地踏察中国后的重要记录，其所见所闻、所思所感，随着日本人的返程传导至日本本土，对近代日本人的中国观转变影响至深。

可见，这一时期中国行的日本人在身份上是以官方使团及其随从为主，间有个别游华者，前者作为中国行主体，其动机比较明确，也比较简

---

① 徐静波：《幕末与明治时期日本人的上海认识——从高杉晋作的〈游清五录〉到远山景直的〈上海〉》，《外国问题研究》2011年第3期。

单，主要是进行商贸谈判和探查中国夷情，属于幕府末期以来日本"开眼看世界"的其中一环。其游记中所见亦多数为浮光掠影般的观光记录，所反映出的中国像基本是大杂烩般的现象描述，这也是他们最初接触现实中国，对中国的了解尚不深入的自然结果。

二　中日建交至甲午战争时期中国行的日本人身份与出行动机

1871 年，中日两国正式签订《中日修好条规》及通商章程，规定双方可以互派外交使节或领事，标志着中日两国正式建立了外交关系。伴随着中日建交，两国之间的政治、文化、贸易往来亦随之频繁起来。一方面，日本派遣外交官等官员出使中国，另一方面，随着航运的便利以及政策的支持，许多汉学家也加入中国行的队伍，渴望探寻中国传统文化以及了解现实社会状况。

竹添进一郎作为明治时期著名的汉学家、外交官，曾任天津领事、朝鲜常驻公使等，参与过"甲申事变"。1875 年末，竹添进一郎被委任为驻华公使森有礼的随员，与其一并前往中国天津，滞留一段时间后于 1876 年 1 月初抵达北京。虽因公务缘由到达中国，但竹添却意外地因外务机构人员简化编制而失去了工作。于是，竹添便利用此次机会，请长假与津田君亮赴中国内陆川陕地区旅行，成为近代中日建交后最早深入我国西部地区的日本人之一。

和竹添一样出于公务的原因而来华的旅行者还有曾根俊虎（1847—1910 年）。曾根俊虎作为近代日本"兴亚主义"的重要代表人物之一，曾于 1873 年 3 月跟随日本特命全权大使、外务卿副岛种臣以"判任随员"的身份第一次出使中国，交换《中日修好条规》批准书。翌年 9 月，已升任海军中尉的曾根又以筹措军需物品与收集情报的任务被日本海军省派往上海进行间谍活动。而曾根所留《清国漫游志》[①] 就是同年 12 月其西湖之行的记录。井上陈政（1861—1900 年）于 1882 年受大藏省印刷局派遣随驻日公使何如璋同船赴中国学习考察，其间由何如璋介绍投于国学大师俞樾门下，并受到俞樾的赏识。井上用六年的时间游历了中国境内十四行省，留有《禹域游记》与《禹域通纂》[②] 等多部著述，为当时日本人了解

---

① 　［日］曾根俊虎：《北中国纪行・清国漫游志》，范建明译，中华书局 2007 年版。
② 　井上陈政《禹域游记》写于 1883 年，现日本东京国立国会图书馆珍藏其手稿本电子版，制作者不明；《禹域通纂》上下两卷，大藏省藏版 1888 年出版。

中国的政治、经济、文化等状况提供了宝贵资料。

冈千仞出生于仙台下级的藩士之家,自幼学习四书五经,是幕末明治时期的汉学家,也是一名参与维新运动的倒幕志士。冈千仞在其中国游记的自序中曾写道:"顾中土与我同文国,周孔我道之所祖,隋唐我朝之所宗,经艺文史,我之所以咀其英而嚼其范;九流百家,我之所以问其津而酌其流;历代沿革,我之所以举其详而论其要;鸿儒名家,我之所以诵其书而穷其旨,而不一游其域而可乎?"① 从冈千仞与王韬的书信往来中亦可了解冈千仞"一游中土"夙愿之强烈:"弟将以来岁秋冬间,航中土,穷域外之壮观。弟策此事,非一朝一夕。……弟已决是志,不知先生果不鄙弃弟,绍介名公钜卿,徘徊盛都大邑,使弟得达是志否?"② 由此看来,作为汉学家出身的冈千仞同上述同期来华的日本人不同之处在于,其没有公务目的,完全出于个人因素赴华,究其根本原因乃在于中日两国之间打破了数百年来日本文人无法登陆中国大地的历史,因此有浓厚汉学积淀的日本汉学家往往会对中国之行充满无限憧憬与期待。

冈千仞在中国游历期间恰逢中法战争之时,因此在冈千仞的游记中关于中法战争的记载及评论极多。而同年,因关注中法战争而旅行中国的日本各界人士也多留下了旅行记录,如为实地考察中法战争状况的日本政治运动家、报社记者小室信介(1852—1885年),在中国滞留二月有余,对上海、北京一带做了调查,留有《第一游清记》;③ 有日本"宪政之神""议会政治之父"称号的日本著名政治家尾崎行雄(1858—1954年),作为报知新闻社记者来华实地考察中法战争状况并为之撰写相关报道,同时亦著有《游清记》④。

由此可见,中日建交以后,日方开始派遣公务人员来华,日本和中国之间的官方往来开始正规化和频繁化,中国行的动机已经着眼于在东亚地区实行模仿西方的近代化外交。汉学家群体作为中国文化的浸润者和仰慕者,内在的文化寻根感成为他们中国行的主要动机,又因交通发达及政策之便,使得个别有机会的汉学家带着曾经学习与感受到的文本中国的想象,得以实现游览现实中国的夙愿。此外,日本军方在此时期开始派出情

---

① [日]冈千仞:《观光纪游·观光续纪·观光游草》,张明杰整理,中华书局2009年版,第3页。

② 郑海麟辑录:《王韬遗墨》,《近代中国(第九辑)》1999年6月,第143页。

③ [日]小室信介:《第一遊清記》,(東京)自由燈出版局1884年版。

④ [日]尾崎行雄:《遊清記》,载《尾崎行雄全集》第二卷,(東京)平凡社1926年版,第507—580頁。

报人员探查中国内外情况，对中国动向格外用心，其军事与政治动机不言而喻。总之，从这一时期开始，游华日本知识人的身份逐渐多元化，由官方使团成员身份延伸至政府人员、汉学家、文学者、谍报人员等，中国行的各自动机也开始复杂化。

三　甲午战争至日俄战争时期中国行的日本人身份与出行动机

甲午战争以降，中日两国之间的国际地位发生了逆转，日本一跃成为跻身于以欧美列强为中心的帝国主义强国之列，而通过《马关条约》所攫取的经济、政治、军事利益也无疑成为日本进一步关注中国、侵略中国的根源性动力。故而，该时期的日本游华知识人对中国的关注也变得更加细致而全面。

山本宪的祖父和父亲均为日本土佐藩高冈郡的著名儒学者，受家学影响，山本汉学基础深厚，对儒学十分推崇。山本宪于 1897 年 9 月 22 日至 12 月 1 日在中国旅行，游历了天津、北京、上海、杭州、苏州、武汉等长江中下游地区，其游记《燕山楚水纪游》是与竹添进一郎的《栈云峡雨日记》、冈千仞的《观光纪游》相并称的明治时代三大汉文体中国游记。在此三部游记中，山本宪的中国之行及游记成书时间最晚，且在他之后，日本几乎再无汉文体中国游记出现过。山本宪曾在游记中自述其中国行的原因之一，是与冈千仞类似的"游曲阜""征旧仪"，而且如前文所述，通过对其游记的通读与解析可知，山本宪的中国之行并未行至曲阜，"广交名士，提挈同仇，以讲御侮之方"方为其真正的旅行动机。这也体现出甲午战争以后日本汉学家思想及中国行之动机演变。

内藤湖南生于秋田县鹿角市毛马内的一个士族家庭，作为日本著名的历史学家，他还是东洋史学京都学派的奠基者之一。1885 年，内藤湖南毕业于秋田师范学校高等科，担任两年小学教师后来到东京，投身报界。1899 年 9 月，内藤湖南作为《万朝报》的记者被派往中国，这是内藤的第一次中国旅行，也是这一时期日本报社向中国派驻记者的典型代表。内藤湖南自 1887 年在东京投身报界以来，历任《大阪朝日新闻》《台湾日报》等报刊的记者与主笔，《燕山楚水》正是他为《万朝报》所提供的关于中国旅行的记述报道。内藤用两个多月的时间游览了天津、北京、上海、杭州、苏州、武汉、南京等地，对中国的名胜古迹、社会风俗、时局政事，以及与中国文人士者的笔谈记录、感触议论等均在其游记中有所体现。

内藤与山本的旅行线路基本一致，而此线路亦为当时典型的日本人喜好的观光线路。① 村木正宪，为考察清韩两国的通商体制，于 1900 年 4 月 12 日至 5 月 19 日在中国考察，其考察之地与上述路线亦基本一致，后又于 5 月 19 日起在朝鲜各地做短暂考察，5 月 27 日回到东京。村木以日记的形式，对考察各地的地形、交通通信网、关税、物产、地方行政、风俗、在留日本人的活动以及居住地的实际情况等内容均作以较为详尽的记录。与先前旅行线路选择有所不同的是，此时段来华的日本人虽继续对长江中下游给予持续关注，但对北方地区，特别是满洲地区亦进行了较为细致的考察，如高濑敏德的《北清见闻录》记录了其于 1902 年在北京及其周边地区进行游历的情况；小越平隆则于 1898 年 4—5 月及 1899 年 4—7 月两次考察满洲地区，并留有《满洲旅行记》（又名《白山黑水录》）；户水宽人（1861—1935 年）1902 年 8 月 29 日从东京出发，9 月 17 日抵达哈尔滨，游历了旅顺、大连、芝罘、牛庄、锦州、山海关、秦皇岛、天津、北京、张家口等地，11 月 18 日返回长崎，其旅行见闻记录于《东亚旅行谈》；植村雄太郎作为山形卫戍地的陆军步兵少佐，利用 1903 年 8 月 5 日至 9 月 25 日的夏季休假时间游历了满洲，对营口、大连、旅顺等地的军事设施及军队配备进行了记录。

甲午战争后，与前两个时期相比，日本游华的人数有所增加，游华者的身份更加趋向多元化，除之前的游华群体外，比较典型的是记者群体的加入，说明日本国内民众对中国的关心开始增长，急切想了解现实的中国及其动向。此外，这一时期游历的主要路线进一步扩大，由长江中下游地区扩展至满洲地区，尤其是围绕相对落后的满洲地区的考察，表明了此时日本人已经脱离了探查中国夷情或借助上海等西方在东亚的前哨城市窥探近代化奥秘的出行动机，其对中国的区域关注重心已经转移到了对日本更为实际的满洲。同时，这一时期日本也加大了对华调查的力度，为以后"进入"中国奠定情报基础。总之，甲午战后日本知识人的中国行动机出现了较大变化，已经开始由旅行观光与文化印证的思想层面转向行动层面，即开始着手所谓"亚细亚联合"以对抗西方的设计。虽然这一动向在甲午战前已经出现，但是当时尚未得到实力和事实上的支持，而甲午战争给了日本人足够的自信去建立这一自我想象中的联盟。

---

① ［日］東洋文庫近代中国研究委員会編：《明治以降日本人の中国旅行記（解題）》，（東京）東洋文庫 1980 年版，第 9 頁。

四 日俄战争至大正初期中国行的日本人身份与出行动机

日俄战争使日本最终确立了其在东北亚的霸权地位，使其在文化与政治上的东洋盟主意识逐渐显在化，认为亚洲的文明化和近代化中应包含日本文明的要素。来华的日本人身份也进一步多样化，除早期的政治家、外交官、军人、儒学者、历史学者、记者外，包括小林爱雄、夏目漱石等在内的文艺学者也加入游华群体当中。

小林爱雄出生于日本东京，毕业于东京帝国大学英文科，是最早推动和创立日本歌剧者之一，主要致力于音乐、歌剧与文学的翻译、研究与创作。小林爱雄于 1908 年末至 1909 年初的来华旅行属个人行为，不同于带有公务的日本人游华之行，不带有调查使命和考察色彩。同时，由于小林爱雄诗人、作词家等文艺学者的身份，就使他的游记多呈显为其个人体验，对所见所闻直抒胸臆，毫不遮掩。尤其是他在游记中对中日文明的比较与对日本的某些批评，更显露了小林爱雄内心的真实情感与价值认知。

德富苏峰（1863—1957 年）作为活跃于日本文坛的著名新闻记者、历史学家及评论家，也曾于同时期来华。他分别于 1906 年与 1917 年两次来中国旅行，并留有旅行记录《七十八日游记》与《中国漫游记》。[①] 德富苏峰的两次游历路线十分相似，均是先抵达朝鲜半岛，然后进入东北三省，再经山海关到达北京、天津等地，最后游览长江流域各主要城市。德富苏峰的第一次游历对于朝鲜的观察与记录较为详尽，而第二次的游历中对朝鲜的状况考察较少，却更为详细地视察了山东各地，由此可见，朝鲜被日本合并之后，德富苏峰对中国的重视在日益加重，政治意图亦十分明显。

夏目漱石作为日本近代现实批判主义作家，其本人及作品在日本文学史上占有重要地位。他的中国之行是受到学生时代的好友、时任满铁总裁的中村是公的邀请，其旅费亦为中村是公全程资助。南满洲铁道株式会社作为日本在华的特殊"会社"，实质上是日本帝国主义在中国设立的殖民侵略机构，是执行日本国策的经济机关。中村是公邀请当时在日本文坛已具有举足轻重地位的夏目漱石来满铁考察，一方面希望通过夏目的宣传能够扩大日本本土向"满洲"的移民及笼络本土人才，另一方面也希望夏目能够来满铁负责办报及新闻宣传一类的工作。虽然后者并未实现，但夏目在

---

① ［日］德富苏峰：《中国漫游记·七十八日游记》，刘红译，中华书局 2008 年版。

《朝日新闻》上连载其满洲游记的《满韩漫游》，对满铁来说，无疑是很好的宣传。从此以后，邀请文化人考察旅游就成为满铁的一项日常活动。

日俄战争以后，日本逐步获得了更多的在华利益，同时进一步侵略中国的野心也在增强，这使得日本对于中国的调查更加全面，也更加细致。从中国行的日本人群体身份来看，文学者或文艺学者是这一时期的独特代表。同时，日本半官半民的组织"东亚同文会"开始进行有组织的中国调查。以"东亚同文书院"①为例，从1907—1942年间，东亚同文书院组织其学员共在中国境内进行了700条路线的"大旅行"，并将每次调查后形成的调查报告书或日志由书院命题结集出版，这也一定程度上为日本在中国的侵略与扩张提供了情报上的支持。从这一时期中国行日本人的游华动机来看，既有自愿或被邀请的增广见闻式的旅行，也有以修学旅行之名进行的综合调查旅行。也就是说，在官方集中于军事、政治、战略要地等重要领域的调查之外，民间人士或机构也自发开始在文化、风俗、交通、地理等官方一时无法全面顾及的领域进行旅行调查。

五　大正中期至昭和初期中国行的日本人身份及动机

进入大正时期，日本与中国之间的交通网络更加便利与发达，日本各大旅行社为方便日本人的域外旅行而发售的各种优惠票券也进一步推动了日本人的中国旅行。同时，"支那趣味"的表达与"东方主义"的视角还为日本知识人来中国找寻远古的神秘和浪漫的异国情调提供了理论支撑和精神支柱。大正时代已经完全受西方近代文明影响却又依然具有汉文学修养的日本知识人在中国旅行及体验过程中成为较有代表性的群体。

青木正儿出生在山口县下关市的一个医生家庭，其父青木坦平的汉学素养及中国趣味十分深厚，在此家风影响下，青木正儿自幼喜好书画音乐。1908年，青木考入京都帝国大学文学科，成为新设立的中国文学讲座第一期学生。青木作为日本著名的汉学家、中国文学研究家，也是日本汉

---

① 东亚同文书院是日本明治末年至大正、昭和时期，即1901年—1945年，在中国上海兴建的一所招收日本各府县学生的名校。其培养了大量掌握汉字文化、熟悉华人社情的"中国通"，通过对中国进行全面系统的调查，为日本经略东亚的"大陆政策"服务。东亚同文书院的学生组队前往中国各地，进行专题实证考察，其踏访线路遍及中国南北东西，撰写的游记性旅行日志和专题性调查报告共同构成了卷帙浩繁的文本系统，而书院方及相关机构利用这些调查获得的一、二手材料，编纂出版了大量研究论著和刊物，周详记述并解析中国经济、政治、文化、社会、风俗诸方面实态。——参见冯天瑜《东亚同文书院中国调查手稿丛刊》解说，国家图书馆出版社2016年版，第1页。

学界京都学派的代表人物之一。青木曾于 1922 年至 1926 年间三次到中国旅行、留学，其中国游记《江南春》是他 1922 年 3 月至 5 月第一次到中国旅行的见闻录。

吉川幸次郎作为日本著名的中国文学研究家和京都大学教授，曾在青木正儿的建议下，在高中毕业即将升入京都大学之前，即 1923 年春假，以学生的身份游览了上海、杭州、南京等地，此为吉川的首次中国之行。吉川在京都大学毕业后，从 1928 年 4 月至 1931 年 12 月在北京度过了三年的留学生涯。吉川的中国旅行记就是来自这些经历的回忆之作。吉川在游记中记述了留学的过程及奖学金的来历：

> 那时的京都大学文学部有三种讲座，持续至今仍是这样，即中国哲学史，那时叫支那哲学史；中国语学、中国文学，那时叫支那语学、支那文学以及东洋史学，这三个讲座也可叫三个学科。这三个学科毕业的学生，原则上都必须到中国去留学。
>
> 因为这三个学科的毕业生很少，所以都去留学，首先有这种可能性。其次，做中国的学问不可以从来未去过中国。这在最近以人文科学研究所的河野所长为团长的中国访问团一行在中国的座谈会上的讲话，也有所反映，据朝日新闻社刊出的座谈会记录《中国纪行 30 日》中，岛田虔次君有十分恰当的论说。他说：京都的支那学是以与中国人相同的思考方法、与中国人相同的感受方式来理解中国为基本学风的。为此，如果不去中国留学就不可能做好中国的学问，这已成了一种规则。我是 1923 年即大正十二年入京都大学中国文学科的，1926 年即大正十五年毕业。毕业后去中国是既定的计划中的事，所以说，留学在那时是普通的事情。
>
> 当时，许多人能去中国留学，还因为大学里有某某人的基金。如上野奖学金，不是朝日新闻社的那个上野，而是京都的一个很有钱的上野，他在大学校方存了当时值十万元的钱，用这笔钱的利息正好可经常供一到二人到中国——主要是去北京留学，我就是得了此项奖学金而去中国的，在我之前有佐藤广治君，在我之后有木村英一君、小川环树君。此外，还有得文部省奖学金去留学的，在我之前有小岛佑马，与我同时有仓石武四郎。还有靠东亚考古学会的基金去中国的，如出身于京都大学，最近刚去世的水野清一君、还有田村实造君。①

---

① ［日］吉川幸次郎：《我的留学记》，钱婉约译，中华书局 2008 年版，第 3—4 页。

由上文可知，首先，在大正及昭和初期，作为京都大学文学部的学生，来中国留学是很普遍的事情，其中一个原因是因为学生数量较少，另一个原因是学界的学风主张如果做中国学问，一定要亲自到中国来，并且"以与中国人相同的思考方法、与中国人相同的感受方式来理解中国"。其次，来中国留学的基金如何获取，吉川提出了三条途径：第一，利用京都很有钱的上野先生提供的奖学金，可以经常供一到二人来中国留学，吉川便是利用此奖学金；第二，文部省亦有奖学金可以提供给来中国留学的学生；第三，依靠东亚考古学会的基金去中国留学。除此之外，吉川还强调，利用上野奖学金的学生主要是去北京留学。

综上可见，近代以来日本游华人士中仅知识人这一层面的身份就极其复杂，其中，既包括汉学修养深厚的儒学者及汉学家，也有谙熟时事政治的报社记者；既不乏对东亚历史了然于胸的史学家，又包含善于窥探现实社会的文学者，同时还有身负官方使命的情报人员。不同身份背景的日本知识人，游华动机则更加多样：有渴望将文本中国与现实中国作比对者，有奉政府或各类组织之命对中国进行全面考察者，有受人之托做广告宣传者，亦有利用奖学金来学习深造者等，不一而足。从身份来看，近代日本人中国行的群体逐渐扩大，主要特征是由初期的官方身份者转变为后期的民间多重身份者；从动机来看，初期以官方的商贸、外交等动机为主，后期则演化为官方与民间、团体与个人的种种不同动机，总体趋势是在甲午战争后由官方的政治动机扩展至民间的团体情报动机和个人文化动机，而民间的诸种动机中也多暗含着某种更加隐微的政治动机。

第二节　近代日本游华知识人的中国观谱系

明治、大正时期的日本文人，大都受过系统的汉学教育。在闭关锁国和交通极为不便的时代，日本人心目中最初的中国形象是由汉诗文所传递和构建的。近代日本文人在开始中国之旅前，心中早已构筑了一个"想象的中国"，这个中国是诗意的：鹦鹉洲应该是芳草萋萋的，寒山寺要有"月落乌啼霜满天"的意境，江南到处都充满了杜牧诗中"青山隐隐水迢迢"的情趣……日本文人用汉诗文作为"想象中国的方法"，驰骋自己丰富的想象力，将中国浪漫化为一幅古雅诗意的水墨画，精致而又唯美。他们憧憬着世外桃源般的中国，想象那里是充满了唐诗宋词意境的神秘国度，把它看成对抗日益西化的日本的精神家园。但是，中日甲午战争使中国形象在他们心目中分裂了：一个是由汉语经典文本所构筑的浪漫的艺术的古代中国形象，是日本人所亲近和神往的异国；另一个则是他们亲眼所见的现实中国的贫穷、肮脏、混乱、市侩的半殖民地国家形象。① 中国贫困落后的现实突显在日本人面前，一直被日本人所信奉着的那个神话般的富有而文明的古代中国幻象轰然坍塌，"对现实中国的轻蔑多过了对古代中国的依恋"。② 于是带着这样的"先见"踏上中国的土地，现实与期待之间的巨大落差立时让旅行者产生了一种普遍的幻灭感，来中国旅行的日本作家"对现实中国的亲身体验破坏了日本近代作家们通过汉文学经典所构筑的近于完美的中国幻象，他们在殖民主义思想的支配下对现实中国产生了新的误读。"③ 于是，在游华的日本人中，他们的"中国观"也随之变化，从对中国传统文化的积极追寻到对中国的肆意侵略，似乎让那些对中国抱有幻想的人，更相信了脱亚论的价值取向。

　　本书所研究的问题，发生于日本明治维新成功与中国戊戌变法失败前后中日国际地位开始逆转这一大的背景下。日本人对中国的看法与他们原本在中国古代典籍和唐诗宋词中所形成的中国印象发生了巨大的变化。在这种情况下，迄今关于此类的研究，以官方文件、个人著作、名家研究等为主观察日本人的中国观，充满了他们对此问题精华性的归纳，大体奠定了日本人中国观的主要框架，这类研究十分重要。④ 有一个问题需要进一步挖掘，当我们了解这些思想形成过程的时候，我们发现：很多理性的分析、思考背后均有其感性的因素在起作用。这些感性因素最集中地体现在他们来华过程中的沿途所见，来源于他们试图消弭古典中国与当代中国之间的落差，努力求取古典中国与当代中国之间的平衡感。甚至有很多偶然性因素，都在他们的中国观中发挥了不小的作用。

　　在近代日本知识人来华考察的过程中，塑造于古代经典的中国形象与近代现实社会所感受的中国形象始终交织在一起，共同参与建构了近代日本知识人的中国观。由于个人体验与时代状况的差异，近代日本游华知识人的中国认知呈现出了不同形态，自幕府末期至昭和初期，前后大体呈现出五种类型：（一）幕府末期至明治初期"荣衰一体"的中国观；（二）

　　① 李雁南：《在文本与现实之间——浅析日本近代文学中的中国形象》，《天津外国语学院学报》2005 年第 1 期。

　　② 葛兆光：《宅兹中国——重建有关"中国"的历史论述》，中华书局 2011 年版，第 184 页。

　　③ 李雁南：《经典中国与现实中国——近代日本作家中国之行的想象与误读》，《广东教育学院学报》2004 年第 1 期。

　　④ 杨栋梁主编：《近代以来日本的中国观》，江苏人民出版社 2012 年版；［日］野村浩一：《近代日本的中国认识》，张学锋译，中央编译出版社 1999 年版；刘家鑫：《日本近代知识分子的中国观》，南开大学出版社 2007 年版；吴光辉：《日本的中国形象》，人民出版社 2010 年版。

中日建交至甲午战争时期"病体待治"的中国观；（三）甲午战争至日俄战争时期"日本中心"的中国观；（四）日俄战争至大正初期"文明反思"的中国观；（五）大正初期至昭和初期"幽玄浪漫"的中国观。

一 幕府末期至明治初期："荣衰一体"的中国观

由于古代中国所具有的强大文化影响力，在两千余年的时间内不断地进行内聚运动与周边辐射运动，进而在东亚地区形成了以中国文化为中心的汉字（儒家）文化圈。中国文化传入日本后，对日本文化的形成产生了重大影响，尤其从江户时代开始，日本还形成了自身的汉学传统，对中国文化的崇敬心理占据主要地位。对于那些长期浸润在汉学中的日本知识人而言，文本中的"中国"仍如梦幻一般，他们对中国文化的亲近感十分强烈，许多日本知识人带着对中国艺术的景仰与对中国古迹的缅怀之情，渡海来到中国，希望对中国传统文化知识的部分了解均能在现实中得到印证。[①] 同时，幕末的游华者也对中国抱以批判的眼光，密切注视着这个古老帝国的现状与未来趋势。

幕末航行至上海的"千岁丸"，构成了近代日本人中国观发轫时期的一个具有典型意义的历史个案。当"千岁丸"行至上海港时，随行的日本人几乎全部被眼前所呈现的繁荣景象所震惊，感慨"桅杆林立，如万顷之麻"，[②] "看起来是世界上最热闹的地方"。[③] 上海的"繁荣"不仅仅局限于港口的贸易，租界内的商馆也同样呈现出"繁荣"景象。英法两国的租界里，"高大气派的万国商馆毗邻"。[④] 然而，有人认为，上海繁荣景象的产生，是西方列强对中国大肆掠夺的产物，故而与"繁荣"的虚假景象相比较，对于正值"外有洋夷之猖獗，内有匪贼之煽乱"[⑤] 的内外不安、灾难并至时的中国，日本人笔下的"衰微"式记录则更加详尽，并且在政治、

---

① 李雁南：《经典中国与现实中国——近代日本作家中国之行的想象与误读》，《广东教育学院学报》2004 年第 1 期。

② ［日］纳富介次郎：《上海杂记》，陶振孝译，载《1862 年上海日记》，中华书局 2012 年版，第 17 页。

③ ［日］松田屋伴吉：《唐国渡海日记》，阎瑜译，载《1862 年上海日记》，中华书局 2012 年版，第 257 页。

④ ［日］峰洁：《船中日录·清国上海见闻录》，阎瑜译，载《1862 年上海日记》，中华书局 2012 年版，第 219 页。

⑤ ［日］日比野辉宽：《赘肬录》，陶振孝译，载《1862 年上海日记》，中华书局 2012 年版，第 56 页。

文化、外交、民风等方面都有所反映，以致佐贺藩士纳富介次郎慨叹："呜呼！清国之衰弱竟如此！"[1] 日比野辉宽记录了孔庙被英国军队变成驻地进行操练的情景时同样感慨："嗟夫！世间之变何其甚哉！"[2] 通过考察上海的形势，高杉晋作了解了清政府政治上的积弱，其积弱程度竟使他一度认为，上海是"英法属地"。[3] 此外，对于上海的卫生状况，以及吸食鸦片成风的状态，日本人均感受到强烈的震惊。上海的官绅民众吸食鸦片者甚众，不仅是普通百姓深陷其中无法自拔，甚至连道台这样的政府要员以及曾痛论过鸦片之害的名士也一同吸食。"千岁丸"的随行人员看到上海烟毒泛滥的情形，一方面表示触目惊心，但同时也暗自庆幸，以为对尚未蒙受鸦片之祸的日本人来说，只要有人呼吁禁止便可阻断鸦片的流行。这使得"千岁丸"士人开始反思日本的处境及未来的发展，如何防患耶教、抵制洋夷、保持气节成为其考虑的重要问题。

　　幕末"千岁丸"所搭乘的士人中，诸如高杉晋作、中牟田仓之助以及五代才助均成为日本明治维新的先觉者，可以说，这一定程度上与其上海之行有密切的关联。上海近代的发展史可以看作中国近代史的缩影。对于幕末渴望亲眼凝视几百年来未曾踏足的中国大地同时了解西方文化、制度及社会状况的日本来说，上海作为融汇东西方文化的近代城市的代表，无疑成为其迅速了解世界的最好窗口。因此，"千岁丸"的搭乘人员对上海显示出了强烈的好奇，对于上海港及租界中所呈现的繁荣景象不禁频频咋舌，但同时又对曾经文化母国的中国在政治、文化等方面所显露的衰微感到失望，更进一步地由人观己，将中国社会的发展状况作为对于自我的一种警示，激励其反省自身及思索改进措施。

　　"千岁丸"是近代以来日本人对于中国的初体验，所形成的中国观感亦多为浮光掠影般的观光记录和大杂烩式的现象描述。这一时期日本人的中国观，既包含着对中国上海这个先期沾染西方风气的近代化成果的确认，也继承了江户末期国学者"去中国化"的思想意识，时刻在贬低中国。这种赞叹惊奇和嗤之以鼻的中国观，左右并摇摆着该时期来华日本人的不同中国认知。

---

①　［日］纳富介次郎：《上海杂记》，陶振孝译，载《1862 年上海日记》，中华书局 2012 年版，第 33 页。

②　［日］日比野辉宽：《赘肬录》，陶振孝译，载《1862 年上海日记》，中华书局 2012 年版，第 72 页。

③　［日］高杉晋作：《游清五录》，阎瑜译，载《1862 年上海日记》，中华书局 2012 年版，第 142 页。

二　中日建交至甲午战争时期："病体待治"的中国观

通过对冈千仞和竹添进一郎两位汉学家在明治中期的游记的分析可知，二人对中国社会做出"身患三毒"与"病态之躯"的初诊，是已将中国作为"病人"来对待了。而且，比前一时期的衰微式观察又进了一步，他们还认为中国在西方的冲击下已然罹患重病。但由于他们在心理层面对古典和传统的文化中国尚存眷恋之情，因此同时还存有"药之得宜，霍然而起"的些许期待。

在竹添进一郎看来，他所见到的中国所呈现出的状态是古盛今衰的"病态的中国"，充满了"内忧"与"外患"。衰弱停滞的中国病入膏肓，而清政府作为统治者亦没有表现出良好的领导力，却更像是一位"庸医"，其落后的君主专制制度、官治的不力与治安的混乱以及苛敛之政令均让竹添感到不满，而民风的不古与儒学的颓废更是让竹添极度无奈。在四川旅行期间，竹添曾参观极为闳丽的文昌庙，然而文昌庙所供奉的是道教中掌管文昌的神仙，世人认为其"实司科举柄，延入学宫"。竹添认为这样的做法是"正学之不讲，人心之卑污"的弃儒崇神的做法，可悲可叹。① 与深重的"内忧"相比，鸦片之毒与耶稣教之患同样对中国危害深重。"清国民口，无虑四亿万，其食鸦片者居十之一，为四千万"，而"鸦片之性，耗精促命，其毒有甚于鸩"，"恐百年之后，四亿万之民尽衰羸"！② 同时，竹添还在诗作中指出天主教在中国的发展势头迅猛，揭露了天主教利用利益诱惑民众信仰的虚伪本质，并通过对中国"孟轲不作韩愈逝"③ 现象的揶揄，叹息中国世道命悬一线的危机感与无奈感。事实上，竹添眼里的所谓"内忧"与"外患"，原本是相互联动的一体两面。清廷政治的根部腐坏和恶霸横行的乡治，使人民失去了继续生存的希望。他们大概也只能有两种选择：要么吸食鸦片，在吞云吐雾中一时忘却烦忧，自欺欺人；要么寻找新的信仰，把精神世界寄托给外来的某个神祇。

冈千仞受王韬之邀，于1884—1885年游历中国，并在其中国游记的自序中表达了对中国之行的憧憬与期待。然而，声称要在中国寻找振兴汉学之道的冈千仞，其目之所及却是中国城市之破败和士人之闭塞，特别是儒

---

① ［日］竹添进一郎：《栈云峡雨日记》，张明杰整理，中华书局2007年版，第53页。
② ［日］竹添进一郎：《栈云峡雨日记》，张明杰整理，中华书局2007年版，第32页。
③ ［日］竹添进一郎：《栈云峡雨日记》，张明杰整理，中华书局2007年版，第85页。

学之颓废、经毒之盛行、烟毒之泛滥等"三毒"侵体和病势尪羸。在确诊中国诸种病症后，冈千仞进献了"药石之语"。一方面，在内政问题上，他认为中国若想"振起"，"非一扫烟毒与六经毒"，"究格致之学，讲富强之实"，① 方为中国之所急。另一方面，在外交问题上，冈千仞主张中国应以和为贵，期望中国能够对欧美诸国以礼相待，并以中法战争为例，宣扬"外交三策"，即使用西方国家之国际调停方式。② 显然，面对东方病症，自称汉学家的冈千仞开出的却是一签"大仿欧美"的西药处方。冈千仞这种复杂的身份定位，以及体现在对甲申事变和琉球争端上所发言论的逻辑陷阱，反映的是国际变局下日本人的东西权衡战略和深藏于其思想底层的日本主义立场。

在这一时期，中日尚处于对等地位，或因在东亚的传统主导地位的延续效应，中国在日本人眼中还是一个"老大帝国"，即虽然"老"，但依然是一个"大"的帝国。尽管日本正在经历明治维新的西化阶段并取得了比较显著的成就，但也只能说是一个"新小帝国"而已，日本除了以西方优等生自居而在文化上自感超越中国之外，在实力上尚不敢自夸已然凌驾于清朝中国之上。故而，此时日本知识人的中国观之中既有针砭中国时弊的警示性言论，也有以日本为东亚近代化榜样的"自觉"意识，是失望与希望并存的纠结性认知。

三　甲午战争至日俄战争时期："日本中心"的中国观

甲午战争后，日本人的中国观发生了巨大转型，自此便有了蔑视中国的现实依据。通过对内藤湖南、山本宪游记的比较，无论是"日本天职论"或"日本中心论"，都表达出此时日本对中国蔑视的明显升级。

《燕山楚水》是内藤湖南1899年第一次游历中国时写下的游记。这篇游记，从三个层面上生动地反映了内藤的中国观。在《禹域鸿爪记》中，内藤通过对华观察，认为清朝已"安于旧态难以改变"，但"如果以东南的富庶来图自卫，财政充足兵力精锐，几年的时间就可以达成"富强指标，③

---

① ［日］冈千仞：《观光纪游·观光续纪·观光游草》，张明杰整理，中华书局2009年版，第114—115页。

② ［日］冈千仞：《观光纪游·观光续纪·观光游草》，张明杰整理，中华书局2009年版，第82—83页。

③ ［日］内藤湖南：《燕山楚水·禹域鸿爪記》，载《内藤湖南全集》（第2卷），（東京）筑摩書房1971年版，第101页。

形成了"守旧"之中国与"北衰南兴"之中国的框架式印象,可谓内藤中国观的"表层"。在《鸿爪记余》中,内藤通过对中国书法的分析,认为"唐人的书法,我国还能找到不少真迹,书法家中也有继承其笔法的人,应该学习。宋人多改变古法,大多不能作为依据",① 展示了"守旧"之中国与"北衰南兴"之中国形象分别位于作为内藤史学体系之两翼的"唐宋变革论"与"文化中心移动论"的延长线之上,这两者可谓内藤中国观的"中层"。当我们进一步阅读《禹域论纂》时,却发现内藤中国观的两大"中层"理论存在一个交叉点——"日本",进而可知位于内藤中国观"里层"的竟然是中国不在场的"日本天职论",而这一因素却从根本上决定着内藤中国观的形式与内容。表面上看来,内藤似乎在通过"北衰南兴"的中国与强大的"民众之中国"的印象,把中国未来的希望寄托在中国南方,是站在"维护"中国传统文化的一边,是在反对"中国蔑视论"。但是,透过内藤的学术脉络与话语逻辑不难看出,内藤真正关注的是中国文化的"区域移动"或"外部传承",其重点都是在日本对中国文化道统的承绍这一点上,所以他实际上更加关注的是"守旧的中国"与"衰弱的中国"。也就是说,虽然内藤形成了"双重中国认知"这种看似矛盾的中国像,但是在话语深处,却埋设着鲜明的主从性伏线。从这个意义上讲,学术上的中国与政治上的中国的关联正是内藤湖南"日本天职论"形成的背景。

山本宪的现实观感与理想中的"诗意"画面大相径庭,他对中国的卫生状况、国民性、风俗习惯等均发出诸多感慨,尤其是中国式厕所的脏乱、挑夫的鲁莽、吸食鸦片者的沉迷,以及中国人对待葬礼虚伪而又敷衍的态度等"异国风情",都令山本印象深刻,并形成了对现实中国的第一印象。山本在记录现实中国印象的同时,又在所谓"东亚提携,同仇西方"的"大义名分"下定位甲午战争后中日两国关系与东亚形势。同时,山本认为清朝的科举制、官制、学制等应仿效日本实行维新,他将社会问题重重之中国比喻为身患重疾之人,"譬诸疾笃,非寻常汤药所以能救,独有手术一法耳"。② 在比较中日两国的儒教发展状况后,山本得出了"汉土非儒教国","本邦可以称儒教国矣"的结论。③ 山本的日本"儒学正宗"和"明治近代"相互交织的优越意识已初现端倪,其对中国时局与文

---

① 〔日〕内藤湖南:《燕山楚水·禹域鸿爪记》,载《内藤湖南全集》(第2卷),(東京)筑摩書房1971年版,第124頁。

② 〔日〕山本憲:《燕山楚水紀遊》卷一,(大阪)上野松龍舍1898年版,第29頁。

③ 〔日〕山本憲:《燕山楚水紀遊》卷二,(大阪)上野松龍舍1898年版,第8頁。

化的观察与"诊断",凸显了山本对中国文化的断裂式、停滞化认知,以及山本通过"排宋推汉"与"提携同仇"的理论话语和现实构想所显现的强固的"日本中心主义"。而这一点,亦大体折射出同一时期日本来华者的主流心态。

甲午战争中清政府的败北及日本的胜利,颠覆了中日两国的地位,日本开始重新审视中日两国的关系及其自身在亚洲的位置。1592 年的"壬辰倭乱"可以说是日本挑战东亚秩序的尝试,丰臣秀吉渴望征伐朝鲜、并吞明朝的幻梦在明朝军队的出击中受到大挫进而化为泡影,但自此开始日本"前仆后继地展开了取代中国中心、使日本一极卓立的武装突进过程"。可以说,从壬辰倭乱到甲午战争,日本"已形成隐秘于事实背后的一以贯之的思考模式和行为习惯",[①] 而甲午战争的胜利使得日本开始以东亚盟主的身份自居,"日本中心"的观点在此时已深入人心。

四　日俄战争至大正初期:"文明反思"的中国观

日俄战争后,日本开始以东方文明的代表者自居。小林爱雄和夏目漱石的游记显示,他们或以"停滞论"俯视中国,或在"殖民与道德"中略显纠结,但日本在文化与政治层面居高临下的"文明与近代反思"这一中国体验模式的日居主流,却是不争的事实。

近代中国自鸦片战争以来便遭受西方列强与日本的不断侵略,再加上清王朝的国力早已衰败,王朝步入浇季,因此,在如此背景下来华考察的小林爱雄,很自然地形成了"残酷现实的中国"与"美好梦幻的中国"[②] 这种叠相交错的"双重中国认知"。小林的这种认知方式与随后在大正时代出现的"中国情趣"[③] 有着深刻的关联,可以说小林在"文本中国"与"现实中国"的挤压下所形成的中国观,恰恰是大正时期"中国情趣"的"明治原版"。作为唯美派的文艺学者,小林爱雄是站在"漫游"与"情趣"的立场上来描写中国的,并怀着一种桃花源般的憧憬心态面对中国,将中国想象成为一个如梦似幻的国度。"如果生活在这样的国家里,或许

---

① 韩东育:《日本对外战争的隐秘逻辑(1592—1945)》,《中国社会科学》2013 年第 4 期。

② [日]小林爱雄:《支那印象记》,载小岛晋治监修《幕末明治中国见闻录集成》(第 6 卷),(东京)ゆまに书房 1998 年版,第 426 页。

③ 日本学者西原大辅将"中国情趣"定义为:"以日本大正时代为中心的、对于中国文化所持有的一种充满异国情调的兴趣的总体"。参见 [日] 西原大辅《谷崎润一郎与东方主义——大正日本的中国幻想》,赵怡译,中华书局 2005 年版,第 12 页。

不必去深切体味人世间的痛苦与甜蜜，也无须追寻错综复杂的缘分。我能想象出这个国家的人们内心的那份安宁。"① 这种想象，甚至在看到"残酷现实的中国"时，也没有使他对"中国"完全失望，因为在他眼中还有一个"美好梦幻的中国"，这个"中国"尽管落后、保守，却充满了异国情调，正如谷崎润一郎所看到的那样，"正因为中国保留了古代的一切，才能不受丑恶的近代化之腐蚀，保持其异国情调之美"。② 不过，小林这种对中国"静止之美"的强调却深深地包含了东方主义的视角，即，将中国看成了"静止僵化的国度"。

在夏目漱石的笔下，我们首先看到一个"满铁"的中国，这个中国令人神往。在看到"满铁公司修建的靠电气驱动的娱乐设施"电气公园时，夏目慨叹到"内地也还没有"。③ 但是作为现实主义文学家的夏目，却有其"固执"的一面。他不顾中村的"委托"，仍然将在中国看到的中国苦力的生活状况等展示出来，为其悲惨的命运慨叹："他们的沉默和有规则的运动、他们的忍耐和元气简直就像命运的影子一样"，④ 揭示了"现实"中国的一面。夏目漱石深受东西方两种文化的影响，思想上充满矛盾和纠结情绪，这在其旅行中亦有所体现。受时代背景的感染及民族主义意识的影响，夏目漱石的民族优越感在旅行中表现得淋漓尽致，他大肆赞扬满铁的建设成就，不断强调许多方面已经赶超日本本土，以努力完成其"满铁代言"的职责。另一方面，对中国劳苦大众的同情和对"满洲"自然山水的描绘，又表明其作为现实主义作家，对资产阶级剥削本质的批判及对中国大地所蕴藏的能量的慨叹。这也是夏目漱石的中国之行中为什么会呈显其"满铁"二重映像的原因所在。

日俄战争是日本为了确保在华利益及东亚主导权而在英国等国支持下的对俄战争，标志着东亚国际体系从传统的以中国为中心的东亚宗藩朝贡体系向近代帝国主义东亚殖民条约体系的彻底转型。在此过渡过程中，中日间的国家实力的消长成为最重要的因素之一。⑤ 此时的日本已然在中日关系中将自身处于文化层面与政治层面的主导者而凌驾于中国之上，其中

---

① ［日］小林愛雄：《支那印象記》，载小島晋治監修《幕末明治中国見聞録集成》（第 6 卷），（東京）ゆまに書房 1998 年版，第 309 頁。

② ［日］西原大輔：《谷崎润一郎与东方主义——大正日本的中国幻想》，赵怡译，中华书局 2005 年版，第 116 页。

③ ［日］夏目漱石：《满韩漫游》，王成译，中华书局 2007 年版，第 167 页。

④ ［日］夏目漱石：《满韩漫游》，王成译，中华书局 2007 年版，第 185 页。

⑤ 安成日、刘艳：《日俄战争与东亚国际体系的重构》，《哈尔滨工业大学学报》（社会科学版）2011 年第 2 期。

国观的表现也在此凸显。

五　大正初期至昭和初期："幽玄浪漫"的中国观

通过对明治时代日本知识人的来华游记分析可了解到，"中国蔑视论"始终在其中占据着主导地位，大多数人对于中国的认知都是片面或负面的，是有意对来华前既有的日中"落差"预设所做的现实找寻。但是，大正时代的知识人却在这一大背景下空前地表现出对中国浓厚的兴趣。而这种"兴趣"的根源正是日本人对中国蔑视到极致的一种表现。在"支那趣味"和"东方主义"的话语体系下，日本人的中国旅行成为找寻远古的神秘和浪漫的异国情调的体验。通过对青木正儿、吉川幸次郎游记文本的解析发现，他们无论是对儒家文化厌弃，还是以女性化想象彻底截断中国的自主之路，都传达出此时日本人眼中的中国仅仅是一个想象中的存在，"中国"自此充其量也只具有"文化符号"的意义而已。

青木正儿的中国旅行感受来自于"梦幻"般的江南地区，杭州西湖被青木认为是中国文化的一个象征，他通过改造西湖景观的设想来表达自己对于改造中国文化的设计，认为中国文化具有包容性，未来通过对欧美文化的兼容并蓄，可以发展成为适宜中国发展的新的文化类型。同时，青木对中国国民性的认识、对往昔事物的感怀以及对儒道的阐释，也均有其独特的文化判断标准，即"幽玄自然"的认识。他认为"儒家思想仅流动于中国文明的表面，流动于其内部的正是道家思想"。① 这种以道家自然思想为基调的"中国文化论"，与同时期的日本来华知识人相比，呈现出迥异的中国认知。但事实上，青木在游记中塑造的中国形象，是其对中国传统经典中熟识的画面在现实社会中的留意搜寻，这使青木的中国认知过分凸显了与中国近代现实社会并不相符的"宁静恬淡"的生活画面。产生这种认知偏差的根本原因在于，青木是借"中国"这一他者，意在找寻日本急速进入近代化后所遗失的相仿于道家所崇尚的自然生活。

吉川幸次郎对在中国江南的旅行最初、最深刻的印象就是"风景的美丽"与人的美丽，② 并被这种"日本所没有的江南的纤细的自然美而魅惑"。③

---

① ［日］青木正儿：《江南春》，（東京）平凡社 1972 年版，第 66 頁。
② ［日］吉川幸次郎：《留学まで——質問に答えて》，载《吉川幸次郎全集》卷 22，（東京）筑摩書房 1975 年版，第 367—369 頁。
③ ［日］興膳宏：《吉川幸次郎》，砺波護、藤井讓治編：《京大東洋学の百年》，（京都）京都大学学術出版会 2002 年版，第 262 頁。

"美"的中国是吉川在日常性、人道主义等文化中国认知基础上，把古典中国投影于现实中国后所形成的混合映像。吉川直言："中国天生就是我的恋人"，这种"恋华论"与同期日本来华知识人的"蔑华论"之间看似构成对立的两极，但吉川对"古典中国"的过度爱恋已经使他的对华认识转变成一种执拗的历史记忆，而近代中国的缺席也无法不成为其"恋华论"的无奈规避。对中国做一种女性化的浪漫想象，把历史记忆和现实世界彼此切离，以致在历史延续的虚构中忘却了中国近代本身的忧伤，这不能不说是对某种变调的"文明停滞论"的特殊表现。他大概想表达两种意愿：一是"来自历史与文化同一性的想象"，二是"将日本视为以文化同一性为基础的亚洲解放者"。[①]

综上不难看出，同时期的日本游华知识人的中国观中，其实已呈现出许多不同的特点。但总体趋势是，随着近代化以来日本在政治、经济、军事上的优势的逐渐凸显，其对华的蔑视及傲慢感亦随之增强。换言之，无论其中国认知随着时空的推移呈现出怎样的变化，其"双重中国认知"的表现却是一贯始终的。每一个游华知识人中国认知的产生均有其深刻的文化与时代背景，必须谨慎地对待"双重中国认知"中看似夸赞中国某方面的中国印象，一定意义上可以说，用"经典中国"或"文本中国"来有意规避现实政治问题的中国对待方式，是"双重中国认知"的中国观中所内含的最大症结。

第三节　近代日本知识人的"双重中国认知"

在近代大量的日本游华知识人中，本书择取了"一丸八人"（千岁丸、冈千仞、竹添进一郎、内藤湖南、山本宪、小林爱雄、夏目漱石、青木正儿、吉川幸次郎），对他们在各自的中国游记中所形成的中国印象、体验进行抽样、归纳和总结，发现其共同特征几乎无一例外地表现为"双重中国认知"这一本质属性。本节尝试通过对"双重中国认知"话语脉络的深度追述，以探究近代日本知识人中国观的变化过程。

一　近代日本知识人中国观的形态与"双重中国认知"

日本自遣唐使时代直至幕府末期，虽然几度想挣脱华夷秩序体系并开

---

① 葛兆光：《宅兹中国——重建有关"中国"的历史论述》，中华书局 2012 年版，第 176 页。

始在理论上进行新的构建，但是在对中国的总体认识上还是以"崇敬"或
"敬畏"为主调，"仰慕中华、效仿中华、追赶中华亦构成了近代以前日本
对华观的主线"。① 江户幕府中后期，暗藏在江户汉学中的"脱离儒教"②
思想开始与近代西方的民族主义等思想相结合，"仰慕型"对华观出现分
化。随着中国在两次鸦片战争中的失败、日本明治维新以来的迅速崛起以
至甲午战争中日本的完胜与清政府的惨败，日本对待中国及其文化的态度
变得越发复杂，日本的对华观也由传统的"仰慕"变为"平视"。③ 自甲
午战争后至昭和初期，甚嚣尘上的"中国蔑视论"，占据了这一时期日本
人中国观的主流，即"基于自身'脱亚入欧'的进步和中国依旧'冥顽不
化'的'自他认识'，轻视、敌视型的对华态度已经压倒其他'主张'而
左右了国家的对华行动选择。甲午战争中打败清朝的实践，反过来又使蔑
视型中国观一举得到确认并在社会中泛化"。有论者甚至指出，随后这种
"蔑视型"的中国观便开始向"无视型"的中国观进行转化，④ 直至演化
为形态成熟的"中国亡国观"为止。⑤

　　可以说，这种对于从"仰慕"、"平视"、"蔑视"到"无视"以及
"中国亡国观"等近代日本人的中国观类型之总结，基本上概括出自幕末
至大正时代末期这一时段日本人中国观的主要特征，对于相关研究具有重
要的启迪意义。不过需要指出的是，如果说平视型的中国观"旋即变为"⑥
蔑视型的中国观，而蔑视型的中国观又是"直线发展"⑦ 到无视型的中国
观，那么这种把握似乎没有完全展示出近代以来日本人中国观转变过程的
复杂性。通过对近代日本知识人的游记内容与思想的解析与挖掘，当深入
每个来华日本人的内心深处时就会发现，事情远不像我们想象的那么直
观。通过上文对日本知识人在各自的中国游记中所形成的"双重中国认
知"之中国观所做的分析可知，如果不从"蔑视""无视"等中国观的
"定性"上进行概括，而是着眼于从中国观的"差异"上进行分析，那么

---

① 杨栋梁、王美平：《近代社会转型期日本对华观的变迁》，《日本研究》2008 年第 3 期。

② 韩东育：《从"脱儒"到"脱亚"——日本近世以来"去中心化"之思想过程》，台湾大
学出版中心 2009 年版，第 387 页。

③ 杨栋梁、王美平：《近代社会转型期日本对华观的变迁》，《日本研究》2008 年第 3 期。

④ 杨栋梁：《近代以来日本的中国观》第 1 卷（总论），江苏人民出版社 2012 年版，第 4、
103 页。

⑤ 王美平、宋志勇：《近代以来日本的中国观》第 4 卷（1895—1945），江苏人民出版社 2012
年版，第 1—2 页。

⑥ 杨栋梁、王美平：《近代社会转型期日本对华观的变迁》，《日本研究》2008 年第 3 期。

⑦ 杨栋梁：《近代以来日本的中国观》第 1 卷（总论），江苏人民出版社 2012 年版，第 4 页。

在近代日本人的中国观中其实还存在着一种一以贯之的始终将中国"分而视之"的思维定式,即"分视型"中国观,其常见的表现形态就是"双重中国认知"。

幕府末期至明治初期,中日两国社会处在近代化转型的关键时期,东亚地区传统的"华夷秩序"遭到了西方社会"条约体系"的挑战与颠覆,"开国"初期的日本充满变数,"危机与希望并存"。① 在此背景下,日本幕府派出官船"千岁丸"出使中国,考察鸦片战争后中国较早步入近代化的城市之一上海,其随行人员也将上海的所见所闻通过游记的形式展现给日本本土的人们:一方面,随员们看到了开港后上海近代社会中呈现的"繁荣"景象;另一方面,又对洋夷猖獗、文政尚虚、烟毒泛滥的"衰微"中国感触良深,从而形成了"繁荣"与"衰微"并存的中国观。可以说,"千岁丸"是近代以来日本人对于中国的初体验,所形成的中国观感亦多为对所观察对象的描述。这一时期日本人的中国观,既继承了江户时期国学者"去中国化"的思想意识,时刻在贬低中国,但也包含着对中国上海这个先期沾染西方风气的近代化成果的确认,嗤之以鼻和赞叹惊奇恒处于这种中国观天平的两端,并左右着该时期来华日本人的不同中国认知。

中日建交(《中日修好条规》签署)以后,通过明治维新以来十余年的建设,日本的近代化已初现成效。在这个时期的游记中,人们可以感受到日本知识人以近代化的眼光审视中国,以自身近代化的发展来衡量中国,进而认为中国处于落后状态的基本倾向。竹添进一郎与冈千仞均认为该时期的中国乃"病体"之身,这与前一时期的"衰微"式观察又进了一步,认为中国在西方的冲击下已然罹患疾病。但是,由于他们在心理层面对古典和传统的文化中国尚存眷恋之情,因此同时还存有"药之得宜,霍然而起"的些许期待。那么,究竟采取何等处方医治中国之"病体"呢?日本的近代化转变无疑给中国提供了最好的范本,日本可以转变,中国亦可,其做法就是要向日本学习。需要强调的是,在冈千仞和竹添进一郎的游记中,由日本主导中国的观念尚不强烈。

作为中日关系的转捩点,甲午战争使中日的国际地位发生了巨大颠覆,而日本也因此以在东亚范围内完全成功进入近代化社会的榜样国家而自居,其文化人也开始俯视中国存在的问题与弊病,认为中国已是"停滞的社会"。该时期来华的内藤湖南与山本宪,都形成了这种中国印象,内

---

① 冯天瑜:《"千岁丸"上海行:日本人一八六二年的中国观察》,商务印书馆2001年版,第3页。

藤看到了"守旧的中国",山本则形成了"脏乱、贪婪、沉迷、虚饰"的现实中国观感。然而,另一方面,内藤与山本又同时看到了中国的希望,内藤认为中国南北两地"北衰"但"南兴",南方社会孕育着中国未来的"希望",而山本也通过对中国时局与文化进行观察与判断后得出中国需进行外科手术的改革论调。也就是说,该时期的日本游华知识人虽然"蔑视论"甚嚣尘上,但仍可见其对中国未来改革与发展的某种期待,只是需要以日本为中心,来指导中国进入近代化社会——日本的主体性和中心性,无疑被极大地凸显了。

日俄战争的胜利,使日本近代化的视野开始超越亚洲。他们自诩为东方文明的"代表者",以至少不输于西方文明国家的身份自居,强调日本文明的独特性,彰显日本国际地位的强大。小林爱雄与夏目漱石的游记中均显示出此时日本在文化与政治层面上居高临下的"文明与近代反思"的中国体验,小林眼中"美好梦幻的中国"与夏目笔下对中国劳动人民被剥削的同情可谓异曲同工,而小林"残酷现实的中国"又与夏目对满铁的赞誉及其殖民主义意识不谋而合。虽然二人在游记中所展现的政治用意并无甲午战后时期那般明显,但其蔑视中国的意识早已内化于心,日本自以为其在东亚的中心地位已经不言自明,而中国则逐渐成为其把玩的对象。

大正以降,日本游华知识人的游记又展现出另一番景象,在青木正儿和吉川幸次郎的游记中,中国往往呈显出"幽玄自然"、"美而浪漫"的古典景象,而近代社会则在二人的游记中完全缺席,游记的记载缺乏现实感,对现实避而不谈,过分强调中国古典文明的辉煌,认为中国完全不可能进入到近代化社会或者说"与近代绝缘",中国被符号化,只成为想象中的存在,日本游华知识人的中国观至此也走向了想象的极端。

这意味着,近代以来日本游华知识人的中国观并非是某种单数和单线的变化,而是复线的曲折徘徊历程。一方面,从幕末到大正,经历了"繁荣"—"待治"—"北衰南兴"—"梦幻与同情"—"幽玄浪漫"这样一条表面上肯定中国的外观印象,可另一方面,又存在一条"衰微"—"病体"—"守旧脏乱"—"残酷与殖民"—"近代化缺席"这样一条被暗中强调的发展脉络。后者是其根本性的中国认知,而后者又恰恰决定了前者。

而且,"双重"中国观不仅仅是近代日本人的中国认知方式,在现当代日本人的中国认知模式中也有明显表现。王秀丽、梁云祥等对当代日本人眼中中国形象的调查分析显示,战后日本人的中国观演变大致可以分为以下四个时期:(1)20世纪50年代初—60年代中期,以崇拜新中国为主流，同时伴随着反省和赎罪意识；（2）20世纪60年代中期—70年代末，基本上从对新中国的崇拜转变为对中国的失望，其中还有着部分同情的成分；（3）20世纪80年代初—90年代中期，以对中国同情和逐渐视中国为平等伙伴并谋求合作为主；（4）20世纪90年代中期以后，则大体上以对中国开始厌恶、恐惧和戒备为主。① 可以看出，与幕末明治以来至战前时期日本人中国观的认知变化轨迹相比，战后日本人对中国形象的认识也经历了微妙的变化过程，表现出了某种历史相似性。这与其说是一种历史表现的偶然巧合，不如说是一种根源于日本人意识深处的中国认知思维定式。日本民众对中国传统文化中的某些价值观、历史及习惯具有认同感，但是对于现代大众文化认同感不高，尤其对现代制度性文化很少有认同感甚至还怀有反感，认为中国的政治经济制度及其发展并不符合世界和日本的利益，而且并不认为中国人仍然还信仰以上的那些传统价值观，对中国人的评价基本上是负面的，同时对中国媒体也相对接触较少且不信任，其理由为不准确、不公正、不全面、不及时和可读性差等。相对于中国和中国文化，日本民众更为喜欢美国、德国及美国文化和德国文化，喜欢中国和中国文化的比例还不足10%。② 可见，虽然幕末至二战结束时期的中国观演变及其表现形态与战后至今日本人眼中中国形象的变化并非完全遵照同一轨迹，但有两种基本结构是一致的，即"古今分裂"与"厚古薄今"。换言之，战后及当代日本人在认识中国形象时，也是将历史中国与现实中国相割裂，将传统中国文化与中国新文化相分离，同时对历史中国和传统中国文化给予较高评价，而对现实中国和中国新文化则表现出蔑视和厌恶的态度，这种古今分裂式认知与战前的"双重中国认知"形态可谓若合符节。

二 "双重"认知对于近代日本人中国观的意义

甲午战争作为中日关系重要的转折点，曾使日本人的中国观发生了巨大的变化，但是对于中国的"蔑视"与"肯定"在甲午战争前后的游华日本人的游记中却均有所显现，所以不能仅仅以"蔑视"作为甲午之后日本人中国观的全体像，换言之，近代日本人中国观的认知思维其实是"双重"的。在日本学术界，"双重中国认知"的中国观一方面更加接近中国

① 王秀丽、梁云祥：《日本人眼中的中国形象》，北京大学出版社2016年版，第44页。
② 王秀丽、梁云祥：《日本人眼中的中国形象》，北京大学出版社2016年版，第169—170页。

的现实状况，另一方面也更加接近同时期日本人对中国的认知思维模式，即在纠结与矛盾中考察和认识中国社会。

　　然而，不可否认的是，日本对于中国的蔑视程度是随着日本综合实力的逐步增强而愈演愈烈的。日本在甲午战后不久便遭遇了俄、德、法"三国干涉还辽"事件，一时间遭受很大打击，甲午战争期间喧嚣一时的"东洋盟主论"遭遇挫折，日本需要开始重新考虑自身定位与对华政策，于是"中日同盟论"逐渐升温。在这一背景下，近代日本知识人开始在文化、思想、艺术等层面摸索中日文化的同一性或延续性，内藤湖南在《燕山楚水》中的探索便是典型案例。内藤一方面强调了中国"守旧"的一面，符合了当时流行的"蔑视型中国观"，但是另一方面却提出了中国的南北地势差异，并指出中国南方存在兴盛的可能性，在文化的传承与移动上强调了中国内部的地理移动以及国际移动即中国文化向日本移动的可能性，是一种典型的"日中文化同一论"，这与洋学者所谓"脱亚入欧"及其与中国文化相揖别的态度是正相对立的。但是，内藤这种将日本文化与中国文化作"亲近"附会的态度有着深刻的政治用意，即日本在唐朝时继承了中国文化的精髓，现在中国没落而日本强大，所以日本"有义务"反过来影响并"管理"中国。内藤强调中日文化同根，其目的在于如何防止中国人可能会发生的文化抵抗。但是，当内藤的"日中文化同一论"在五四运动期间遭遇到中国民族主义的强烈反对之后，内藤却狡辩道："窃以为，即使中国国家灭亡，亦无必要过分悲哀。……国家虽濒于灭亡，然其文化之郁郁功业足以令人尊敬。与此相比，国家之灭亡实无足轻重。"[①] 可见，近代日本知识人的"双重"中国观在中国民族主义的强烈冲击下，肯定的印象逐渐被否定的意志所遮蔽，开始露出真正的面相，甚至还毫不迟疑地成为"中国亡国论"的"无视型"中国观。

　　究其原因，日本的传统文化很大一部分来源于大陆文明体系，若把中国文化贬得一文不值，容易使日本人自身走向自我否定的极端，所以，作为昔日"中国文化的信徒"，日本人在否定中国文化时需要给自己留下一个回旋空间。但是，如果不对中国的现实社会进行文化上的解构与批判，又使得日本近代化的意义无法得到凸显。日本人所提出的政治、经济、文化等各个方面的"联亚拒欧"方案，包括日本人所谓代表以中国文化为源头的东亚文化去与西洋文明进行对垒等言论，都促成了日本对华观的双重性或多重性。

---

　　① 　[日]内藤湖南：《山東問題と排日論の根底》，《太陽》1919 年第 9 期。

这意味着，近代日本游华知识人以"双重中国认知"为核心的中国观贯穿于"蔑视型"中国观（甲午战争之后）与"无视型"中国观（大正时代末期）之间，这一坐标定位在某种意义上已成为考察近代日本人的中国观由"蔑视"向"无视"转变的密钥。在双重的认知中，既包含了甲午战争后日本"蔑视中国"的倾向，也有在遭遇中国民族主义抵抗后向"无视中国"进行转变的可能性，是一种既包含表面上的矛盾性又具有实质上的主从性的复杂中国观。这一复杂性为人们准确地认知和把握不同领域的相关问题或有补益。

三　近代日本人"复数"中国观的本质分析

近代日本在"神国观念"的影响下，盛行极端的"国家主义"和"日本主义"，通过发动侵略战争来企图在东亚建立以日本为主宰的"大东亚共荣圈"，其本质不过是政治上实施殖民统治，经济上掠夺和占有，文化思想上实施奴化。[①] 近代日本人"复数"中国观中被暗中强调的发展脉络，即"衰微"—"病体"—"守旧脏乱"—"残酷与殖民"—"近代化缺席"，恰恰为近代日本的侵略行径营造了社会舆论氛围。近代日本人的来华游记大多被当时日本的报刊所登载或发行单册流通于社会，其关于中国的描述对于近代日本如何认识中国起到了关键性的作用。对中国的负面宣传，在游华日本人回国后得到了进一步的发酵，这些负面信息在日本引发了巨大的反响，逐渐在日本国内形成了一种中国已然落后且可以成为其征服对象的错觉。虽然这其中多数日本人尚有汉学的文化背景，对中国古典的事物会予以赞颂，但是在明治维新的比对下，其对中国的负面描述被无限放大，加速了日本国内右翼势力侵略中国的野心，最终酿成了战祸。

明治维新后，日本一方面欲摆脱欧美列强不平等条约对其产生的束缚，另一方面又在大力充实兵力，酝酿着将不平等条约转嫁于东亚各国，对邻近国家实施侵略。1871 年，中日两国正式签订《中日修好条规》及通商章程，规定双方可以互派外交使节或领事，标志着中日两国正式建立外交关系。1876 年日朝《江华条约》的签订，标志着近代日本对朝鲜实施压迫的开始，确立了日本对东亚侵略渗透的基础，日本挑战"华夷秩序"的野心和行动初露端倪。这一时期，在来华的日本人冈千仞和竹添进一郎的中国游记中，对现实中国多有批判，从城市的破败到儒学的颓废，从经毒

---

① 米庆余：《近代日本的东亚战略和政策》，人民出版社 2007 年版，第 2 页。

的盛行到民风的不古，无不成为其对中国失望的原因，特别是鸦片的泛滥，更成为二人诟病中国"病态之躯"的有力证明。毫无疑问的是，在中日两国刚刚恢复民间往来，能够踏足中国大地的日本人还寥寥无几的时候，这样的描述与宣传必然会颠覆前近代中国在日本的形象和地位。然而，殊不知，"神国观念"对日本统治者的束缚和对日本国民的麻痹作用更甚于"鸦片"。[①]

在此麻痹之下，"巍然立于万国之间"成为日本追求的目标，学习"英国之于印度"成为其实现目标的方法与途径，"大陆政策"于是横空而出。1894 年，日本乘朝鲜爆发东学党起义之机派兵进入朝鲜，随即蓄意挑起战争，最终以清朝战败、签订《马关条约》而告终。战争赔款使得日本产业迅速发展，侵略战争成为日本资本积累的源泉，日本的国家主义思潮也在战后极速膨胀。遗憾的是，即便是当时的日本知识人，也没有摆脱这一思潮的影响，非但未能看清日本在战争中的侵略本质，反而成为鼓吹"日本中心"扩张主义的代言人。从甲午战争后来华的日本知识人内藤湖南和山本宪的中国游记中可以看到，无论是"日本天职论"还是"日本中心论"，都是日本觊觎中国版图的野心的昭示，其所谓"提携同仇"不过是日本殖民目标的行动掩体。

在日俄战争中取得胜利后，日本对外扩张的欲望进一步增强，日本社会涌现出一批积极推行帝国主义政策的右翼势力，使得日本称霸东亚的野心更加膨胀。在日本完全占领朝鲜之后，继续扩大其在中国东北的侵略权益则成为日本政府东亚战略的主要目标。于是，日俄战争结束次年，日本在大连创立"满洲铁道株式会社"，开始了进一步对中国的经济掠夺。夏目漱石的中国旅行，恰是受"满铁"总裁中村是公的邀请，美化日本在中国东北的侵略活动，为其做"代言"宣传。而同时期来中国旅行的日本知识人小林爱雄的描述则更加露骨，妄图将中国作为日本人的埋骨之地，其侵华之心昭然若揭。

日本接下来的行动轨迹表明，它对中国的侵略是有预谋、有步骤的。首先，日本把侵略矛头指向中国东北，通过与英国、俄国签订同盟协约，划定其在"满蒙"的势力范围，随后又提出对华"二十一条要求"，并在1931 年发动"九一八事变"，迅速占领中国东北三省。此后，日本进一步开始蚕食华北的军事行动，并挑起全面侵华战争，拉开所谓"大东亚圣战"的序幕，妄图建立由日本主宰的"东亚新秩序"。这期间，包括东亚

[①]　米庆余：《近代日本的东亚战略和政策》，人民出版社 2007 年版，第 45—46 页。

同文会在内的日本团体与个人的中国调查、旅行及其所撰写的旅行记录，对日本对华侵略的军事行动、经济策略等均具有一定影响，特别是其中赤裸裸的侵华思想在日本国民中的传播，更是在日本国内渲染了舆论氛围。然而，日本以建立所谓"大东亚共荣圈"为目的的军事行动，给中国等东亚国家带来了巨大的灾难，也将日本推向了战争的深渊，随着日本在太平洋战争中的投降落下帷幕。

散论一 内藤湖南中国观的变与不变

从甲午战争到民国前期，内藤湖南的中国观既有时代性的变化，又有主体性的固守。内藤湖南在甲午战争初期产生了"中国未必守旧"的模糊认识，但在第一次中国旅行时演变为"中国守成论"，又在辛亥革命后正式形成了系统的"中国解体论"，进而演变为"日本兴中论"。近代日本汉学的危机意识、中国的现实状况与日本文化的主体性选择是造成内藤湖南中国观变与不变的三大要素。

内藤湖南（1866—1934 年，名虎次郎，字炳卿，号湖南）是近代日本京都大学"支那学"的主要创始人之一，他提出的"唐宋变革说""文化中心移动说"等理论，被称为"内藤史学"或"内藤假说"，在 20 世纪前期的世界汉学研究中独树一帜，至今仍具有较高的学术影响力。在探究内藤湖南的"支那学"体系时，有必要梳理其中国观的内容与形态。尤其是当我们将内藤湖南在《所谓日本的天职》（1894 年 8 月）与《新支那论》（1924 年 9 月）中的中国观进行对比时，便可发现这两个时期内藤湖南的中国观存在明显的自相矛盾。也就是说，内藤湖南中国观的表现形态是多样的，经历了一个由模糊到清晰、由肯定到否定的辩证发展过程。因此，探讨自甲午战争至民国前期内藤湖南中国观的变与不变，并分析造成变与不变的要素，无疑意义重大。

一 甲午战争初期：中国未必守旧论

明治维新后，文明开化成为日本的基本国策之一。1875 年，福泽谕吉在《文明论概略》中将世界区分为"野蛮""半开化""文明"三个阶段，以单线进化论作为文明发展的内在逻辑，此时中国与日本均被归之于"半开化"。1885 年中法战争结束之际，中国"不败而败"的结局使福泽谕吉在《脱亚论》中认为中国"耳闻目睹文明事物却不为心动，留恋古风旧习之状千百年未变"，① 将中国作为"顽固守旧"的代表。该文虽名为"脱亚"，实则是为了脱离中国和朝鲜的文化影响，即"脱离儒教"。② 甲午开战前夕，福泽谕吉更将此战视为"文野之战"。在文明论与脱儒论的双重挤压下产生的是"人们对中国的蔑视所带来的轻视中国研究的倾向"，③ 日本的传统国学与汉学面临着强大的生存压力，产生了共通的危机意识。而天皇作为明治政府合法性的来源，自身便含有国学与汉学的精神内核，面对上述危机，1890 年明治天皇颁布《教育敕语》，在文明开化的同时开始了国学与汉学的复兴运动，国粹主义便是其中之一。

内藤湖南自 1887 年辞职入京进入新闻界到 1894 年甲午战争前夕，恰好处于欧化主义与国粹主义交锋愈演愈烈的时期。此间他分别担任了佛教思想浓厚的《明教新志》编辑、政教社机关刊物《日本人》代笔、《大阪朝日新闻》记者，这三种刊物的主要负责人大内青峦、三宅雪岭和志贺重昂、高桥健三虽然在关注点上有所不同，但均反对鹿鸣馆时期的全面欧化主义，主张发扬日本固有的文化精髓，倡导国粹主义。尤其是内藤在担任三宅雪岭的代笔期间，深受其国粹主义的影响。甲午战争爆发后内藤开始关注中国问题，发表了三篇论说，初步展示了其中国观。

丰岛海战后，日本和清政府在 1894 年 8 月 1 日正式宣战，但此时尚未爆发大规模的战役，战争局势并不明朗。在这种情况下，日本国内对这场战争产生了不同的认识。内藤在《所谓日本的天职》（1894 年 8 月 25 日）一文中，首先否定了"和好论"与"征服论"，认为前者不会得到国民舆论的支持，而后者基于"进化之大则"主张征服中国、解决日本剩余人口与资金的观点则是策士虚谈。"罗马灭亡了迦太基，使北非迦太基旧地很长时间成为废墟，导致利源的枯竭；印度似乎源远流长、无穷无尽，但英国人难以忍受那里的风土，作为移民之地无甚益处"，所以"那些利源论家所言，现在还不能不说是失策"。④ 进而，内藤湖南认为应该以"天职论"看待这场战争。开战前后，福泽谕吉、内村鉴三曾倡导启蒙主义天职

① ［日］慶應義塾编：《脱亜論》，载《福沢諭吉全集》（第 10 卷），（東京）岩波书店 1960 年版，第 239 頁。
② 韩东育：《从"脱儒"到"脱亚"——日本近世以来"去中心化"之思想过程》，台湾大学出版中心 2009 年版，第 387 頁。
③ ［日］子安宣邦：《东亚论：日本现代思想批判》，赵京华编译，吉林人民出版社 2004 年版，第 175 頁。
④ ［日］内藤湖南：《所謂日本の天職》，载《内藤湖南全集》（第 2 卷），（東京）筑摩书房 1971 年版，第 132 頁。

论，认为中国是守旧的代表，日本的天职是引领中国走向进步。内藤认为"中国是否是守旧的代表，现在还不能马上判断"，中国虽有守旧的样子，但"三代以下至唐宋，虽有盛有衰，但各个时代的文明都有其特色，同时也呈现出变化推移之态。如果这就是西人所说的进步的话，那么中国又何尝没有进步"。① 内藤总结道："日本的天职即是日本的天职，它不是以西洋文明为中介传给中国，再弘扬于整个东方，也非保持中国陈旧的东西尔后传给西洋，而是让我们日本的文明、日本的趣味风行天下，光被坤舆。我们在东方立国，东洋诸国以中国为最，因此要成就这一事业，就必须以中国为主。"② 不过，内藤在该文中所表示的"中国未必守旧论"与"日本天职论"仅具备其形式，尚未形成具体内容，或者说该文的主要意义仅在于它表明了内藤的汉学与国粹主义的思想立场。

经过 9 月份的平壤之战与黄海海战，日本占据了陆海优势，战争形势对日本十分有利。在此情况下，内藤的上述思想在《地势臆说》（1894 年 11 月 1、2 日）与《日本的天职与学者》（1894 年 11 月 9、10 日）中初具雏形。在前文中，内藤首先论述了地势与人文的因果关系，"地势与人文相关，或以地势为因，而人文为果；或以人文为因，而地势为果"。③ 随后，内藤在赵翼地气论的基础上，认为中国的地势发于冀豫两州之间，进而从洛阳移至长安，再移至北京，同时东北的地气也十分旺盛，而人文中心则移至江南，当下地势则在岭南。内藤认为"中国的存亡是坤舆的一大问题"，尝试在地势论中"思考文明大势的移动方向"。④ 所以，与文明论者以西洋文明作为评判标准进而将中国置于"守旧"的认知框架之中相对，内藤试图从"中国中心"的视角在地势移动中追寻中国文化内部的"活力"。在后文中，内藤认为埃及、印度、希腊、罗马等坤舆（世界）文明相继而起，"当时它们最有力量宣扬人道与文明，因此在其整个发展过程中，可以看到它们都为尽其责而出力。文明的中心之所以与时移动，其因即在此。今又将大移，识者实知此间肯綮，日本将

---

① ［日］内藤湖南：《所謂日本の天職》，载《内藤湖南全集》（第 2 卷），（東京）筑摩書房 1971 年版，第 133 頁。

② ［日］内藤湖南：《所謂日本の天職》，载《内藤湖南全集》（第 2 卷），（東京）筑摩書房 1971 年版，第 135 頁。

③ ［日］内藤湖南：《地勢臆説》，载《内藤湖南全集》（第 1 卷），（東京）筑摩書房 1970 年版，第 117 頁。

④ ［日］内藤湖南：《地勢臆説》，载《内藤湖南全集》（第 1 卷），（東京）筑摩書房 1970 年版，第 125 頁。

承其大命。"① 即日本的天职是"应天受命"，学者的任务是创造"新的思想"。在此，内藤将日本的天职与坤舆文明中心的转移结合起来。

内藤在甲午战争初期的中国观主要是模糊的"中国未必守旧论"。之所以说"模糊"与"未必"，是因为此时内藤刚开始关注中国问题，尚不具备史实与理论的基础，这一中国观主要是在近代日本汉学的危机意识下，站在反欧化、反文明论立场上自然的"预设"。尽管他在《地势臆说》中尝试从地势论的角度在中国历史内部考察其"活力"，但尚未摆脱清代考据学的影响。尤为重要的是，作为"诞生于对西洋不加批判的文明史观与狭隘化的国学流史学的峡谷之间的内藤史学"② 的主要目的是挽救日本的汉学与确认日本的天职，因此，"中国未必守旧"只是内藤用以说明"汉学未必守旧"的一个代语，相对于"日本"这一文化主体，"中国"只是一个"他者"，并不具有自明性的意义。也正是因为存在这种对日本"主体性选择"③ 的固守，内藤对作为"他者"的中国才充满了认知变数。

二 第一次中国旅行：中国守成论

甲午战争后，康有为、梁启超等人在光绪帝的支持下开始了戊戌变法，内藤对这场类似于明治维新的运动予以密切关注，但随着变法的低落与失败，内藤对中国的整体认识产生了方向性变化。

内藤通过比较明治维新与戊戌维新，首先在理论上形成了新的中国认识。在戊戌变法接近尾声之时，内藤在《清国改革的风气》（1898 年 9 月 11、13 日）一文中认为："察其内情形势，清国改革之气运不足为恃。改革派之领袖康有为、汪康年等，缺乏旋转乾坤之大气魄、大力量。此外，全国人民柔惰怯懦之风气不易拔除"，"因其国土庞大，国势危急之时民众之感知亦极迟钝，其民又在吏治颓废之下被戕残天性，积数十百年，爱国敌忾之情薄，若非与身家相关，则不思之为事变"。④ 随后，内藤指出中国士人的改革风气之论虽然精致，但短于行动，不见成效。在慈禧太后等发

---

① ［日］内藤湖南：《日本の天職と学者》，载《内藤湖南全集》（第 1 卷），（東京）筑摩書房 1970 年版，第 130 頁。

② ［日］葭森健介：《漢学から東洋史へ——日本近代史学における内藤湖南の位置》，《東アジア文化交渉研究》2008 年第 3 期。

③ 刘岳兵：《近代日本人中国认识的原型及其变化机制》，《历史研究》2010 年第 6 期。

④ ［日］内藤湖南：《清国改革の風氣》，载《内藤湖南全集》（第 2 卷），（東京）筑摩書房 1971 年版，第 519—521 頁。

动戊戌政变之后，内藤认为中国第一时期的改革（军备、工业）在甲午战争中已验明无效，而第二时期的改革（制度、风俗）刚刚开始却遭受打击，改革之前途堪忧，中国社会表现出"沉滞"[①] 之气。

1899 年 9 月至 11 月，内藤游历了中国的天津、北京、上海、南京、武汉等地，拜访了严复、陈锦涛、文廷式、张元济、罗振玉等中国名人，对中国的国事民情均予以考察，在地势、文化与士人三个方面表现了他的中国观。从地势上讲，内藤在游历了北京地区之后认为："从北京的规模来看，果然是堂堂大国的首都。……不过看了郊外的土地，我觉得地力已经枯竭，即便有真命天子出世，也不会再以这里为都城"，[②] 百姓也只知道利用地力，却不懂休养土地，隐藏着深层的病患。在游览了苏杭与武汉之后，内藤认为江南的民风和物产与北京附近迥然不同，关中的地力、人材同样比不上江南。这种观点显然与《地势臆说》相一致。不过，此时内藤认为东南十省应舍弃北方各省与荒远之地，"以东南的富庶来图自卫"，[③] 主张南方独立。从文化上讲，内藤认为中国即使在盛世也未能消除中国千年的积弊，表面的国泰民安反而掩盖了中国深刻的危患，不承认改革的必要，以致逐渐显露出衰落的征兆，因此内藤对张元济说："安于旧态难以改变，这是贵国当朝的一大弊端。"[④] 从士人上讲，内藤认为戊戌变法之时，中国士人试图以一纸法令让全国执行，自然是口舌维新，难成大事。内藤在与王修植笔谈时指出"日本勇于进取而不善于守成，中国则相反"。[⑤] 总之，北京地力的枯竭、千年文化的积弊与士人缺乏进取精神，这就是内藤在第一次中国旅行期间对中国的主要印象，中国显然已经成为一个积弊深、病患重的"守成"之国。

内藤在目睹中国经历了甲午战争与戊戌变法两次失败的现实之后，他在甲午战争初期基于汉学的危机意识而提出的"中国未必守旧论"首先在理论上发生了变化，逐渐向"中国社会停滞论"靠近。进而，这一理论上

---

① ［日］内藤湖南：《支那改革说の二時期》，载《内藤湖南全集》（第 2 卷），（東京）筑摩書房 1971 年版，第 233 頁。

② ［日］内藤湖南：《燕山楚水》，载《内藤湖南全集》（第 2 卷），（東京）筑摩書房 1971 年版，第 59 頁。

③ ［日］内藤湖南：《燕山楚水》，载《内藤湖南全集》（第 2 卷），（東京）筑摩書房 1971 年版，第 102 頁。

④ ［日］内藤湖南：《燕山楚水》，载《内藤湖南全集》（第 2 卷），（東京）筑摩書房 1971 年版，第 101 頁。

⑤ ［日］内藤湖南：《燕山楚水》，载《内藤湖南全集》（第 2 卷），（東京）筑摩書房 1971 年版，第 31 頁。

的转变在内藤第一次中国旅行期间又得到了亲历性的验证。于是,理论与现实的双重"检证"使内藤的中国观由"中国未必守旧论"转变为"中国守成论"。而在内藤看来,日本在这一时期的责任是使"中国的各改革派势力都信赖日本",① 调和中国的改革派,帮助中国实行改革。但由于中国的"守成",所以日本必须"代清而谋"。②

三 辛亥革命之后:中国解体论

日俄战争前后,内藤湖南对中国问题的关心逐渐转移至"满洲"地区,开始收集满文和蒙文的经文、档案,着手研究满族与蒙古历史。日俄战争后,内藤受外务省委托,开始从事间岛问题的调查。1907 年 10 月,内藤受聘为京都帝国大学文科大学讲师,开设东洋史概论与清朝史课程,开始在学术上构建"京都支那学",内藤的中国观也开始走向体系化。

辛亥革命的爆发给予日本很大震动,一时间"干涉论"、"不干涉论"、"南北分立说"诸说纷起。内藤以自己多年来对中国历史的研究,根据地势论提出了独特的辛亥革命观,他指出:"中国自古以来起于江南的叛乱很难成功,此乃地势使然。起于北方的叛乱,尽管在保持野蛮的习俗和简朴的生活期间能够成功,但是如果天下太平、生活进步,没有江南财富的支持,北方就难以维持独立。"③ 进而,内藤认为列国虽然不会改变中国领土保全的原则,但是中国内部的蒙古、西藏等非汉族地区不愿归附由汉人成立的共和政府之统治,"尤其是新共和国对这些塞外领土全无眷恋也未可知,如果将这些棘手的事物甩掉,经济上反而对中国有利。"④ 虽然内藤对辛亥革命曾抱以很大期待,认为"无论如何,革命主义、革命思想的成功是无疑的,这是几百年来的趋势",⑤ 对中国的辛亥革命和政治表示支持。但是同时,内藤认为列国虽然不会改变中国领土保全的原则,但是中

---

① [日] 内藤湖南:《支那改革助成の一手段》,载《内藤湖南全集》(第 4 卷),(東京)筑摩書房 1971 年版,第 426 頁。

② [日] 内藤湖南:《清国に代て謀る》,载《内藤湖南全集》(第 3 卷),(東京)筑摩書房 1971 年版,第 315 頁。

③ [日] 内藤湖南:《支那時局の発展》,载《内藤湖南全集》(第 5 卷),(東京)筑摩書房 1972 年版,第 446—447 頁。

④ [日] 内藤湖南:《支那時局の発展》,载《内藤湖南全集》(第 5 卷),(東京)筑摩書房 1972 年版,第 449 頁。

⑤ [日] 内藤湖南:《清朝衰亡論》,载《内藤湖南全集》(第 5 卷),(東京)筑摩書房 1972 年版,第 257 頁。

国内部的蒙古、西藏等非汉族地区不愿归附由汉人成立的共和政府之统治，"尤其是新共和国对这些塞外领土全无眷恋也未可知，如果将这些棘手的事物甩掉，经济上反而对中国有利。"① 虽然内藤对辛亥革命曾抱以很大期待，但是他却不承认孙中山南京临时政府的合法性，并对中国的南北讲和表示"失望"。于是，内藤便开始"代替中国人，为中国人着想"撰写《支那论》（1914 年）。

内藤主要从国家制度、领土问题与内治问题三个方面详述其"支那论"。在国家制度上，内藤根据自己在京都大学的中国史研究，形成了"唐宋变革论"，② 将中国政治制度的发展趋势概括为"贵族政治→君主独裁政治→共和政治"，③ 因此中国以平等主义与民主思想为根干，"结局将归着于共和政治"。④ 所以，在领土问题上，"民族"的"平等"是其大义，而以汉族为中心成立的共和政府不能使蒙古族、藏族和满族归顺其统治，"中国政府日益倾向于民主，随之将逐渐失去对异族的统辖力。……解体乃是大势所趋"，"领土问题，从政治上的实力来考虑，现在应该缩小，远离所谓五族共和那样的空想，从实力来考虑，宁可暂时失去领土，不如谋求实现内部的统一"。⑤ 在内治问题上，内藤认为中国首先应该放弃中央集权制度，实行以省为行政区划的制度，加强地方大员的权力，同时利用"父老"，建立以地方自治团体为主的新自治体制。这实际上是对中国"当时的军阀割据状态予以确认和肯定"。⑥ 其次，在未来 20 年左右中国绝无设置国防的必要，"中国即便完全废除了国防，被侵略的土地也是有限度的，绝对不会危及国家的独立，因为列国在中国的势力是均衡的"。⑦ 最后，因为清朝是在抵抗列国的情况下才招致灭亡，所以新的共和政府应放弃利权回收论，代之以列国监督中国的都统政治，"如果抛开国

①　［日］内藤湖南：《支那時局の発展》，载《内藤湖南全集》（第 5 卷），（東京）筑摩書房 1972 年版，第 449 頁。

②　李庆：《关于内藤湖南的"唐宋变革论"》，《学术月刊》2006 年第 10 期。

③　［日］内藤湖南研究会编著：《内藤湖南的世界》，马彪等译，三秦出版社 2005 年版，第 166 页。

④　［日］内藤湖南：《支那論》，载《内藤湖南全集》（第 5 卷），（東京）筑摩書房 1972 年版，第 329 頁。

⑤　［日］内藤湖南：《支那論》，载《内藤湖南全集》（第 5 卷），（東京）筑摩書房 1972 年版，第 340、349 頁。

⑥　［日］山根幸夫：《日本人の中国観——内藤湖南と吉野作造の場合》，《東京女子大学論集》1968 年第 1 期。

⑦　［日］内藤湖南：《支那論》，载《内藤湖南全集》（第 5 卷），（東京）筑摩書房 1972 年版，第 380 頁。

民独立这一面子上的问题不论,都统政治对中国人民来说或许是最为不错的"。① 总之,内藤眼中的中国"共和政治"就是:在主权上实行列国监督中国的"都统政治";在行政上放弃中央集权制度;在地方上实行"父老自治";在领土和民族问题上倡导"满蒙藏放弃论";在国防上主张"国防不必要论"。因而,内藤名义上赞成中国的"共和",事实上却将中国完全肢解,形成了"中国解体论"的中国观。

此后,内藤继续坚持这种弱化与肢解中国的思想,逐渐向日本对中国的"干涉"② 外交政策靠拢。1915 年初,日本驻华公使日置益向袁世凯提出了旨在灭亡中国的"二十一条",其中第 5 号要求中国在军事、警察、矿山、工厂等方面与日本"合作"。与之相配合,内藤在《中国国是的根本义》(1916 年 3 月) 一文中提出:"若中国将全国之警察均交予外国人管理,则可以最少之费用获得最大之安全。军备亦然。若将一个大队的军队委托于日本将校,其保安效力将大于中国人组织的一个师团的军队。"③在 1919 年 3 月的巴黎和会期间,内藤依然主张"像中国那样的国民,有必要考虑让外国人居于其统治者的中心",④ 为日本的殖民政策张目。

如上所述,辛亥革命后内藤的中国观由"中国守成论"转变为"中国解体论"。究其原因,一是日本汉学危机后"东洋史学"的形成,二是中国与东亚国际形势的变动。晚清民初(1891—1915 年) 是日本东洋史学的形成期,即不再把"中华帝国"看成一个整体,而是借用欧洲"民族国家"的新概念将其解释成不同的王朝,实际的"中国"只是以汉族为主体,位于长城以南、藏疆以东的一个国家,"满蒙回藏鲜"只是中国的"周边"。⑤ 受此影响,内藤把"满蒙鲜"问题与中国"内部"历史的研究结合起来,于民国初期形成了"内藤史学"的雏形,《支那论》便是其探究中国历史深部"神意"⑥ 的系统表述。此外,辛亥革命爆发后中国国内

---

① 〔日〕内藤湖南:《支那論》,载《内藤湖南全集》(第 5 卷),(東京) 筑摩書房 1972 年版,第 296 頁。

② 〔日〕子安宣邦:《日本人は中国をどう語ってきたか》,(東京) 青土社 2012 年版,第 51 頁。

③ 〔日〕内藤湖南:《支那国是の根本義》,载《内藤湖南全集》(第 4 卷),(東京) 筑摩書房 1971 年版,第 531 頁。

④ 〔日〕内藤湖南:《支那の政治的復活》,载《内藤湖南全集》(第 5 卷),(東京) 筑摩書房 1972 年版,第 51 頁。

⑤ 葛兆光:《宅兹中国——重建有关"中国"的历史论述》,中华书局 2012 年版,第 232—243 頁。

⑥ 〔日〕子安宣邦:《日本人は中国をどう語ってきたか》,(東京) 青土社 2012 年版,第 57 頁。

局势动荡不稳，再加上一战期间欧洲列强无暇东顾，日本便以此为"天佑"，开始了对中国的蚕食与鲸吞。在此期间，内藤作为京都帝国大学的教授，便以学者的身份履行着日本的"天职"。

四　五四运动之后：日本兴中论

巴黎和会期间中国的合法权益遭到拒绝，中国爆发了反日的五四运动。面对这场民族主义运动，内藤继续站在感情论与国益论①的立场上，以其超越中华民族主体的论调看待这一问题："窃以为，即使中国国家灭亡，亦无必要过分悲哀。……国家虽濒于灭亡，然其文化之郁郁功业足以令人尊敬。与此相比，国家之灭亡实无足轻重。"② 进而，内藤在华盛顿会议初期正式提出了"国际共管论"。他认为中国犹如枯木，其内部产生的弊害使其逐渐趋于老衰，只能依靠外力恢复活力，"中国归国际管理，乃是自然的成行，绝非是由于外部压力所产生的问题"③。虽然日美关系在华盛顿会议期间得到短暂缓和，并以条约的形式作为保障，但日本却在与列国的协调中暗自谋求扩张策略。随着这种国际形势的变化，内藤的中国观也由《支那论》转变为《新支那论》（1924 年）。

内藤主要从东亚国际关系变动、乡团自治、东洋文化中心移动与日本的经济运动四个方面展示了其"新支那论"。在东亚国际关系变动上，内藤认为华盛顿会议之后，以英日同盟为主导的稳定的东亚国际关系在美国的参与下开始破裂，"唯利是图"的美国企业家在中国的经济活动正在破坏实现"自治"的中国地域社会。在乡团自治上，内藤认为中国"宛如蚯蚓般的低级动物，即使切掉其一部分，其他部分依然能毫无感觉地继续生活"，"中国民政的真正机能，现在依然是乡团自治……无论是共同管理，还是其他任何统治的方法，只要不破坏乡团自治，就不会破坏中国整体的安全"。④ 在东洋文化中心移动上，内藤早在《地势臆说》中便表达了这一思想，但文化中心的移动始终在中国内部。而此时内藤认为："因为文化

---

① ［日］山根幸夫：《日本人の中国観——内藤湖南と吉野作造の場合》，《東京女子大学論集》1968 年第 1 期。

② ［日］内藤湖南：《山東問題と排日論の根底》，《太陽》1919 年第 9 期。

③ ［日］内藤湖南：《支那の国際管理論》，载《内藤湖南全集》（第 5 卷），（東京）筑摩書房 1972 年版，第 154 頁。

④ ［日］内藤湖南：《新支那論》，载《内藤湖南全集》（第 5 卷），（東京）筑摩書房 1972 年版，第 499、503 頁。

中心的移动不因国民的区域而停顿，而是继续前进，所以在接受中国文化上绝不比广东迟缓的日本，今日将成为东洋文化的中心，相对中国文化形成一种势力，并非不可思议"。① 在日本的经济运动上，内藤认为中国物产丰富却不知利用，"可谓暴殄天物，而其近邻日本却为人口过剩苦恼"，② 转变为自己先前所反对的"资源论者"，进而希望通过日本小商人在中国的经济运动，"根据日本的经验，有必要从中国经济组织的基础做起，日本人改革中国的使命即在此处"。③ 总之，内藤根据华盛顿会议后东亚国际形势的变动，既坚持着从中国的乡团自治入手"把握"中国社会底层的组织方法，又在文化中心的移动可以超越国界与日本应当通过经济运动"延续"中国生命上进行"创新"。这种在东洋文化的同一性认证中通过日本的经济运动兴盛"东洋文化"的中国观可概括为"日本兴中论"。在这种无限制地将"中国"进行地理空间隔离、文化虚化与经济一体化的中国"解放"策略下，内藤直接主张"以日本的力量加诸中国，无论是促其革新，还是其自发革新，最好的捷径便是在军事上进行统一"。④ 内藤中国观中的日本"主体性选择"要素在此已不再遮掩，终于走到前台，"与军国主义的大陆政策在知识论上有所合谋"。⑤

甲午战争初期，内藤湖南在国粹主义与近代日本汉学危机意识下，站在反欧化、反文明论的立场上做出"中国未必守旧"的自然预设，其目的在于恢复作为日本汉学渊薮"中国"的价值合法性。然而中国在遭受甲午战争与戊戌变法的内外双重失败后，内藤首先在理论上转向中国"沉滞"论，进而在第一次中国旅行期间从文化积弊与地势变迁的角度形成"中国守成论"。内藤受聘于京都帝国大学后，在欧洲"民族国家"与中国"文化中心移动"的理论勾连中开始构建"京都支那学"，与日本国策相配合，在知识领域"干涉"中国，进而在辛亥革命后以"支那学"的独特方式将中国在诸多层面进行肢解，形成了"中国解体论"的系统中国观。自五四

---

① ［日］内藤湖南：《新支那論》，载《内藤湖南全集》（第5卷），（東京）筑摩書房1972年版，第509頁。

② ［日］内藤湖南：《新支那論》，载《内藤湖南全集》（第5卷），（東京）筑摩書房1972年版，第513—514頁。

③ ［日］内藤湖南：《新支那論》，载《内藤湖南全集》（第5卷），（東京）筑摩書房1972年版，第516頁。

④ ［日］内藤湖南：《新支那論》，载《内藤湖南全集》（第5卷），（東京）筑摩書房1972年版，第517頁。

⑤ 石之瑜、李圭之、曾倚萃：《日本近代中国学：知识可否解放身份》，《中国社会科学》2007年第1期。

运动至华盛顿会议初期，内藤开始在"国际共管论"的协调体制中谋求扩张策略，提出了以超越国界的文化中心移动论与日本的经济运动论为两翼的"日本兴中论"，最终凸显出日本的主体性。从 1894 年到 1924 年，内藤湖南的中国观之所以在形态上呈现出两级变化，正是因为他对"日本"的主体性选择始终如一，"中国"只是一个可以被区隔的地理空间与被移动的文化符号。

散论二　交流史上的"脱亚入欧"

——以明治时期日本人来华游记为中心

　　明治时期对于近代的中国与日本而言是一个文化价值观解构与重构的时代。江户时代的"锁国"，使"中国"这个"他者"对于明治时期多数日本人来说是一个未尝亲历的异域世界，"文本中国"承载了他们太多的想象。但当他们踏足这片大陆的时候，"现实中国"给予他们的异质感却更为深刻，加之中国在东西方文明碰撞时的衰退以及日本学习西方文明的"成效初显"，日本人的"对华傲慢情结"开始初露端倪，成为日本在东亚地区自我膨胀的心理渊源。其中，日本知识人的中国调查及中国体验对此发挥了重大作用。近代日本游华知识人曾根据自己的中国体验塑造了新的"中国形象"。这一形象是在中国"华夷"观念与西方"文明"理论的双重规定下产生的，进而形成了近代日本知识人的中国观。这些观念当中的许多内容，与其说反映了现实本身，不如说是在确认其来华前的日中"落差"预设：他们在中国所发现的问题，是他们想在中国发现的问题；而中国"落后"的形象一旦形成，纵使寒暑易节、时代变迁，其影响力仍十分巨大，并持续制约着日本人对中国的观察、理解与判断。

一　"三千年未有之大变局"下的中日易位

　　在近代以前的东亚文化圈（包括中国、日本、朝鲜、越南等国）中，中国曾长期处于核心地位。中国在政治、经济、军事、文化等方面所展现出的强盛，使日本等东亚各国无论在制度、思想，还是文化和日常生活层面，均纷纷效仿、学习中国，对中国敬仰有加。这一局面，持续了近千年。直至19世纪中后期，东亚最主要的两个国家才发生了历史性的变革：中国从闭关锁国的封建大国沦为半殖民地半封建国家；日本则通过明治维新开始了资本主义近代化建设，政治经济迅速崛起。

鸦片战争以来，日本在密切关注中国这个东方大国被西方"蕞尔小邦"英国打败的现实并重新认识世界的同时，也开始重新认识亚洲，重新定位中国与自身的关系。明治维新后，日本迅速展开与清政府之间的外交事宜，最终于1871年，两国正式签订了《中日修好条规》及通商章程，规定双方可以互派外交使节或领事——这标志着中日两国正式建立了外交关系。《中日修好条规》的签订还意味着日本以西方"条约体系"挑战中国"华夷秩序"的肇始，尽管签约之初该动向尚处于蛰伏状态，但日本通过条规的签署拆解"宗藩体系"的整体设计与虚实进路，事实上意味着中国在东亚的传统核心地位即将丧失。① 1894年至1895年的甲午战争中，清帝国被新兴的日本一举击败，被迫签订割地赔款的《马关条约》，中日关系也随之发生了前所未有的逆转：日本由昔日的"蕞尔小邦"一跃成为亚洲霸主；中国则从"天朝上国"瞬间沦为战败国家。此后，日本在"海外雄飞"强国之梦的驱使下，对中国的关注形成了与以往不同的内涵，产生了形形色色的中国观。日本人的中国观虽以"中国停滞论"与"中国蔑视论"为主流，但其背后却存在着不同的认知路径，而且日本人对中国的关注也比以前更加强烈。在日本政府的筹划与支持下，1875年2月至1898年1月，三菱会社、日本邮船株式会社等先后开辟了横滨—上海航线、长崎—芝罘—天津航线和长江航线，更加方便了日本人的中国旅行。日本的学者、作家、记者、政治家等，或出于兴趣，或受命公务，开始前往中国。他们以游记、日记、见闻录等形式记录了中国当时的名胜古迹、风土人情、文化政治等综合信息。由于游记本身的亲历性与现场感，旅行者能够在异文化的体验与碰撞中形成更为直观的对华印象，成为研究近代日本人中国观诸类型的特殊文本。而且，多数游记在旅行结束后便结集出版，被当时的日本人广泛阅读，其中国见闻已成为普通日本人了解中国的一个重要知识来源。进而，这种方式的"中国阅读"对此后中日两国的集体文化认知乃至民族感情、国家关系、革命运动、日常习俗等方面，都产生了广泛而深刻的影响。

二 羞与清朝为伍的言行举止

作为近代第一位深入中国西南内陆旅行考察且留有详细记录的日本

---

① 韩东育：《日本拆解"宗藩体系"的整体设计与虚实进路——对〈中日修好条规〉的再认识》，《近代史研究》2016年第6期。

人，时任外交官的竹添进一郎（1842—1917），曾于 1876 年在中国进行了为期 112 天、行程九千余里的考察，并留有旅行记录《栈云峡雨日记》。他在自序中写道："余足迹殆遍于禹域，与其国人交亦众矣。君子则忠信好学，小人则力竞于利，皆能茹淡苦考，百折不挠，有不可侮者。但举业囿之于上，苛敛困之于下，以致萎靡不振。譬之患寒疾者为庸医所误，荏苒弥日，色瘁而形槁，然其中犹未至衰羸，药之得宜，霍然而起矣。世或有蛊惑之疾深入膏肓，而张脉偾兴，自以为强健者。令越人见之，将望色而走。以彼视之，其得失果何如耶？是观风之所以不可已也。"① 在竹添看来，他所见到的中国所呈现出的状态是古盛今衰的"病态的中国"，充满了"内忧"。换言之，衰弱停滞的中国已病入膏肓，而清政府作为统治者亦没有表现出良好的国家治理能力，却更像是一位有病乱投药的"庸医"。其落后的君主专制制度、官治的不力与治安的混乱以及苛敛之政，均让竹添感到困惑和不满；而民风的不古与儒学的颓废，就更让竹添无奈之极。在游览岳武穆故里时，竹添看到安放在门外被人唾弃的秦桧夫妻铁像，慨叹道："彼与君父争曲直者，独何心哉？"② 这实际上是一种对"君为上，臣为下"的君主专制论的不满与讽刺。

如此充满"内忧"的中国现实社会，与竹添进一郎以往心目中的中国形象形成极大的反差。尽管如此，他仍认为"病态的中国"只要"药之得宜"，便可"霍然而起"，并强调中国"谋富强之术"的重要性：

> 清国通货有银焉耳，有铜钱焉耳，如楮币则独翩翻于通邑大都，亦不过市井间藉以资贸易。而富商大贾拥财连肆，与绿眼紫髯之徒争巨万之利于市者，往往相望乎滨海，所出货物常倍蓰于所入。畏负债于异邦，不啻猛兽洪水。凡诸器玩之来自海外，足以悦目适体者，如盲之于色，如聋之于音，曾不过而问焉。独船舰火器，与夫行阵之方，熔化之学，因西人所创作，渐拣而取之。方今之时，谋富强之术，盖莫善焉。③

面对中国的现实社会，竹添描述了对中国"内忧"与"外患"的担忧。但由于其本人的汉学家身份，加之明治维新尚属初期，其未来的发展

① ［日］竹添进一郎：《栈云峡雨日记》，张明杰整理，中华书局 2007 年版，第 18—19 页。
② ［日］竹添进一郎：《栈云峡雨日记》，张明杰整理，中华书局 2007 年版，第 28 页。
③ ［日］竹添进一郎：《栈云峡雨日记》，张明杰整理，中华书局 2007 年版，第 18 页。

亦存在大量的不确定性。因此，竹添进一郎的中国观往往表现为对中国的"失望但不绝望"，其心理层面对传统文化中国的眷恋之情及明治初期中日两国政治军事等实力尚未定论的文文莫莫之感，在他的游记中亦表现得淋漓尽致。

竹添进一郎中国之行八年后来访的日本汉学家冈千仞（1833—1914），其游记《观光纪游》却一改竹添游记中侧重于对中国风土介绍之风格，偏重关心中国的政治、社会等方面的大事。日本学者町田三郎认为，在此八年间，日本国民的意识也随着日本政治的巨变而有所转变。① 竹添在中国旅行之际，日本虽已开始明治维新，但是新政府仍处于动荡不安的状态，政治体制尚未完全巩固，明治十年（1877）日本西南战役结束以后才真正进入安定的近代化国家建设期。所以，虽然竹添与冈氏的中国旅行仅相差八年，但是日本社会所发生的变化却足以让二人以不同的心境和心态来审视其旅行对象。竹添进一郎游历中国之时为日本明治维新草创期，在政局尚未稳固的情况下，竹添面对疆域辽阔的中国大地，虽为其处于"内忧"与"外患"的境地而有所失望，但中国作为文化先进的文明古国，其所处之国际地位仍较为突出。而冈千仞游华时期，日本社会因明治维新已成效初显，其近代文明国家国民的优越感业已生成，而这时又恰逢中国处于中法战争的焦灼状态中，其来华时目之所及和关注点自然迥异。

冈千仞来华前祈盼在中国之行中能够找寻到振兴日本汉学的方法，但是，在实际观察后，他开始对清政府统治的不利及清朝士人对于五洲变局的"瞥焉如无见，漠焉如无闻"现状表现出极大的不满，多次提及中国犹如日本二三十年前的幕末时期，并对日本维新后学习欧美新学的做法给予了充分的肯定。冈千仞在游记中多次指出，清国已礼仪全无，儒学在中国已衰败、颓废，且中国人喜浮夸，无信义。至于中国人开口辄曰"夷狄殊类，不知礼仪"等现象，冈千仞讥讽道："自外人而观之，为孰知礼仪？"并慨叹："呜呼！政教扫地，一至此极，而侮蔑外人，主张顽见，傲然以礼仪大邦自居。欧米人之以未开国目之，抑亦有故也。"在冈千仞看来，"中人辫发垂地，嗜毒烟，甚食色，妇女约足，人家不设厕，街巷不容车马"，这些陋习使其根本不具备"以内笑外"的资本，而对于"五洲往来，互订友谊"这一"宇内大变"全然不知的事实，则更令冈千仞焦虑。在与王梦薇（延鼎）笔谈中见王否认日本学习欧美的做法时，冈千仞惊呼："呜呼！陆有轮车，海有轮船，网设电线，联络全世界之声息，宇内之变，

---

① ［日］町田三郎：《明治的汉学家》，连清吉译，台湾学生书局2002年版，第67页。

至此而极矣。而犹墨守六经，不知富强为何事。一旦法虏滋扰，茫然不知所措手，皆为此论所误者。"①

冈千仞认为中国士人无视世变，拘泥六经，然而"六经有可信者，有不可信者"，若"中人拘泥末义，墨守陈言"，而"不复知西人研究实学，发明实理，非烂熟六经所能悉"，则六经之毒与老庄对晋宋之毒无异。冈千仞笃信帖括无用，科举无益，提倡应仿欧美而兴大小学校，讲有用之学，更是对自己"费平生精神于无用经史"而深感"追悔无及"。特别是在拜访了同窗日本驻华公使榎本武扬后，看到公使屡次游历欧洲，讲究格致实学，且每每言之有物，他更觉自己"用力空文，迂疏可笑"。冈千仞强调日本维新后"设各科讲欧学"，从而使得日本"后进辈出成器"，能够"驶大舰，装巨炮，与欧米各国抗礼讲交"。更重要的是，"彼（欧美各国）亦待（日本）以友朋国"，而"此宜大为家国庆也"。与此相反的是，冈千仞认为英法"以豺狼报中土"的原因是由于"中土以豺狼待彼"，若能够"以尧舜心事待彼"，则其亦能"诚接中土"，并将这一切归咎于清廷"逞一时之愤"的"粗暴无名之举"。冈千仞甚至肯定了盐谷宕阴在《六艺论》中"三代圣人之学，亡于中土，而存于欧米"的说辞。② 由此可见，虽为汉学家出身的冈千仞在面对中国时，早已以"近代化模范国"的日本国民身份自居。

甲午战争后，日本人的中国观随之发生了巨大的转变，对文化中国的崇敬之意开始弱化，对现实中国的批判言辞趋于激烈。日本东洋史学京都学派奠基者之一的内藤湖南（1866—1934）曾于1899年第一次来华期间完成中国行游记《燕山楚水》。在游记中，内藤假意将日本文化与中国文化作"亲近"附会，事实上，这种态度有着深刻的政治用意，即日本在唐朝时继承了中国文化的精髓，现在中国没落而日本强大，所以日本"有义务"反过来影响并"管理"中国。旅行期间，内藤对中国社会所显现的纷乱嘈杂极为反感，多次诟病于底层社会的苦力与车夫们，甚至认为与中国人擦肩而过时衣服袖子的接触都会使其心中不快。内藤反复强调清政府的弊端在于"安于旧态难以改变"，在财政上产生巨大的困难，虽然领土十倍于日本，但是每年财政收入却不过一亿多两，远远低于日本（每年二亿五千万两）。中国的积弊并不是到内藤游览时的清末才得以显现。内藤认

---

① ［日］冈千仞：《观光纪游·观光续纪·观光游草》，张明杰整理，中华书局2009年版，第47、20、201、30、59页。

② ［日］冈千仞：《观光纪游·观光续纪·观光游草》，张明杰整理，中华书局2009年版，第69、114、117、21、49、131页。

为，即便在国运达到鼎盛的乾隆时代，也只是在"粉饰太平"，并没有消除掉中国"深刻的危患"，且已经"渐渐显露出衰落的征兆"（如乾隆时期铸造的铜钱品质已经开始低劣）。不仅如此，内藤追究中国的积弊直至商鞅的废井田开阡陌以及科举取士的有名无实上，再加上郡县制度后地方官员不将百姓生计放在心上等，① 认为这些都构成了清政府无能的渊源。

清廷面对内外困境而做出的改革，显然未能令内藤满意。在他看来，清政府的洋务人才多轻佻浮薄，只会巧弄言辞，而不会读书思考，这一点与日本十年前十分相像。而对于刚刚结束的戊戌政变，内藤认为政变的主导者康有为虽才力有余，但是见识和度量均不足，且人也不够沉稳，喜欢与人争论，标榜学术观点的异同，这也是其失败的原因；而梁启超的论著多恃才傲物，有自我炫耀的感觉，且在日期间模仿日本某些人的浮躁风气，攻击西太后的时候动辄谈到下流的事情，是为人之低的显露。② 他认为，中国社会所表现出的种种"沉滞"之气，已无法不使改革前途令人担忧。内藤在中国旅行时，戊戌变法刚刚过去一年，这种风气尚未完全散去。内藤将这一现象与日本进行比较，指出在明治维新以前，日本"杀身取义的人，有几十上百人"，即便在"幕府强盛的时候，也有人捋起袖子要打倒幕府"，然而清朝"人士如果只是坐在那里讨论，试图以口舌来完成维新，那是大错特错"，③ 清朝士人空谈务虚，缺乏果敢的行动精神。由此，内藤作为近代日本人的优越感及对于西方文明的推崇已展现得淋漓尽致。

甲午战争以来日本出现的"东洋盟主论"在日俄战争取得胜利后得到了进一步强化，日本也似乎最终确立了其在东北亚的霸权地位。不过，日本并不满足于仅仅是移植西欧文明，而认为亚洲的文明化和近代化中应当包含日本文明的要素。在这种社会文化观念影响下的文艺家小林爱雄（1881—1945），在来中国旅行之前，感觉自己去中国就像是"巨人"去"小人国"一样，充满了文明进步的自信与心理优越感。中国民众的国民性在小林的描述中亦显得落后与无知：港口蜂拥而至的苦力让他不想和德国邮轮告别；深信药物万能且会到深山中寻找不死灵丹的国民让他感觉不快；没有头脑的如果滞偶人般的中国女性让他没有丝毫的痴迷，直言只倾

① ［日］内藤湖南：《燕山楚水》，吴卫峰译，中华书局 2007 年版，第 101、136、34、74、77 页。

② ［日］内藤湖南：《燕山楚水》，吴卫峰译，中华书局 2007 年版，第 137—139 页。

③ ［日］内藤湖南：《燕山楚水》，吴卫峰译，中华书局 2007 年版，第 81—82 页。

心于近代女性与西欧女性。① 中国文化的退步让小林不由得发出感叹，中国学的衰退与无用亦让其惊奇，而中国人的"无知"更让他觉得"不体面"。小林描绘了自己乘坐汽车在中国道路上行驶时的感受：

> 在途中，由于旁边的马受惊，汽车不得已屡次放慢速度，不过，开得快的时候如风驰电掣一般，再没有比汽车更方便快捷的文明工具了。赶超了地面上的一切，当走在路上的行人瞠目结舌地目送的时候，汽车已经没了踪影。我感觉自己像在奔驰，当在街道上拐弯时，心情犹如坐在西式床上那样兴奋。……当我们的汽车开过的时候，来往的人便驻足观看。如果汽车能让人停下脚步，则可以推断出这里的文明程度太不体面了。②

这段描写形象地刻画了小林的心理感受，面对落后与文明程度低下的中国社会，小林的优越感以及享受近代文明的畅快感被生动地展现出来。

与此截然不同的是，面对西方文化及西方人时，小林的景仰与自卑也通过游记的记述跃然纸上。在乘坐德国露以士公司的 BULOW 号轮船来中国时，小林多次称自己为"土老帽"，认为船上吸烟室里都是"文明的香气"，厕所都能"看出人文水平的高低"，甚至屡屡为自己的黄色皮肤而感到"可悲"。此时的小林爱雄，早已唯"西方文明"是从，将其奉如圭臬。甚至连英国人所经营的铁路线，在小林的眼中，也透露着"坚固的质朴美"，"蕴含着英国人的国民性"。与此同时，小林又不得不在日本与欧洲在中国的势力对比中感到一丝落寞。欧美人无限地扩张着势力，不断地筹划着各种企划，而日本人只能受雇于师范学堂等处，只知道把一百二百的钱宝贝似地积攒起来；在九江的港口，英国公司的停泊场抢占了最好的位置，而日本的停泊场却被赶到了乘船最不方便的最偏僻的地方；北京的商店中生意兴隆的要数英、德两国的商店，而日本的商店资本少，店铺布置得很寒酸。③ 在这些比较中，小林开始着眼于对中国及日本未来的描绘，其奇怪的想法竟在与其同胞的谈论中狂猖不休："东洋文明新建的理想……要达到这个目标路途还很遥远，可是，每年以五六十万人的速度

① ［日］小林爱雄：《中国印象记》，李炜译，中华书局 2007 年版，第 16、36、37、40、67 页。
② ［日］小林爱雄：《中国印象记》，李炜译，中华书局 2007 年版，第 104—105 页。
③ ［日］小林爱雄：《中国印象记》，李炜译，中华书局 2007 年版，第 20、24、47、57、80、109 页。

增长的日本人，将来埋放骨灰的青山，除了中国还有哪呢?"①

三　日本"脱亚入欧"的历史潜流与现实呈现

从以上大量的"思想格斗"中不难发现，如何摆脱并凌驾于东亚的落伍文明——传统中国之上，已然成为涌动于日本精英层心底的潜流。实际上，早在江户末期，日本人就已经对中国微词不断并对西洋艳羡有加了。兰学者孔平（萩野）信敏经中西对比后感慨道："三代之道，果存于诸邦喝兰（荷兰——引者注）矣!"② 画家司马江汉（1747—1818）在其著作《和兰通舶》中表达了自己对欧洲世界的艳羡之情，他认为欧洲是"天下第一大洲"，是"人类肇开、圣贤之道首乡也"。而且，欧洲"人物之气质略同，性温厚而不躁。与亚细亚人相比，巧甚而思深。……与吾亚细亚诸国人相比，其志甚异"，"其后由欧罗巴诸州对外开辟者甚多。有南北广大之土地，共名曰亚墨利加洲，即所谓新世界云"。③ 由此看来，司马对于欧亚两大洲的对比与褒贬，已经完全相异于昔日的日本学者，甚至当其与幕府讨论荷兰人的制作工艺，幕府认为荷兰人"细工极尽巧妙"乃"兽类"之时，司马竟回答："人不及兽!"④ 这足以表明，世界观和价值观发生向西方文明大举倾倒的倾向，早已在日本社会埋下了根柢。⑤ 值得关注的是，上述对西洋的赞美与对亚洲的贬斥，总是被平行推出，仿佛不拿出西方的进步和富丽，就无法衬出亚洲的落后和寒酸。

随着时间的推移和欧美势力日益东渐，日本投向西方的热望就更加难以阻遏，也更加深入人心。1853 年，佩里率"黑船"以通商之名义前来叩关。翌年，当美国"黑船"再次驶来日本时，同船的中国翻译者罗森这样记录道："亚国以火轮车、浮浪艇、电理机、日影像、耕农具等物赠其大君。即于横滨之郊筑一圆路，烧试火车，旋转极快，人多称奇。电理机是以铜线通于远处，能以此之音信立刻传达于彼，其应如响。日影像以镜向

---

① ［日］小林爱雄:《中国印象记》，李炜译，中华书局 2007 年版，第 98 页。
② ［日］孔平信敏:《题蘭學階梯首》，见《日本思想大系 64·洋學》（上），（東京）岩波書店 1976 年版，第 325 页。
③ ［日］司馬江漢:《和蘭通舶》，见《日本思想大系 64·洋學（上）》，（東京）岩波書店 1976 年版，第 501—502 頁。
④ ［日］司馬江漢:《春波樓筆記》，《日本隨筆大成》第 1 期第 1 卷，（東京）吉川弘文館 1927 年版，第 425 頁。
⑤ 韩东育:《两种"实学"的相遇与江户日本的"去中华"由绪》，《社会科学战线》2008 年第 8 期。

日绘照成像,毋庸笔描,历久不变。浮浪艇内有风箱,或风坏船,即以此能浮生保命。耕农具是亚国奇巧耕具,未劳而获者。大君得收各物,亦以漆器、瓷器、绸绫等物还礼。"① "人多称奇"表明,日本人对待美国所赠物品是充满了好奇心的。不仅如此,佩里亦在其日记里更详细地描述了日方如何配合其赠送礼品的展示活动,以及对其所赠礼品的围观与兴致——日本当局提供了一切可能的设施:他们的工人搭建了若干棚子以保护物品免受恶劣天气的影响;一块水平的地面用来铺设小火车头运行所需的圆形轨道,并为延长电线架设了柱子,在所有的工作中都做好了充分的准备。日本人怀着天真和孩子气的喜悦,看着机器布置和组装的结果。日本政要们和许多百姓日复一日地聚集在一起,急切地恳求美国人展示如何使用电报,并目不转睛地看着他们发送和接收通信信息。佩里的记述还可以让我们更深刻地感受到日本人对于美国舰队带来的近代化科技产品的好奇与喜爱。他对日本人如何感受所赠火车的描述则更加有趣:因火车按正常比例进行了缩小,所以人们无法进入内部正常感受它每小时二十英里的速度,于是,好奇的日本人直接骑在了火车顶上,他们宽松的长袍随风飘扬,这些人迎着风趴在火车车厢上,饶有兴趣地咧着嘴大笑。② 佩里的"黑船"来航,让日本人意识到了自身的落后,许多年轻人主张在本源上查究西方文明的技术优势③,同时也激发了日本人渴望了解外部世界的欲望。正惟如此,当福泽谕吉在若干年后正式提出"脱亚论"时,曾慨叹道:"我日本之国土虽在亚细亚之东,其国民精神既已脱亚细亚之固陋而移向西洋文明矣!"④ 与日本人的反应迥异的是,1844 年中美《望厦条约》签订后,美国代表亦曾赠送几座火炮模型和一些军事技术书籍等给中国代表耆英,耆英当即表示中国对此类"利器"不感兴趣,并说他相信"中国的和平已经确保无疑了",其"大国优越感"了然于目⑤。至此,福泽谕吉《脱亚论》的现实呈现,也就不足为奇了。

---

① 罗森:《日本日记》,见钟叔河编《走向世界丛书》(三),岳麓书社 2008 年版,第 38 页。

② Matthew C. Perry, Francis Lister Hawks, Lambert Lilly, *Narrative of the Expedition of an American Squadron to the China Seas and Japan, Performed in the Years 1852, 1853 and 1854*, Washington: Beverley Tucker, Senate Printer, 1856, pp. 357 – 358.

③ [日]平川佑弘:《日本转向西方》,若林正译,见马里乌斯·B. 詹森主编《剑桥日本史(第 5 卷):19 世纪》,王翔译,浙江大学出版社 2014 年版,第 418 页。

④ [日]福沢諭吉:《脱亞論》,見《福沢谕吉全集》(第 10 卷),(東京)岩波書店 1960 年版,第 238—240 頁。

⑤ 钟叔河:《日本开国的见证》,见钟叔河编《走向世界丛书》(三),岳麓书社 2008 年版,第 26 页。

　　比兰学更进一步，福泽导入的洋学，使日本学界的面貌尤其为之大变。但是，无论是兰学还是洋学，幕末明治期日本精英阶层全部工作的前提，都是对中国旧传统的批判。所不同的是，福泽在透过来华游历者的耳闻目睹变得比以往更加了解对岸大国的真实国情且鄙薄有加的同时，还导入了一个与清朝适相对立并充满西方科学精神的近代化理念。当他使用这一新的价值参照系来"比较东洋的儒教主义"时发现，"东洋所阙如者"，则恰好是这种"西洋的文明主义"。福泽将中国文明视为"耳闻目睹文明事物却不为心动，留恋古风旧习之状千百年未变。……由内而外皆为虚饰，道德扫地、残酷又不知廉耻，尚傲然自尊毫无反省之念"。他认为儒教文明下的中国人与朝鲜人的德行都是害人害己的"恶疾"，而中国与朝鲜更是被其斥为"恶邻"与"恶友"。在他看来，西洋人会将中国和朝鲜实行专制、无法可依、迷信无知等诸多"恶疾"均加之于日本之上，这是日本的"一大不幸"："奈何不脱离其伍而与西洋文明之国共进退耶？""交恶友者不免乎恶名。敢布此心，我日本当谢绝亚细亚东方之恶友矣"！①此时，在与西方文明的对比中，儒家文化与传统中华文明被日本全盘否定，面临全面破产和彻底崩溃②。尽管事实并没有日本人所讲的那般夸张和不堪。

---

　　① ［日］福沢諭吉：《脱亞論》，见《福沢諭吉全集》（第10卷），（東京）岩波書店1960年版，第238—240頁。

　　② 韩东育：《东亚世界的"落差"与"权力"——从"华夷秩序"到"条约体系"》，《经济社会史评论》2016年第5期。

主要参考文献

一 原始文献

陈湛颐编译：《日本人访港见闻录（1898—1941）》，三联书店（香港）有限公司 2005 年版。

德富苏峰：《中国漫游记·七十八日游记》，刘红译，中华书局 2008 年版。

峰洁：《船中日录·清国上海见闻录》，阎瑜译，中华书局 2012 年版。

冈千仞：《观光纪游·观光续纪·观光游草》，张明杰整理，中华书局 2009 年版。

高杉晋作：《游清五录》，阎瑜译，中华书局 2012 年版。

股野琢：《苇杭游记》，张明杰整理，中华书局 2007 年版。

黄遵宪：《日本国志》，上海古籍出版社 2001 年版。

吉川幸次郎：《我的留学记》，钱婉约译，中华书局 2008 年版。

芥川龙之介：《中国游记》，秦刚译，中华书局 2007 年版。

名仓信敦：《海外日录·中国闻见录》，陈捷译，中华书局 2012 年版。

纳富介次郎：《上海杂记》，陶振孝译，中华书局 2012 年版。

内藤湖南、青木正儿：《两个日本汉学家的中国纪行》，王青译，光明日报出版社 1999 年版。

内藤湖南：《燕山楚水》，吴卫峰译，中华书局 2007 年版。

日比野辉宽：《赘肬录·没鼻笔语》，陶振孝译，中华书局 2012 年版。

桑原骘藏：《考史游记》，张明杰译，中华书局 2007 年版。

山川早水：《巴蜀旧影：一百年前一个日本人眼中的巴蜀风情》，李密、李春德、李杰译，四川人民出版社 2005 年版。

石田干之助：《长安之春》，钱婉约译，清华大学出版社 2015 年版。

松田屋伴吉：《唐国渡海日记》，阎瑜译，中华书局 2012 年版。

王宝平主编：《晚清东游日记汇编：日本军事考察记》，上海古籍出版社 2004
　　年版。

王宝平主编：《晚清东游日记汇编：中日诗文交流集》，上海古籍出版社 2004
　　年版。

夏目漱石：《满韩漫游》，王成译，中华书局 2007 年版。

小栗栖香顶：《北京纪事·北京纪游》，陈继东、陈力卫整理，中华书局 2008
　　年版。

小林爱雄：《中国印象记》，李炜译，中华书局 2007 年版。

宇野哲人：《中国文明记》，张学锋译，中华书局 2008 年版。

曾根俊虎：《北中国纪行·清国漫游志》，范建明译，中华书局 2007 年版。

中野孤山：《横跨中国大陆——游蜀杂俎》，郭举昆译，中华书局 2007 年版。

竹添进一郎：《栈云峡雨日记》，张明杰整理，中华书局 2007 年版。

二　中文著作、译著与论文

1. 中文著作

［日］薄井由：《东亚同文书院大旅行研究》，上海书店出版社 2001 年版。

冯天瑜：《"千岁丸"上海行：日本人一八六二年的中国观察》，商务印书
　　馆 2001 年版。

葛兆光：《想象异域——读李朝朝鲜汉文燕行文献札记》，中华书局 2014
　　年版。

葛兆光：《宅兹中国——重建有关"中国"的历史论述》，中华书局 2011
　　年版。

韩东育：《从"请封"到"自封"：日本中世以来"自中心化"之行动过
　　程》，台大出版中心 2016 年版。

韩东育：《从"脱儒"到"脱亚"：日本近世以来"去中心化"之思想过
　　程》，台大出版中心 2009 年版。

何乃英：《夏目漱石和他的小说》，北京出版社 1985 年版。

何少贤：《日本现代文学巨匠夏目漱石》，中国文学出版社 1998 年版。

黄俊杰：《东亚儒学史的新视野》，华东师范大学出版社 2008 年版。

李雁南：《在文本与现实之间——近现代日本作家笔下的中国》，北京大学
　　出版社 2013 年版。

林少阳：《"文"与日本的现代性》，中央编译出版社 2004 年版。

刘家鑫：《日本近代知识分子的中国观》，南开大学出版社 2007 年版。

刘岳兵：《"中国式"日本研究的实像与虚像》，中国社会科学出版社 2015 年版。

刘岳兵主编：《明治儒学与近代日本》，上海古籍出版社 2005 年版。

米庆余：《日本近现代外交史》，世界知识出版社 2010 年版。

钱婉约：《从汉学到中国学——近代日本的中国研究》，中华书局 2007 年版。

钱婉约：《内藤湖南研究》，中华书局 2004 年版。

史桂芳：《近代日本人的中国观与中日关系》，社会科学文献出版社 2009 年版。

孙歌：《竹内好的悖论》，北京大学出版社 2005 年版。

王屏：《近代日本的亚细亚主义》，商务印书馆 2004 年版。

王晓秋：《近代中国与日本：互动与影响》，昆仑出版社 2005 年版。

王晓秋：《近代中日关系史研究》，中国社会科学出版社 1997 年版。

王晓秋：《近代中日文化交流史》，中华书局 1992 年版。

吴光辉：《日本的中国形象》，人民出版社 2010 年版。

吴光辉：《他者之眼与文化交涉——现代日本知识分子眼中的中国形象》，厦门大学出版社 2013 年版。

谢彦君：《旅游体验研究——走向实证科学》，中国旅游出版社 2010 年版。

熊淑娥：《明治时期日本人的对外认识》，知识产权出版社 2021 年版。

徐静波：《近代日本文化人与上海（1923—1946）》，上海人民出版社 2013 年版。

徐静波：《魔都镜像：近代日本人的上海书写（1862—1945）》，上海大学出版社 2021 年版。

徐静波：《同域与异乡：近代日本作家笔下的中国图像》，社会科学文献出版社 2021 年版。

徐青：《近代日本人对上海的认识（1862—1945 年）》，上海人民出版社 2012 年版。

徐勇、王晓秋：《中日文化交流两千年：回顾与展望》，社会科学文献出版社 2013 年版。

严绍璗：《日本中国学史》，江西人民出版社 1991 年版。

杨栋梁主编：《近代以来日本的中国观》第 1—6 卷，江苏人民出版社 2012 年版。

张小玲：《夏目漱石与近代日本的文化身份建构》，北京大学出版社 2009 年版。

张哲俊：《吉川幸次郎研究》，中华书局 2004 年版。

周一良：《中日文化关系史论》，江西人民出版社 1990 年版。

2. 中文译著

［美］爱德华·W. 萨义德：《知识分子论》，单德兴译，陆建德校，生活·
　　读书·新知三联书店 2016 年版。

［日］东亚同文会编：《对华回忆录》，胡锡华译，商务印书馆 1959 年版。

［日］沟口雄三、小岛毅主编：《中国的思维世界》，孙歌等译，江苏人民
　　出版社 2006 年版。

［英］John Urry：《游客凝视》，杨慧、赵玉中、王庆玲、刘永青译，广西
　　师范大学出版社 2009 年版。

［日］沪友会编：《上海东亚同文书院大旅行记录》，杨华等译，商务印书
　　馆 2000 年版。

［日］马里乌斯·B. 詹森主编：《剑桥日本史（第 5 卷）：19 世纪》，王翔
　　译，浙江大学出版社 2014 年版。

［日］木宫泰彦：《中日交通史》，陈捷译，山西人民出版社 2015 年版。

［日］内山完造：《一个日本人的中国观》，尤炳圻译，新星出版社 2015
　　年版。

［日］内藤湖南：《日本文化史研究》，储元熹、卞铁坚译，商务印书馆 1997
　　年版。

［日］内藤湖南研究会编著：《内藤湖南的世界》，马彪等译，三秦出版社
　　2005 年版。

［日］青木正儿：《琴棋书画》，卢燕平译，中华书局 2008 年版。

［日］青木正儿：《中国近世戏曲史》，王古鲁译，中华书局 2010 年版。

［日］实藤惠秀：《明治时代中日文化的连系》，陈固亭译，中华丛书编审
　　委员会 1971 年版。

［日］实藤惠秀：《中国人留学日本史》，谭汝谦、林启彦译，北京大学出
　　版社 2012 年版。

［日］天儿慧：《日本人眼里的中国》，范力译，社会科学文献出版社 2006
　　年版。

［日］町田三郎：《明治的汉学家》，连清吉译，台湾学生书局 2002 年版。

［日］西原大辅：《谷崎润一郎与东方主义——大正日本的中国幻想》，赵
　　怡译，中华书局 2005 年版。

［日］狭间直树：《日本早期的亚洲主义》，张雯译，北京大学出版社 2017
　　年版。

［日］夏目漱石：《玻璃门内：夏目漱石小品四种》，吴树文译，上海文艺

出版社 2012 年版。

［日］野村浩一：《近代日本的中国认识——走向亚洲的航踪》，张学锋译，江苏人民出版社 2014 年版。

［美］约翰·惠特尼·霍尔：《日本：从史前到现代》，邓懿、周一良译，商务印书馆 1997 年版。

［日］增田涉：《西学东渐与中国事情》，由其民、周启乾译，江苏人民出版社 2019 年版。

［美］詹姆斯·L. 麦克莱恩：《日本史（1600—2000）》，王翔、朱慧颖、王瞻瞻译，海南出版社 2014 年版。

［日］竹内实：《日中关系研究》，程麻译，中国文联出版社 2004 年版。

［日］子安宣邦：《东亚论：日本现代思想批判》，赵京华编译，吉林人民出版社 2004 年版。

［日］子安宣邦：《近代日本的亚洲观》，赵京华译，生活·读书·新知三联书店 2019 年版。

［日］佐藤三郎：《近代日中交涉史研究》，徐静波、李建云译，上海人民出版社 2013 年版。

［日］佐藤慎一：《近代中国的知识分子与文明》，刘岳兵译，江苏人民出版社 2011 年版。

3. 中文论文

边明江、陆超：《日本近代启蒙思想中的中国形象——以〈明六杂志〉为中心》，《文化研究》2020 年第 1 期。

董灏智：《伊藤仁斋的古学思想形成脉络探析》，《东北师大学报》2011 年第 3 期。

杜羽：《百年前，日本学生这样观察中国》，《光明日报》2016 年 12 月 12 日。

冯岁平：《竹添井井及其〈栈云峡雨日记〉》，《成都大学学报》（社会科学版）2003 年第 4 期。

冯天瑜：《"千岁丸"——日本锁国二百年后使清第一船》，《清史研究》2000 年第 3 期。

冯天瑜：《日本幕府使团所见 1862 年之上海》，《近代史研究》1999 年第 3 期。

冯天瑜：《同治元年日本人对上海社情的观察》，《学术月刊》2002 年第 1 期。

高增杰：《福泽谕吉与近代日本人的中国观——思想史和国际关系的接点》，《日本学刊》1993 年第 1 期。

韩东育:《"道统"的自立愿望与朱子学在日本的际遇》,《中国社会科学》2006 年第 3 期。

韩东育:《"华夷秩序"的东亚构架与自解体内情》,《东北师大学报》(哲学社会科学版) 2008 年第 1 期。

韩东育:《东亚的表达》,《读书》2016 年第 10 期。

韩东育:《东亚研究的问题点与新思考》,《社会科学战线》2011 年第 3 期。

韩东育:《甲午战前清朝内治环节的阙失与战后中日落差分析》,《社会科学战线》2014 年第 10 期。

韩东育:《日本拆解"宗藩体系"的整体设计与虚实进路——对〈中日修好条规〉的再认识》,《近代史研究》2016 年第 6 期。

韩东育:《战后七十年日本历史认识问题解析》,《中国社会科学》2015 年第 9 期。

[日] 横山宏章:《1862 年日本人眼中的上海——长崎派遣船"千岁丸"随员们的中国观》,《档案与史学》2004 年第 6 期。

李光贞:《20 世纪中日两国夏目漱石研究述评》,《山东外语教学》2007 年第 3 期。

李廼扬:《日本汉学家吉川幸次郎与中国》,《社会科学战线》1989 年第 4 期。

李强:《〈东亚同文书院中国调查手稿丛刊〉的出版及其价值》,《抗日战争研究》2017 年第 1 期。

李庆:《关于内藤湖南的"唐宋变革论"》,《学术月刊》2006 年第 10 期。

李炜:《甲午战争前后日本知识阶层的"天职论"》,《社会科学研究》2016 年第 1 期。

李雁南:《谷崎润一郎笔下的中国江南》,《解放军外国语学院学报》2009 年第 2 期。

李雁南:《经典中国与现实中国——近代日本作家中国之行的想象与误读》,《广东教育学院学报》2004 年第 1 期。

李雁南:《在文本与现实之间——浅析日本近代文学中的中国形象》,《天津外国语学院学报》2005 年第 1 期。

林啸:《山程水驿,笔外有笔——评冯岁平点校本〈栈云峡雨稿〉》,《短篇小说》(原创版) 2015 年第 27 期。

刘济民、陈陆:《一百多年前日本汉学家眼中的三峡》,《中国三峡》2010 年第 4 期。

刘岳兵:《近代日本人中国认识的原型及其变化机制》,《历史研究》2010

年第 6 期。

吕顺长:《日本新近发现康有仪书札选注》,《文献》2015 年第 5 期。

吕兴师、王正东:《论日本现代文学巨匠夏目漱石——夏目漱石的生活与思想形成》,《丹东师专学报》2001 年第 1 期。

米彦军:《驳德富苏峰的近代中国观》,《山西大学学报》(哲学社会科学版)2010 年第 1 期。

钱婉约:《吉川幸次郎的中国情结》,《古典文学知识》2011 年第 4 期。

石之瑜、李圭之、曾倚萃:《日本近代中国学:知识可否解放身份》,《中国社会科学》2007 年第 1 期。

史桂芳:《简论近代日本人中国观的演变及其影响》,《首都师范大学学报》(社会科学版)2007 年第 4 期。

苏明:《"诗意"的幻灭:中国游记与近代日本人中国关之建立》,《学术月刊》2008 年第 8 期。

童岭:《中国天生就是我的恋人——读吉川幸次郎〈我的留学记〉》,《博览群书》2005 年第 6 期。

汪涌豪:《吉川幸次郎的"中国乡愁"》,《东方早报》2012 年 6 月 3 日。

王成:《夏目漱石的满洲游记》,《读书》2006 年第 11 期。

王晶:《明治维新及其对日本近代化的影响》,《日本研究》1994 年第 1 期。

王美平:《甲午战争前后日本对华观的变迁——以报刊舆论为中心》,《历史研究》2012 年第 1 期。

[日] 武部健一:《日本名人与蜀道》,周郢译,《汉中师范学院学报》1995 年第 4 期。

谢贵安:《东亚文化圈:从边缘看中心——评冯天瑜新著〈"千岁丸"上海行——日本人一八六二年的中国观察〉》,《湖北大学学报》(哲学社会科学版)2004 年第 3 期。

徐静波:《幕末与明治时期日本人的上海认识——从高杉晋作的〈游清五录〉到远山景直的〈上海〉》,《外国问题研究》2011 年第 3 期。

严绍璗:《20 世纪日本人的中国观》,《岱宗学刊》1999 年第 2 期。

严绍璗:《吉川幸次郎与"吉川中国学"》,《学林漫录》四集,中华书局 1981 年版。

严绍璗:《日本近代中国学中的实证论与经院派学者——日本中国学家狩野直喜·武内义雄·青木正儿研究》,《岱宗学刊》1997 年第 2 期。

易惠莉:《中日知识界交流实录——冈千仞与上海书院士子的笔话》,《档案与史学》2002 年第 6 期。

张凌云、吴光辉：《内藤湖南笔下的中国人形象——以内藤湖南 1899 第 1 次访问中国为契机》，《日本问题研究》2014 年第 6 期。

张明杰：《近代日本人涉华边疆调查及其文献》，《国际汉学》2016 年第 1 期。

张明杰：《明治汉学家的中国游记》，《读书》2009 年第 8 期。

张明杰：《明治时期日本人的中国游记文献综述》，《日语学习与研究》2013 年第 5 期。

赵苗：《日本人笔下的近代中国——以德富苏峰的两部中国游记为视角》，《首都师范大学学报》2011 年第 1 期。

4. 学位论文

泊功：《日本式的东方学话语——近代日本汉学与中国游记》，博士学位论文，东北师范大学，2007 年。

李雁南：《近代日本文学中的"中国形象"》，博士学位论文，暨南大学，2005 年。

王来特：《近世中日贸易中的政治问题》，博士学位论文，东北师范大学，2014 年。

三　日文著作与论文

1. 日文著作

［日］安藤彦太郎：《日本人の中国観》，（東京）劲草書房 1971 年版。

［日］布施知足：《遊記に現はれたる明治時代の日支往来》（東亜研究講座第 84 輯），（東京）東亜研究会 1938 年版。

［日］村松定孝、紅野敏郎、吉田熙生：《近代日本文学における中国像》，（東京）有斐閣 1975 年版。

［日］東洋文庫近代中国研究委員会編：《明治以降日本人の中国旅行記（解題）》，（東京）東洋文庫 1980 年版。

［日］岡千仞：《尊攘紀事補遺》，（東京）前田園 1884 年版。

［日］吉川幸次郎：《吉川幸次郎全集》（第 17 卷），（東京）筑摩書房 1969 年版。

［日］江上波夫編：《東洋学の系譜》（第一集），（東京）大修館書店 1993 年版。

劉建輝：《魔都上海：日本知識人の近代体験》，（東京）講談社 2000 年版。

［日］名古屋大学附属図書館：《「遊心」の祝福——中国文学者・青木正

　　児の世界》,（名古屋）名古屋大学附属図書館 2007 年版。

［日］内藤湖南:《内藤湖南全集》,（東京）築摩書房 1971 年版。

［日］平岡敏夫編:《漱石日記》,（東京）岩波書店 1990 年版。

［日］青木正児:《江南春》,（東京）平凡社 1972 年版。

［日］青木正児:《支那文學思想史》,（東京）岩波書店 1943 年版。

［日］慶應義塾編:《福沢諭吉全集》,第 10 卷,（東京）岩波書店 1960
　　年版。

［日］山本憲:《梅崖先生年譜》,（大阪）松村末吉 1931 年版。

［日］山本憲:《孟子講義》,（大阪）藤谷虎三 1893 年版。

［日］山本憲:《煙霞漫録》,（大阪）久保財三郎 1893 年版。

［日］山本憲:《燕山楚水紀遊》,（大阪）上野松龍舎 1898 年版。

［日］山本憲編:《朝鮮亂民襲撃始末》初編,（岡山）弘文南舎 1882 年版。

［日］石附実:《近代日本の海外留学史》,（東京）中央公論社 1992 年版。

［日］實藤惠秀:《近代日支文化論》,（東京）大東出版社 1941 年版。

陶徳民:《明治の漢学者と中国》,（大阪）関西大学出版部 2009 年版。

［日］尾崎行雄:《支那処分案》,（東京）博文館 1895 年版。

［日］小島晋治:《近代日中関係史断章》,（東京）岩波書店 2008 年版。

［日］小島晋治編:《大正中国見聞録集成》,（東京）ゆまに書房 2000 年版。

［日］小島晋治編:《幕末明治中国見聞録集成》,（東京）ゆまに書房
　　1997 年版。

［日］小林愛雄:《支那印象記》,小島晋治監修《幕末明治中國見聞録集
　　成》第 6 卷,（東京）ゆまに書房 1997 年版。

［日］興膳宏:《吉川幸次郎》,砺波護、藤井譲治編:《京大東洋学の百
　　年》,（京都）京都大学学術出版会 2002 年版。

徐興慶:《東アジアの覚醒:近代日中知識人の自他認識》,（東京）研文
　　出版 2014 年版。

［日］増井敬二:《浅草オペラ物語:歴史、スター、上演記録のすべて》,
　　（東京）芸術現代社 1990 年版。

趙夢雲:《上海・文学残像:日本人作家の光と影》,（東京）田畑書店 2000
　　年版。

［日］芝原拓自:《対外観とナショナリズム》,芝原拓自、猪飼隆明、池
　　田正博校注,《日本近代思想大系:対外観》,（東京）岩波書店 1996
　　年版。

［日］竹内実:《日本人にとっての中国像》,（東京）春秋社 1966 年版。

［日］子安宣邦:《日本人は中国をどう語ってきたか》,（東京）青土社
　　2012 年版。

［日］佐藤三郎:《中国人の見た明治日本: 東遊日記の研究》,（東京）東
　　方書店 2003 年版。

2. 日文论文

［日］福井智子:《〈観光紀游〉に見る "病" と "治療"》,《大阪大学言
　　語文化学》2009 年第 18 期。

［日］福井智子:《岡千仞 "燕京" への旅——〈燕京日記〉を中心に》,
　　《大阪大学言語文化学》2008 年第 17 期。

［日］福井智子:《岡千仞の上海体験》,《大阪大学言語文化学》2006 年
　　第 15 期。

［日］福井智子:《岡千仞と清仏戦争》,《大阪大学言語文化学》2007 年
　　第 16 期。

［日］葭森健介:《漢学から東洋史へ——日本近代史学における内藤湖南
　　の位置》,《東アジア文化交渉研究》2008 年第 3 期。

頼貴三:《觀國之光，利用賓于王——竹添進一郎〈棧雲峽雨日記（附詩
　　草)〉與永井久一郎〈觀光私記〉中國旅遊體驗書寫較論》,《アジア
　　文化交流研究》2010 年第 5 期。

呂順長、［日］小野泰教:《康有儀の山本憲に宛てた書簡（訳注・その3)》,
　　《四天王寺大学紀要》2015 年第 60 期。

呂順長、［日］小野泰教:《康有儀の山本憲に宛てた書簡（訳注・その4)》,
　　《四天王寺大学紀要》2015 年第 61 期。

呂順長:《康有儀の山本憲に宛てた書簡（訳注)》,《四天王寺大学紀要》
　　2012 年年第 54 期。

呂順長:《康有儀の山本憲に宛てた書簡（訳注・その2)》,《四天王寺大
　　学紀要》2012 年第 55 期。

［日］山根幸夫:《日本人の中国観——内藤湖南と吉野作造の場合》,《東
　　京女子大学論集》1968 年第 1 期。

［日］丸山昇:《日本の中国研究》,《桜美林大学中国文学論叢》1999 年
　　第 24 期。

［日］小島晋治:《20 世紀における日本の中国研究と中国認識（7）——
　　明治日本人の中国紀行について》,《中国研究月報》1998 年第 6 期。

［日］小林文男、柴田巖:《明治初期日本人の見た中国——維新後最初に
　　四川を踏査した竹添進一郎の事跡について》,《「社会科」学研究》

1996 年第 31 期。

[日] 遠藤光正:《山本梅崖の見た日清戦争後の中国——〈燕山楚水紀遊〉を中心として》,《東洋研究》1987 年 2 月。

張明傑:《明治期最初の中国西部奥地への旅:竹添進一郎及びその『棧雲峡雨日記並詩草』について》,《Journal of hospitality and tourism》2006 年第 1 期。

張明傑:《明治前期の中国遊記:岡千仞の〈觀光紀遊〉について》,《Journal of Hospitality and Tourism》2005 年第 1 期。

鄭鳳輝:《甲申政変 120 年——金玉均と竹添進一郎》,《海外事情研究》2005 年第 32 期。

四　英文著作

Joshua A. Fogel, *The Literature of Travel in the Japanese Rediscovery of China*: *1862—1945*, CA: Stanford University Press, 1996.

Matthew C. Perry, Francis Lister Hawks, Lambert Lilly, *Narrative of the Expedition of an American Squadron to the China Seas and Japan*, *Performed in the Years 1852*, *1853 and 1854*, Washington: Beverley Tucker, Senate Printer, 1856.

附录1 东亚同文书院中国调查表

旅行时间	作者	主要到访城市及地区	游记出版信息
1909 年夏出发	东亚同文书院第 7 期生	71 人分为 13 班：关内外蒙古班、北京驻在班、晋燕班、秦晋班、皖北予鄂班、西鄂巴蜀班、两江班、皖南赣闽班、汉口厦门班、三江班、桂黔班、海南粤西班、镇南百色班。	《一日一信》，上海东亚同文书院 1910 年版。
1910 年7 月—11 月	东亚同文书院第 8 期生	65 人分为 11 班：山东班、楚鄂班、北满驻在班、北京驻在班、赣粤班、海开班、燕晋班、锦爱班、北满旅行班、云南四川班、甘肃鄂尔多斯班。	《旅行纪念志》，上海东亚同文书院 1911 年版。
1911 年6 月—11 月	东亚同文书院第 9 期生	共分为 11 班：湖南四川班、北京驻在班、天津循环班、江苏山东班、江宁武昌班、湖广循环班、宁波镇江班、宁波厦门班、江阴厦门班、汕头广州湾班、清化县汉中班。	《孤帆双蹄》，上海东亚同文书院 1912 年版。
1912 年夏出发	东亚同文书院第 10 期生	78 人分为 11 班：北京驻在班、青岛秦皇岛班、通州济南班、南京天津班、江苏安徽班、杭州九江班、福建班、宁波厦门班、厦门香港班、九龙北海班、香港北海班。	《乐此行》，上海东亚同文书院 1913 年版。
1913 年夏出发	东亚同文书院第 11 期生	73 人分为 9 班：甘肃四川班、津浦京汉班、北京驻在班、安庆宜昌班、汕头长沙班、芜湖沙市班、长沙福州班、京汉津浦班、陕西四川班。	《沐雨栉风》，上海东亚同文书院 1914 年版。
1914 年夏出发	东亚同文书院第 12 期生	甘肃、四川、内蒙古、云南等地。	《同舟渡江》，上海东亚同文书院 1915 年版。
1915 年夏出发	东亚同文书院第 13 期生	山东盛京班等。	《暮云晓色》，上海东亚同文书院 1916 年版。

续表

旅行时间	作者	主要到访城市及地区	游记出版信息
1916 年夏出发	东亚同文书院第 14 期生	77 人分为 11 班：四川班、河南山西班、江苏直隶班、京汉班、北满班、广西班、江苏山东班、江西福建班、直隶山西班、农工科湖南班、关外班。	《风餐雨宿》，上海东亚同文书院 1917 年版。
1917 年夏出发	东亚同文书院第 15 期生	60 人分为 14 班：京津驻在班、江苏直隶班、贵州第一班、福建香港班、内蒙古班、江苏山东班、贵州 2 班、山西陕西班、云南班、河南直隶班、政治科班、农工科第一班、农工科第 2 班、农工科第 3 班。	《利涉大川》，上海东亚同文书院 1918 年版。
1918 年夏出发	东亚同文书院第 16 期生	安徽河南班、京津班等。	《虎风龙云》，上海东亚同文书院 1919 年版。
1920 年6 月—10 月	东亚同文书院第 18 期生	90 人分为 20 班：内蒙古、东北三省、台湾、香港等。	《粤射陇游》，上海东亚同文书院 1921 年版。
1921 年夏出发	东亚同文书院第 19 期生	120 人分为 20 班：陇绥班、陇秦晋班、汉水嘉陵江流域班、黔蜀班、河南山西班、湘桂流域班、大运河班、江苏山东班、广东湖南班、"北支·满洲"班、"满洲"班、北支班、南滇班、东蒙古班、直鲁晋予班、皖赣浙湘班、两湖四川班、南支班、北京班等。	《虎穴龙颔》，上海东亚同文书院 1922 年版。
1922 年夏出发	东亚同文书院第 20 期生	120 人分为 21 班：北至吉林省富锦、南至海南岛、西至云南。	《金声玉振》，上海东亚同文书院 1923 年版。
1923 年夏出发	东亚同文书院第 21 期生	80 余人分为 17 班：北至松花江边，南至广东以南，西至成都、西安等地。	《彩云光霞》，上海东亚同文书院 1924 年版。
1925 年 5 月下旬出发	东亚同文书院第 22 期	108 人分为 18 班："印度支那"班、南洋华侨班、滇蜀班、广东江西班、山西陕西黄河流域班、福建江西班、粤汉班等。	《乘云骑月》，上海东亚同文书院 1926 年版。
1926 年 5、6 月—8 月	东亚同文书院第 23 期生	分为 15 班：粤西海南岛班、广东三角州地方班、滇蜀班、江西纵贯班、湖南循环班、蜀秦班、四川西部循环班、皖淮班、京汉沿线班、鄂予班、陇海沿线班、河南山东黄河流域班、山西纵贯班、京津班、满蒙班。	《黄尘行》，上海东亚同文书院 1927 年版。
1927 年夏出发	东亚同文书院第 24 期生	70 余人分为 15 班：北到齐齐哈尔、南到南洋诸岛、西到云南。	《汉华》，上海东亚同文书院 1928 年版。

续表

旅行时间	作者	主要到访城市及地区	游记出版信息
1928 年夏出发	东亚同文书院第 25 期生	75 人分为 15 班：去往东北地区 8 个班，去往南方越南、菲律宾、缅甸、老挝等 5 个班。	《线描》，上海东亚同文书院 1929 年版。
1929 年夏出发	东亚同文书院第 26 期生	100 人分为 19 班：东北地区 7 个班，南洋诸岛 1 班，广东省各地 2 班，云南 1 班，上海班 1 班，北京驻在班 1 班，云南四川 1 班、四川 1 班，安庆到重庆 1 班，北京到大同张家口 1 班，北京到包头大同 1 班。	《足迹》，上海东亚同文书院 1930 年版。
1930 年夏出发	东亚同文书院第 27 期生	94 人分为 18 班：北到黑龙江齐齐哈尔，南到新加坡，西到四川松潘。	《东南西北》，上海东亚同文书院 1931 年版。
1931 年夏出发	东亚同文书院第 28 期生	70 余人分为 19 班：北至东北地区，南到碧海列岛，西到云南四川。	《千山万里》，上海东亚同文书院 1932 年版。
1932 年夏出发	东亚同文书院第 29 期生	79 人分为 22 班：第 21 班去香港、广东、台湾，第 6 班去武汉、长沙，其他班级去满蒙等地。	《北斗之光》，上海东亚同文书院 1933 年版。
1933 年夏出发	东亚同文书院第 30 期生	90 余人除南支台湾班和南洋班四人外，其余学生均从上海出发到达东北地区。	《亚细亚基础》，上海东亚同文书院 1934 年版。
1934 年夏出发	东亚同文书院第 31 期生	70 人分为 26 班：7 个班赴华北、华中，1 个班去香港、广东、厦门、台湾，其余 18 个班去东北地区。	《出庐征雁》，上海东亚同文书院 1935 年版。
1935 年夏出发	东亚同文书院第 32 期生	60 余人分为 22 班：北到漠北，南到滇南桂江，其中华北 8 个班，华中 3 个班，华南 3 个班，南满、北满各 4 个班。	《翔阳谱》，上海东亚同文书院 1936 年版。
1936 年夏出发	东亚同文书院第 33 期生	75 人分为 25 班：华北 13 班，华中 7 班，华南 4 班，南洋 1 班。	《南腔北调》，上海东亚同文书院 1937 年版。
1937 年 6 月 1 日出发	东亚同文书院第 34 期生	90 余人分为 28 班："满州"班 3 个，"支那"班 22 个，法领"印度支那"及南洋班 3 个。	《风啊吹呀吹》，长崎东亚同文书院三十四期生旅行志编纂委员会 1938 年版。
1938 年夏出发	东亚同文书院第 35 期生	100 余人分为 29 班：华北 5 班，华中华南 21 班，南洋 3 班。	《靖亚行》，东京东亚同文会业务部 1939 年版。

续表

旅行时间	作者	主要到访城市及地区	游记出版信息
1939 年夏出发	东亚同文书院第 36 期生	分为 28 班：分别赴河北、蒙疆、山东、山西、察哈尔、安徽、江西、湖北、福建、广东等地。	《大旅行纪》，东京东亚同文会业务部 1940 年版。
1941 年夏出发	东亚同文书院第 38 期生	100 余人分为 31 班：从华北蒙疆到华南台湾。	《大陆遍路》，上海东亚同文书院大学 1942 年版。
1942 年夏出发	东亚同文书院第 39 期生	分为 38 班：当时具有旅行可能的属于日本的占领地。	《大陆纪行》，上海大陆新报社 1943 年版。

　　注：1900 年 5 月，东亚同文会在南京设立南京同文书院，同年 8 月受义和团影响迁至上海，1901 年 8 月改称为上海东亚同文书院。1902 年 8 月，第一届学员按照根津一院长的教育方针，在芝罘、威海卫等山东一带进行了为期一个月的修学旅行，是东亚同文书院大旅行的萌芽。第二期、第三期、第四期的学员，主要以京津一带和长江流域为中心进行了调查旅行。1907 年东亚同文书院从日本外务省收到在中国内地旅行补助金 3 万日元，正式开始大旅行活动。于是，1907 年 6 月，第五期学员被编成京汉班、淮卫河班、浙赣湖广班等 9 个班，开始对中国内陆进行了正式的旅行调查。第六期学员进一步扩大了旅行范围，分为包括晋豫队在内的 12 个小组，调查了北至热河，南到广东的多个省市，其旅行日志《禹域鸿爪》在学友会会报上进行了连载。从第七期开始，书院学员的旅行志改为单本进行出版，持续到第三十九、四十期。现存为 31 期，其中第十七期、第三十七期中止发行。中日学者曾根据调查的实际情况将东亚同文书院的中国旅行分为五个不同时期，即 1901 年至 1905 年的 "肇始期"、1906 年至 1919 年的 "扩大期"、1920 年至 1930 年的 "圆熟期"、1931 年至 1937 年的 "制约期" 以及 1938 年至 1945 年的 "严重制约期"。① 总之，自 1901 年至 1945 年的四十余年期间，东亚同文书院四十六届近 4922 名学生，考察了除西藏外的中国各省，线路近七百条。冯天瑜先生认为："这既是日本研习中国的两千年传统之近代转型，也是对欧美考察殖民地做法的直接仿效。"②

---

　　① 冯天瑜主编：《上海东亚同文书院大旅行记录》，[日] 沪友会编，杨华等译，商务印书馆 2000 年版，第 7—9 页。
　　② 冯天瑜：《解说》，国家图书馆编：《东亚同文书院中国调查手稿丛刊》（1），国家图书馆出版社 2016 年版，第 3 页。

附录2 近代日本人的中国游记汇总表

旅行时间	作者	主要到访城市及地区	游记出版信息
1862年5月27日—8月7日	纳富介次郎	上海	《上海杂记》收录于《文久二年上海日记》，（大阪）全国书房1946年版。
1862年5月27日—8月7日	日比野辉宽	上海	《赘肬录》《没鼻笔语》收录于《文久二年上海日记》，（大阪）全国书房1946年版。
1862年5月27日—8月7日	高杉晋作	上海	《游清五录》收录于《东行先生遗文》，（东京）民友社1916年版。
1862年5月27日—8月7日	中牟田仓之助	上海	《上海行日记》收录于春名徹《中牟田仓之助的上海体验——以〈文久二年上海行日记〉为中心》，《国学院大学纪要》（第35卷）附录，2007年3月。
1862年5月27日—8月7日	峰洁	上海	《航海日录》《清国上海见闻录》收录于《幕末明治中国见闻录集成》，（东京）ゆまに书房1997年版。
1862年5月27日—8月7日	松田屋伴吉	上海	《唐国渡海日记》收录于《幕末明治中国见闻录集成》，（东京）ゆまに书房1997年版。
1862年5月27日—8月7日	名仓予何人	上海	《海外日录》《中国见闻录》收录于《幕末明治中国见闻录集成》，（东京）ゆまに书房1997年版。
1864年3月28日—5月14日	"健顺丸"乘员	上海	《黄埔志》收录于《元治元年幕吏的上海视察记》，《商业与经济》1925年第2期。

续表

旅行时间	作者	主要到访城市及地区	游记出版信息
1866 年 9 月—1867 年 5 月	岸田吟香	上海	《吴淞日记》收录于山口丰编:《岸田吟香〈吴淞日记〉影印与翻刻》,(东京)武藏野书院2010 年版。
1872 年	满川成种	上海、镇江、南京、汉口等	《中国通商必携》,醉轩书屋1873 年版。
1873 年 7 月—1874 年 7 月	小栗栖香顶	上海、天津、北京、五台山等	《北京纪事》《北京纪游》,陈继东、陈力卫整理,中华书局2008 年版。
1874 年 12 月11 日—28 日	曾根俊虎	上海、杭州等	《清国漫游志》,(东京)绩文舍1883 年版。
1875 年 7 月—1876 年 6 月	曾根俊虎	天津、盛京、大沽、北塘、上海、杭州、泰州、胶州、芝罘等	《北中国纪行》收录于《幕末明治中国见闻录集成》,(东京)ゆまに书房1997 年版。
1875 年 12 月—1876 年 8 月	竹添进一郎	北京、保定、石家庄、洛阳、西安、成都、重庆、武汉、上海等	《栈云峡雨日记》,奎文堂1879 年版。
1884 年 5 月 29 日—1885 年 4 月 18 日	冈千仞	上海、苏州、杭州、芝罘、北京、天津、广州、香港等	《观光纪游》,(东京)冈千仞发行1886 年版。《观光游草》,(东京)冈千仞发行1887 年版。
1884 年 8 月 27 日—11 月 2 日	小室信介	上海、天津、北京等	《第一游清记》,(东京)山中喜太郎1884 年版。
1884 年 9 月 1 日—11 月 6 日	尾崎行雄	上海等	《游清记》,《尾崎行雄全集》(第二卷),(东京)平凡社1926 年版。
1884 年	后藤昌盛	上海、大沽、天津、北京等	《在清国见闻随记》收录于《幕末明治中国见闻录集成》,(东京)ゆまに书房1997 年版。
1884 年	高桥谦	上海、通州、南京、武汉等	《中国时事》,(东京)日清协会1894 年版。
1885 年 3 月 6 日—9 月 5 日	黑田清隆	香港、广东、澳门、西贡、福州、上海、天津、北京、芝罘、汉口、镇江、福州等	《漫游见闻录》,(东京)农商务省1888 年版。
1891 年 9 月—1892 年夏	安东不二雄	长江流域	《中国漫游实记》,(东京)博文馆1892 年版。

续表

旅行时间	作者	主要到访城市及地区	游记出版信息
1892 年 1 月—10 月	原田藤一郎	上海、镇江、扬州、济南、天津、北京、通州、奉天、通化、营口等	《亚细亚大陆旅行日志并清韩露三国评论》，1894 年版。
1892 年 4 月 21 日—29 日	大鸟圭介	北京等	《长城游记》，（东京）丸善书店 1894 年版。
1892 年 7 月—1894 年 4 月	宫内猪三郎	上海、南京、武汉等	《清国事情探检录》（一名《清国风土记》），（东京）东阳堂 1894 年版。
1893 年	阿川太良	天津、上海等	《中国实见录》，《铁胆遗稿》，（东京）平井茂一发行 1910 年版。
1896 年	长谷川镜次	台湾等	《台湾视察报告书》，（东京）明升舍 1896 年版。
1898 年	西岛良尔		《实历清国一斑》，（东京）博文馆 1899 年版。
1898 年	中桥德五郎	台湾等	《台湾视察谈》，（大阪）安达朔寿 1899 年版。
1898 年 4 月 12 日—	中村作次郎	芝罘、大沽、天津、北京、上海、苏州、杭州等	《中国漫游谈》，（东京）切偲会 1899 年版。
1898 年 4 月—5 月	小越平隆	营口、奉天、吉林、长春等	《满洲旅行记》（一名《白山黑水录》），（东京）善邻书院 1901 年版。
1899 年 4 月—7 月	小越平隆	锦州、奉天、铁岭、吉林、珲春、哈尔滨、营口等	
1899 年 1 月 19 日—5 月 3 日	教学参议部	香港、广东、上海、杭州、南京、武汉、开封、北京、天津、大沽等	《清国巡游志》，（京都）1900 年版。
1899 年 8 月 30 日—11 月 29 日	内藤湖南	芝罘、大沽、天津、北京、上海、苏州、杭州、武汉、南京等	《中国漫游燕山楚水》，（东京）博文馆 1900 年版。
1900 年 3 月	冈崎高厚	上海、武汉等	《南清漫游杂记》，（神户）冈崎高厚发行 1900 年版。
1900 年 4 月 12 日—5 月 27 日	村木正宪	上海、镇江、南京、汉口、沙市、苏州、杭州、芝罘、天津、北京等	《清韩纪行》，收录于《幕末明治中国见闻录集成》，（东京）ゆまに书房 1997 年版。

续表

旅行时间	作者	主要到访城市及地区	游记出版信息
1900 年 5 月—	小山田淑助	上海、汉口等	《征尘录》（包括《初游大陆》、《西征记》、《南征记》等），（东京）中野书店 1904 年版。
1902 年 4 月—	小山田淑助	北京等	
1902 年 10 月 1 日—	小山田淑助	北京、潼关、渭南、西安、咸阳等	
1903 年末— 1904 年 2 月	小山田淑助	蓝田、襄阳、汉口、上海等	
1900 年 9 月—10 月	坪谷善四郎	大沽、天津、北京等	《海外行脚》，（东京）博文馆 1911 年版。
1903 年秋	坪谷善四郎	琉球、淡水、厦门、汕头、香港、台湾等	
1908 年 3 月 22 日—31 日	坪谷善四郎	长春、营口、大连、旅顺等	
1901 年 3 月 11 日— 6 月 5 日	稻松松之助	上海、苏州、南京、武汉、芝罘、天津、北京、大连、旅顺等	《清国视察报告书》，（长崎）稻松松之助发行 1903 年版。
1901 年 7 月	木村条市	天津、北京、山海关、秦皇岛、唐山、芝罘、营口等	《北清见闻录》，（东京）东京印刷株式会社 1902 年版。
1902 年 8 月 28 日—	高濑敏德	芝罘、大沽、北京等	《北清见闻录》，（东京）金港堂 1904 年版。
1902 年 8 月 29 日— 11 月 18 日	户水宽人	哈尔滨、大连、旅顺、芝罘、牛庄、锦州、北京、天津、秦皇岛、张家口等	《东亚旅行谈》，（东京）有斐阁 1903 年版。
1903 年 8 月 5 日— 9 月 25 日	植村雄太郎	营口、旅顺、大连等	《满洲旅行日记》，（东京）偕行社 1903 年版。
1905 年—1906 年	山川早水	宜昌、成都、峨眉、广元、嘉定、重庆等	《巴蜀》，（东京）成文馆 1909 年版。
1905 年	安井正太郎	湖南等	《湖南》，（东京）博文馆 1905 年版。
1906 年 5 月 16 日— 7 月 15 日	香川悦次	上海、杭州、汉口、长沙、北京、天津、芝罘等	《中国旅行便览》，（东京）博文馆 1906 年版。
1906 年 5 月 26 日— 8 月 4 日	德富猪一郎	釜山、平壤、大连、旅顺、营口、北京、芝罘、上海、汉口、长沙、南京、苏州、杭州等	《七十八日游记》，（东京）民友社 1906 年版。

续表

旅行时间	作者	主要到访城市及地区	游记出版信息
1906 年 7 月 13 日—8 月 11 日	东京高等师范学校修学旅行团记录系	大连、旅顺、奉天、铁岭、辽阳、营口等	《辽东修学旅行记》，1907 年版。
1906 年 7 月 19 日—8 月 8 日	广岛高等师范学校	大连、旅顺、奉天、抚顺、铁岭、营口等	《满韩修学旅行记念录》，1907 年版。
1906 年 9 月 7 日—12 月 24 日	日野强	北京、保定、郑州、西安、咸阳、兰州、新疆等	《伊犁纪行》，（东京）博文馆 1909 年版。
1906 年—1910 年	中野孤山	上海、成都、重庆、汉口等	《中国大陆横断游蜀杂俎》，（东京）中野孤山发行 1913 年版。
1906 年 2 月—1909 年	宇野哲人	北京、青岛、济南、洛阳、西安、汉口、长沙等	《中国文明记》，（东京）大同馆书店 1918 年版。
1907 年 6 月—10 月	守田藤之助	香港、澳门、广东、上海、杭州、苏州、南京、大冶、汉口、驻马店、北京、天津、芝罘、大连、旅顺、营口、奉天、长春等	《一桥东亚俱乐部学生渡中旅行记》，（东京）一桥大学太平洋俱乐部 1967 年版。
1908 年 9 月末—11 月中旬	股野琢	奉天、旅顺、大连、北京、汉口、长沙、南京、苏州、杭州、上海等	《苇杭游记》，（东京）股野琢发行 1909 年版。
1908 年 12 月 21 日—1909 年 1 月 19 日	小林爱雄	上海、苏州、南京、镇江、汉口、北京、天津、奉天、旅顺、大连等	《中国印象记》，（东京）敬文馆 1911 年版。
1909 年 5 月 4 日—7 月 14 日	胜田主计	釜山、平壤、奉天、大连、旅顺、营口、哈尔滨、长春、铁岭、秦皇岛、塘沽、北京、武汉、南京、上海、杭州、苏州等	《清韩漫游余沥》，（东京）胜田主计发行 1910 年版。
1909 年夏—冬	竹越与三郎	上海、香港、广东、台湾等	《南国记》，（东京）二西社 1910 年版。
1909 年 9 月 4 日—10 月	栃木县观光团	奉天、长春、哈尔滨、抚顺、辽阳、营口、大连、旅顺等	《满韩观光团志》，宇都宫 1911 年版。
1910 年 5 月 5 日—6 月末 7 月初	赴清实业团志编纂委员会	奉天、抚顺、大连、旅顺、营口、天津、北京、张家口、汉口、大冶、九江、南京、镇江、上海、苏州、杭州等	《赴清实业团志》，1914 年版。

续表

旅行时间	作者	主要到访城市及地区	游记出版信息
1910 年 5 月—6 月 28 日	永井久一郎	北京、汉口、南京、苏州、杭州、上海等	《观光私记》,(东京)永井久一郎发行 1910 年版。
1910 年 7 月—	米内山庸夫	上海、香港、昆明、成都、重庆、宜昌等	《云南四川踏查记》,(东京)改造社 1940 年版。
1910 年 7 月 28 日—8 月 23 日	佐藤善治郎	上海、南京、武汉、苏州、杭州等	《南清纪行》,(东京)良明堂书店 1911 年版。
1912 年 6 月 4 日—7 月 4 日	前田利定	上海、苏州、南京、芜湖、汉口、北京、天津、营口、大连、旅顺、抚顺、奉天等	《中国游记》,(东京)民友社 1912 年版。
1912 年—1916 年	青木文教	西藏	《秘密之国西藏游记》,(东京)内外出版 1920 年版。
1912 年	川田铁弥	东三省、天津、青岛、曲阜、开封府、北京、汉口、洛阳、长安、咸阳、武昌、长沙、南京、镇江、扬州、苏州、杭州、上海等。	《中国风韵记:附朝鲜满洲小景》,(东京)大仓书店 1912 年版。
1913 年 2 月 15 日—6 月 9 日	鸟谷又藏	台湾、厦门、香港、广东、上海、杭州、南京、汉口、长沙、郑州、北京、天津、大连、旅顺等	《中国周游图录》,(东京)周游图录发行所 1914 年版。
1913 年 3 月 17 日—4 月 17 日	来马琢道述	上海、杭州、苏州、镇江、南京、宁波等	《苏浙见学录》,(东京)鸿盟社 1913 年版。
1913 年 8 月 22 日—10 月 15 日	中野正刚	大连、奉天、长春、吉林、哈尔滨、旅顺等	《我所看到的朝鲜》,(东京)政教社 1915 年版。
1914 年 6 月 8 日—11 月 17 日	胜田主计	上海、天津、曲阜、泰安等	《遇战闲话》,(东京)胜田主计发行 1915 年版。
1915 年 7 月 19 日—8 月 8 日	广岛高等师范学校	上海、南京、大连、旅顺、奉天、安东、平壤、釜山等	《大陆修学旅行记》,1915 年版。
1914 年 8 月 3 日—20 日	冈田忠彦	上海、苏州、南京、汉口等	《南中国之一瞥》,(东京)警眼社 1916 年版。
1914 年 12 月—	迟塚金太郎	青岛、济南、曲阜、泰山等	《山东遍路》,(东京)春阳堂 1915 年版。

续表

旅行时间	作者	主要到访城市及地区	游记出版信息
1915 年 3 月 13 日—23 日	松浦厚	青岛等	《青岛游记》，（东京）葛西又次郎发行 1915 年版。
1915 年 5 月— 1918 年	饭田耕一郎	金州、庄河、金州、阜新、朝阳、	《满蒙旅囊》，1918 年版。
1916 年—1918 年	石井柏亭	汉城、庆州、上海、无锡、杭州等	《绘画之旅：朝鲜中国卷》，（东京）日本评论社出版部 1921 年版。
1916 年 4 月— 1917 年	乘杉义久	大连、旅顺、熊岳城、奉天、长春、铁岭、营口、锦州、热河、赤峰、张家口、北京等	《游中华民国》，上海乘杉事务所 1923 年版。
1916 年 5 月—	木下杢太郎	奉天、吉林、长春、大连、抚顺、徐州、洛阳、北京、太原、郑州、汉口、武昌、长沙、南京、苏州、上海、杭州等	《中国南北记》，（东京）改造社 1926 年版。
1917 年 2 月 14 日— 4 月 3 日	山本唯三郎	釜山、天津、北京、汉口、南京、杭州、上海等	《中国漫游五十日》，（东京）神田文吉发行 1917 年版。
1917 年 9 月 8 日— 11 月 13 日	释宗演	釜山、大邱、平壤、奉天、北京、大连、青岛、济南、徐州、郑州、洛阳、汉口、南京、苏州、杭州、上海、	《燕云楚水：楞伽道人手记》，（东京）秀英舍 1918 年版。
1917 年 9 月 15 日— 12 月 9 日	德富猪一郎	奉天、哈尔滨、长春、吉林、大连、旅顺、营口、山海关、秦皇岛、北京、张家口、大同、汉口、九江、南京、扬州、上海、杭州、苏州、曲阜、泰山、济南、青岛等	《中国漫游记》，（东京）民友社 1918 年版。
1917 年 10 月 13 日— 11 月 18 日	关和知 编	釜山、平壤、大连、旅顺、长春、天津、北京、汉口、武昌、九江、芜湖、南京、上海、杭州等	《西邻游记》，收录于《大正中国见闻录集成》，（东京）ゆまに书房 1999 年版。
1917 年 11 月、 1920 年 3 月—4 月	山田谦吉	南京等	《金陵游记》，上海禹域学会 1921 年版。
1918 年 4 月、1920 年、1921 年	诸桥辙次	上海、苏州、南京、武汉、洛阳等	《游中杂笔》，（东京）目黑书店 1938 年版。

旅行时间	作者	主要到访城市及地区	游记出版信息
1918 年 4 月—7 月末	河东碧梧桐	香港、上海、杭州、宁波、苏州、镇江、南京等	《游中国》,（东京）大阪屋号书店 1919 年版。
1918 年 6 月 14 日—7 月	安本重治	上海、杭州、苏州、南京、芜湖、九江、汉口、武昌、北京、天津、济南、青岛等	《世界的富源中国印象记》,（东京）东洋タイムス社 1918 年版。
1918 年 7 月 20 日— 8 月 20 日	内藤丰	旅顺、大连、长春、哈尔滨、吉林等	《满洲归来》,（东京）玄文社 1918 年版。
1918 年 10 月—11 月	松永安左卫门	奉天、大连、长春、天津、北京、汉口、南京、上海等	《我观中国》,（东京）改造研究会 1920 年版。
1918 年	上塚司	上海、杭州、南京、镇江、常州、台湾、福建等	《扬子江中心》,（东京）织田书店 1925 年版。
1919 年 3 月 24 日— 10 月 5 日	吉田平太郎	内蒙古	《蒙古踏破记》,（东京）满蒙研究会 1927 年版。
1919 年 5 月 2 日— 7 月 13 日	细井户	台湾、厦门、汕头、广东、上海、南京、汉口、北京、张家口、天津、济南、青岛、大连、抚顺、奉天、长春、哈尔滨、吉林等	《观中国》,（东京）成蹊堂 1919 年版。
1919 年 7 月 20 日— 8 月 21 日	东京高等商业学校东亚俱乐部编	上海、苏州、南京、汉口、武昌、北京、天津、济南、青岛、大连、旅顺等	《中华三千里》,（东京）大阪屋号书店 1920 年版。
1919 年 9 月 21 日—10 月	那波利贞	北京、南京、上海、苏州、海宁、杭州等	《燕吴载笔》,（东京）同文馆 1925 年版。
1920 年 5 月—6 月	渡边巳之次郎	釜山、奉天、哈尔滨、大连、北京、南京、上海、青岛等	《老大国的山河——我与朝鲜及中国》,（东京）金尾文渊堂 1921 年版。
1920 年 6 月 下旬—10 月上旬	佐藤春夫	厦门、漳州等	《南方纪行——厦门采访册》,（东京）新潮社 1922 年版。
1920 年 12 月 30 日— 1921 年 1 月 4 日	佐藤汎爱	太原等	《山西省旅行记》,1921 年版。
1921 年 3 月 21 日— 7 月上旬	芥川龙之介	上海、南京、九江、汉口、长沙、洛阳、北京、大同、天津等	《中国游记》,（东京）改造社 1925 年版。

续表

旅行时间	作者	主要到访城市及地区	游记出版信息
1921 年 7 月 10 日—30 日	山田谦吉	江苏、山东、直隶、安徽等	《山东旅行业话》，上海春申社 1922 年版。
1921 年夏	山田谦吉	济南、曲阜、泰山、北京、上海等	《曲阜纪行圣迹》，上海东亚同文书院研究部 1922 年版。
1921 年 10 月 5 日—11 月 11 日	众议院议员	釜山、奉天、长春、哈尔滨、公主岭、抚顺、大连、旅顺、青岛、济南、天津、北京、汉口、武昌、大冶、南京、上海等。	《众议院议员中国观察团日志》，1921 年版。
1922 年 11 月 5 日—	众议院议员	釜山、长春、吉林、哈尔滨、奉天、抚顺、大连、旅顺、青岛、济南、天津、北京、汉口、武昌、大冶、南京、上海、杭州等。	《众议院议员中国观察团日志》，1922 年版。
1921 年 10 月	德田球一	上海（党代会）、曲阜、济南、天津、奉天、满洲里、蒙古、张家口、徐州等	《我的回忆》，（东京）东京书院 1948 年版。
1921 年、1922 年	竹内逸	上海、苏州、杭州、镇江、扬州、南京、济南、北京等	《中国印象记》，（东京）中央美术社 1927 年版。
1922 年 10 月 12 日—10 月 8 日	左右田信二郎	大连、抚顺、奉天、长春、哈尔滨、芝罘、青岛、济南、曲阜、泰山、天津、北京、汉口、武昌、镇江、南京、上海、杭州、苏州等	《中国行游纪录》，1924 年版。
1923 年 4 月 19 日—	田边尚雄	上海、杭州、南京、武汉、北京、奉天、釜山等	《中国・朝鲜音乐调查纪行》，（东京）音乐之友社 1970 年版。
1923 年 5 月—7 月	鹤见祐辅	东北三省、北京、汉口、青岛等	《偶像破坏期的中国》，（东京）铁道时报局 1923 年版。
1923 年 7 月下旬—8 月	佐藤孝任	北京、山西等	《云岗大石窟》，北京华北正报社 1924 年版。
1924 年 1 月 1 日—1925 年 9 月 6 日	副岛次郎	北京、兰州、迪化、伊犁、伊斯坦布尔等	《跨越亚洲》，（东京）言海书房 1935 年版。
1924 年 3 月—4 月	前田武次郎	上海、福州、苏州、南京、汉口、北京等	《中国之旅》，（东京）工业杂志社 1925 年版。
1924 年夏	今关寿麿	郑州、洛阳、汉口、南京、上海、苏州、常熟等	《中国汗漫游话》，北京今关研究室 1924 年版。

旅行时间	作者	主要到访城市及地区	游记出版信息
1924 年夏	藤田元春	上海、杭州、苏州、南京、大冶、武汉、洛阳、北京、张家口、大同、绥远、包头、天津、德州、曲阜、济南、青岛、大连、旅顺、抚顺等	《从西湖到包头——中国研究》,（东京）博多成象堂 1926 年版。
1925 年	田川大吉郎	台湾等	《台湾访问记》,（东京）白扬社 1925 年版。
1925 年 3 月 2 日—6 月 6 日	服部源次郎	安东、奉天、长春、吉林、哈尔滨、大连、天津、北京、济南、曲阜、青岛、上海、厦门、汕头、香港、广东、杭州、苏州、扬州、南京、九江、庐山、汉口等	《一个商人的中国之旅》,（东京）东光会 1925 年版。
1925 年 3 月 10 日—6 月 10 日	迟塚金太郎	上海、杭州、宁波、苏州、南京、九江、庐山、汉口、重庆、成都等	《新入蜀记》,（东京）大阪屋号书店 1926 年版。
1925 年 8 月 18 日—	桥本喜作	大连、汤岗子、抚顺、奉天、天津、北京、八达岭等	《满洲进出》,大版 1925 年版。
1925 年 11 月下旬	小畑大太郎	汕头等	《广东视察谈》,1926 年版。
1926 年 6 月 25 日—8 月 4 日	高山	上海、下关、芜湖、汉口、宜昌、万县、重庆、九江、庐山、杭州、南京、苏州等	《长江漫游日记》,1926 年版。
1926 年 11 月	伊藤敬宗	奉天、北京、天津、南京、镇江、上海、苏州、杭州等	《瞎驴行》,（京都）内外出版 1927 年版。
1927 年 7 月 18 日—9 月	东京外国语学校	奉天、郑家屯、洮南、昂昂溪、齐齐哈尔、哈尔滨、长春、大连、北京、天津等	《东京外国语学校中国旅行报告》,（东京）1928 年版。
1927 年 11 月 1 日—12 月 30 日	北条太洋	上海、苏州、南京、汉口、青岛、济南、天津、北京、大连、哈尔滨等	《中国旅行记》,（东京）北洋社 1928 年版。
1928 年 5 月 5 日—6 月 17 日	与谢野宽、与谢野晶子	大连、旅顺、金州、熊岳城、营口、汤岗子、辽阳、安东、洮南、齐齐哈尔、昂昂溪、哈尔滨、吉林、长春、公主岭、奉天、抚顺等	《满蒙游记》,（东京）大阪屋号书店 1930 年版。

续表

旅行时间	作者	主要到访城市及地区	游记出版信息
1928 年 11 月	村松梢风	南京、上海、苏州、杭州等	《新中国访问记》，（东京）骚人社书局 1929 年版。
1929 年春	小仓正恒	上海、苏州、杭州、南京等	《苏浙游记》，上海 1930 年版。
1929 年 5 月 20 日—7 月 2 日	近藤达儿	南京、上海、镇江、扬州、青岛、泰山、曲阜、济南、北京等	《孙文移灵祭记——附新中国旅行记》，（东京）1929 年版。
1929 年 6 月 2 日—6 月 30 日	福德生命保险株式会社	奉天、抚顺、旅顺、大连、天津、北京、塘沽、大连、青岛、济南、青岛、上海、杭州、苏州、南京等	《教育家眼中的欧美南洋鲜中事情》（大阪）1929 年版。
1929 年 7 月 10 日—8 月末	东京外国语学校	齐齐哈尔、长春、郑家屯、洮南、奉天、抚顺、辽阳、营口、大连、旅顺、青岛、上海、杭州、南京、济南、北京、天津等	《东京外国语学校中国旅行报告》，（东京）1930 年版。
1929 年 9 月 15 日—11 月 9 日	藤山雷太	安东、奉天、大连、旅顺、青岛、上海、南京等	《鲜中游记》，（东京）千仓书房 1930 年版。
1929 年 10 月 7 日—26 日	吉野丰次郎	安东、抚顺、奉天、哈尔滨、长春、大连、旅顺等	《满鲜旅行记》，（东京）1930 年版。
1929 年 12 月 21 日—1930 年 2 月 1 日	里见弴	北京、天津、大连、旅顺、营口、辽阳、铁岭、郑家屯、长春、吉林、哈尔滨、奉天、抚顺等	《中国一见》，（东京）春阳堂 1931 年版。
1930 年、1932 年	小杉放庵	辽阳、奉天、郑家屯、高丽古城、庆州、杭州、苏州、武汉等	《草画随笔：满鲜与中国》，（东京）交兰社 1934 年版。
1930 年 3 月 5 日—4 月	中山正善	上海、苏州、南京、杭州、青岛、曲阜、济南、天津、北京、奉天、大连等	《从上海到北京》，（丹波市町）天理教道友社 1934 年版。
1930 年 4 月 3 日—5 月 24 日	松本龟次郎	上海、杭州、苏州、南京、庐山、九江、汉口、青岛、大连、旅顺、天津、北京、奉天、抚顺、哈尔滨等	《中华五十日游记》，（东京）东亚书房 1931 年版。
1930 年 7 月 26 日—9 月 5 日	大东文化学院	上海、苏州、杭州、南京、大连、旅顺、天津、北京、奉天等	《燕吴游踪——第二回中国大陆旅行记》，（东京）1931 年版。

续表

旅行时间	作者	主要到访城市及地区	游记出版信息
1931 年 4 月 11 日— 4 月 21 日	东海商工会 议所连合会 中国观光团	上海、杭州、苏州、南京、 青岛等	《中国视察记念志》,(名古屋) 1932 年版。
1931 年 5 月 5 日— 5 月 22 日	东京铁道局	大连、旅顺、鞍山、辽阳、 长春、哈尔滨、奉天、抚 顺等	《鲜满之旅》,(东京) 1931 年 版。
1931 年 5 月	佐藤恒二述	上海、苏州、杭州、南京 等	《最近的南中国瞥见》,(千叶) 千叶图书馆 1931 年版。
1931 年 5 月 13 日— 6 月 6 日	贺茂百树	大连、旅顺、辽阳、奉天、 安东等	《满鲜纪行》,(东京) 1931 年 版。
1931 年 5 月 24 日— 6 月 28 日	最上政三	上海、杭州、苏州、南京、 汉口、北京、天津、济南、 曲阜、泰山、青岛、大连、 奉天、抚顺等	《孕育风云的中国之旅》,(东 京) 交通研究社 1931 年版。
1931 年 8 月 29 日— 9 月 18 日	森清太郎	梧州、容县、贵县、南宁、 柳州、荔浦、桂林、柳州、 江口等	《广西游记》,广东岳阳堂出版 部 1935 年版。
1932 年 10 月 4 日—26 日	津村重舍	长春(新京)、吉林、哈 尔滨、齐齐哈尔、奉天、 大连、青岛、上海等	《满州国之旅》,(东京) 1932 年版。
1932 年 11 月 8 日—28 日	吉野丰次郎	基隆、淡水、鹅銮鼻、花 莲等	《台湾跋涉》,(东京) 吉野屋 本店 1933 年版。
1932 年 11 月	今关寿麿	北京、天津、济南、青岛、 上海、南京等	《中国近情管见》,(东京) 1936 年版。
1933 年 6 月—7 月	村松梢风	热河	《热河风景》,(东京) 春秋社 1933 年版。
1933 年 9 月 24 日— 10 月 15 日	本多辰次郎	塘沽、天津、北京、大连、 抚顺、旅顺、奉天、长春 等。	《北中满鲜旅行记》,(东京) 日满佛教协会 1936 年版。
1935 年 1 月 12 日— 4 月 7 日	神田正雄	上海、南京、汉口、宜昌、 长沙、重庆、成都等	《从上海到巴蜀》,(东京) 海 外社 1935 年版。
1935 年 6 月 4 日— 7 月 7 日	日华 佛教研究会	上海、杭州、南京、庐山、 汉口、武昌、北京、济南、 青岛等	《乙亥访华录》,(京都) 1935 年版。

续表

旅行时间	作者	主要到访城市及地区	游记出版信息
1935 年 6 月—8 月	野长濑晚花	黑河、漠河等	《描绘北满国境线》，（东京）1936 年版。
1935 年 6 月 下旬—7 月	山本实彦	北京、天津、察哈尔、绥远、长春、齐齐哈尔、扎兰屯、海拉尔、满洲里、达赖湖等	《蒙古》，（东京）改造社 1935 年版。
1935 年 12 月— 1936 年 1 月	神田正雄	奉天、北京、西安、天津、济南、青岛、大连等	《从满洲到华北》，（东京）海外社 1936 年版。
1936 年 6 月 6 日— 10 日	松村雄藏	富阳、杭州等	《吴越彩管游记》，上海每日新闻社 1941 年版。
1939 年秋		杭州、苏州、镇江、扬州、苏州等	
1936 年 7 月 11 日— 8 月 21 日	东京外语中国语部	下关、釜山、京城、输城、清津、罗津、雄基、南阳、图门、延吉、吉林、长春、哈尔滨、奉天、大连、天津、北京、塘沽等	《鲜满支旅行报告书》，（东京）东京外语东亚同学会 1936 年版。
1936 年 11 月— 1937 年 2 月	神田正雄	上海、南京、武汉、长沙、湘潭、南岳、衡阳、零陵、常德、桃源、梧州、南宁、桂林、广州、香港、澳门等	《诊断跃进中国——从华中到华南》，（东京）海外社 1937 年版。
1937 年 6 月 3 日—10 日	村松益造	奉天、长春、哈尔滨、大连、旅顺、鞍山、抚顺、哈尔滨、热河、承德、北京等	《黄尘纪行》，（甲府）汲故馆南塘文库 1938 年版。
1937 年—1940 年	长野朗	天津、北京、上海、南京、台湾、厦门等	《观新中国》，（东京）东世社 1941 年版。
1937 年 11 月—	山本实彦	香港、澳门、上海、南京等	《凝视中国的兴亡》，（东京）改造社 1938 年版。
1937 年 11 月— 1938 年 1 月	中岛真雄	奉天、大连、承德、北京、天津、长春、哈尔滨、黑河、图们等	《双月旅日记》，（东京）1938 年版。
1938 年—1939 年	川岛理一郎	北京、广东、大同等	《华北与华南的面貌》，（东京）龟星阁 1940 年版。

续表

旅行时间	作者	主要到访城市及地区	游记出版信息
1938 年 6 月 16 日—7 月	山本实彦	清津、长春、牡丹江、绥芬河、东宁、乌蛇沟、哈尔滨、奉天、北京、天津、南京、上海、济南、徐州、蚌埠等	《大陆纵断》,（东京）改造社 1938 年版。
1938 年夏	羽间乙彦著,饭山达夫摄影	大同、绥远、包头、张家口、张北、德化、西苏尼特、赤峰、多伦等	《蒙疆之旅》,（东京）三省堂 1941 年版。
1938 年 8 月 25 日—9 月 28 日	宫崎武夫	大连、北京、张家口、绥远、察哈尔、热河等	《蒙古横断——京都帝国大学内蒙古学术调查队手记》,（东京）朋文堂 1943 年版。
1938 年、1939 年	鹫尾よし子	大连、奉天、长春、哈尔滨、佳木斯、牡丹江等	《和平来了——满支纪行》,（东京）牧书房 1941 年版。
1939 年 4 月 27 日—5 月 31 日	山本实彦	上海、南京、武汉等	《旋涡的中国》,（东京）改造社 1939 年版。
1938 年末—1939 年	庄司宪季	太湖等	《太湖踏查记》,（东京）三省堂 1944 年版。
1939 年春到夏	岛木健作	吉林、四家房、黑河、绥化、哈尔滨、齐齐哈尔、嫩江等	《满洲纪行》,（东京）创元社 1940 年版。
1939 年 7 月—8 月	第十三回全国中等学校地理历史教员协议会	大连、奉天、长春、延吉、吉林、哈尔滨、佳木斯、牡丹江、齐齐哈尔、满洲里、洮南、通辽、承德、锦县等	《全国中等学校地理历史教员等十三回协议会及满洲旅行报告书》,（东京）1940 年版。
1939 年 10 月 26 日—11 月 23 日	春山行夫	长春、哈尔滨、大连、奉天、承德、古北口、北京、大同、天津等	《满洲风物志》,（东京）生活社 1940 年版。
1940 年 6 月 2 日—28 日	浜谷浩等	奉天、长春、吉林、哈尔滨、松花江、佳木斯、牡丹江、宁安、抚顺、大连、旅顺等	《满洲昭和十五年——桑原甲子雄写真集》,（东京）晶文社 1974 年版。
1941 年 3 月末—4 月末	中村孝也	澳门、香港、上海、杭州、苏州、南京、北京、吉林、奉天、大连、南京、广东等	《中国之行》,（东京）讲谈社 1942 年版。

续表

旅行时间	作者	主要到访城市及地区	游记出版信息
1942 年 5 月—6 月	宫本敏行	山西等	《山西学术纪行》，（东京）新纪元社 1942 年版。
1942 年 6 月—7 月	丰田正子	苏州等	《我的中国纪行》，（东京）文体社 1943 年版。
1943 年 5 月 18 日—6 月 24 日	小池秋羊	内蒙古等	《遥远的蒙古——内蒙古纪行》，（东京）1977 年版。
1943 年 10 月 16 日—11 月 14 日	藤本实也	上海、苏州、南京、镇江、无锡、杭州、嘉兴、青岛、大连、安东、熊岳城、汤岗子、千山、鞍山、长春、哈尔滨、奉天、抚顺等	《满支印象记》，（东京）七丈书院 1943 年版。
1944 年 2 月初—6 月末	大鹿卓	上海、南京、镇江、杭州等	《梅花一两支》，（东京）洗心书林 1948 年版。
1945 年 2 月—6 月	饭塚浩二	东北地区、蒙疆、华北等	《满蒙纪行》，（东京）筑摩书房 1972 年版。

后　记

　　读博伊始，偶然拜读了张明杰教授发表在《读书》上的《明治汉学家的中国游记》一文，对文章中提及的近代日本人的来华游记萌生了兴趣，并开始一本本阅读起来。想象力给阅读赋予了灵感，以至于眼前经常随着文字的描述而浮现出一幅幅清晰的画面：山本宪在寒山寺里对《枫桥夜泊》的感怀，内藤湖南在黄鹤楼上对滚滚长江的眺望，竹添进一郎在巴蜀栈道上的跋涉，冈千仞与王韬在上海酒家里的推杯换盏，夏目漱石在东北参观胃病发作时眉头的紧锁……特别是在同一场景下不同日本人的不同观感，则尤其令我关注：西湖的柳树被青木正儿描写得仿佛从文字上就能感受到春天的暖意，而芥川龙之介看到的西湖却尽是"无趣"与"恶俗化"等种种不堪。问题是，到底哪一幅画面才是真正的近代中国？

　　带着这样的疑问，我开始试着进一步了解每一个游华日本人的背景，包括时代背景、学术背景、工作背景、家庭背景等等。而当我结合每一个人的个体世界再来看他们的游记时发现，似乎只有这样，才更便于理清他们各自表述的真实缘由。如此由点到面，我对近代日本人来华游记的研究，转瞬间竟已十年。还记得 2014 年申请国家社科基金青年项目时的研究内容，就是在博士论文基础上对近代日本人中国游记所作的系统性研究。在此基础上，2019 年，我又试着从近代日本人来华游记和中国人赴日游记对比的视角进行研究，并成功申请了国家社科一般项目。这进一步强化了我对上述方向课题的研究信心，也对学术界所给予的支持和鼓励，心生感激。

　　我自以为并不擅长做理论性的研究，若说有一点心得，也只能是论从史出。这些年，我最应该感谢身边恩师、益友的扶持与帮助。导师韩宾娜教授在我读书期间对我恩惠有加，将珍贵的读博机会给我，并引领我走上了学术之路。老师的教诲将成为我人生路上的宝贵财富，促使自己努力成为一个有知识、有品德、有担当的人。作为研究平台，东亚研究院有独到的研究理念、资料积累、研究队伍和话语优势。韩东育教授、董灏智教授等团队教师，为人严毅而宽，总能够在失意时予人以鼓励、得意时予人以警示，让我可以时刻清醒地认识自己，以保证在人生正途上越走越远。

值拙作付梓之际，我还要感谢中国社会科学出版社历史出版中心的编辑张湉老师为本书出版所付出的辛劳；感谢东北师范大学社科处及历史文化学院对此书出版的资助；感谢为本书的写作、审阅和出版提供过帮助的师友！

由于个人学术水平和能力有限，不足之处恳请读者批评指正。

胡天舒

2024 年 3 月 28 日